## TOEIC®テスト
## はじめて覚える
## 英単語と英熟語

最頻出2553語
＋
即戦力を磨く
例文1500

TOEIC is a registered trademark
of Educational Testing Service (ETS).
This publication is not endorsed
or approved by ETS.

宮野智靖 監修
甲斐幸治 著

ダイヤモンド社

## はじめに

　TOEIC（Test of English for International Communication）は、その名の通り、英語のコミュニケーション能力を測定するテストです。世界共通の英語能力認定試験として、世界最大の規模を誇る教育研究機関ETSが開発・制作にあたり、財団法人・国際ビジネスコミュニケーション協会の発表によると、約60カ国で、年間約450万人、日本では年間140万人以上が受験しています。特に、日本では企業・官公庁・学校等で約2500団体が採用しています。多くの企業がTOEICテストを導入し、社内英語研修はもちろん、新入社員の英語検定や海外駐在、社費留学の判断基準に活用しています。また、大学、短期大学、高等学校などでは単位取得や推薦入試などに活用しているところも随分増えています。

　さて、巷にはTOEICテスト関連の書物があふれています。もちろんそれに関連したボキャブラリー集も言うまでもありません。あえて本書を世に問うのは、謙譲の美徳に反して述べれば、本書には既刊書とは性格を異にする優れた点が多々あるからです。
　まず第1の本書の性格として、選択されている語彙は、筆者の長年の研究の基づいたTOEICテスト関連コーパスからの頻度別配列になっています。独自のTOEICテスト関連コーパス約40万語からTOEIC

テストに最も大切な語彙(単語・熟語)を厳選しました。本書には見出し単語と熟語が合計1500語、さらに派生語、反意語、関連熟語なども含めると総計2553語もの語彙を学べるようになっています。

第2番目は、例文がTOEICテストに沿ったトピックになっており、短く覚えやすくなっています。例文には膨大なコーパスに基づいてTOEICテストに最も出題されるコロケーションを採用しています。また、私のTOEICテストの指導経験から、初心者は聞き慣れない人名が出てくると、人名と判別できないと同時に、気になって思考が止まって問題が解けない傾向がありますので、英語圏でよく用いられる人名を例文の中に反映させています。

第3番目として、例文をすべて録音したCDがついています。詳しくは「本書の利用法」や「効果的な語彙学習法」をお読みいただきたいのですが、何度も繰り返し聞くと例文を暗記できるだけでなく、単語と単語の音のつながり(リンキング)を会得することもでき、リスニング対策にも大きな効果を発揮します。

第4番目に、語彙の習得状況を自己診断できるように随所にテストを配列しています。巻頭の〈TOEIC語彙力[基礎診断テスト]〉でまず自分の語彙力を知ることができ、巻末の〈TOEIC語彙力[実力診断テスト]〉で本書学習終了後の定着を知ることができます。また、パートが終わるごとにPartテストが設けてありますので、学んだことがどれだけ定着しているかを自分のペースに応じて知ることができます。

第5番目として、10のジャンル別重要語句が各パートの終わりにリスト化されていますので、コラムとして読んでいただいても結構ですが、TOEICテストには分野別にどのような語彙が出題されているかを知ることができます。

最後の特色として、「赤シート」です。これでターゲットとなる単語を隠して「筆写」したり通学や通勤の際の暗記チェックに用いたりできます。
　以上6点のユニークな特色を持つ本書は、実に learner-friendly（学習者に優しい）な構造となっているわけです。

　また、本書に掲載されている英単語・英熟語に付随するすべての例文は宮崎県立高校ALTの Sasha Maher さん、Clare McIntosh さん、Matthew Sloan さんの3名に校閲して頂いたものを、University of Pennsylvania でお世話になった Ross Bender 博士に再度一つひとつ丁寧に吟味して頂きました。Bender 博士とは、電子メールのやりとりでの例文校閲のみならず、自己の日本文化研究で博士が来日の際、さらにディスカッションを通してきわめて authentic な英文に仕上げることができました。
　さて、最後になりましたが、監修者という立場から関西外国語大学短期大学部の宮野智靖教授には、本書全体にわたり様々な助言をいただきました。編集の立場からダイヤモンド社出版事業局第一編集部の渋田見江吏子様には、本書の企画から細かな編集作業まで終始貴重なご意見をいただきました。また、この本を上辞するにあたりお世話になった方々にこの場を借りて、衷心より感謝の意を表したいと思います。

甲斐幸治

## 監修者からのメッセージ

『TOEIC®テスト はじめて覚える英単語と英熟語』は、手に取るとすぐにわかる通り、初級者・中級者の人のための実に画期的で優れたTOEICテスト対策用語彙集です。著者の甲斐幸治先生は九州地区を代表する英語達人であり、TOEICテストをはじめとする資格試験にきわめて精通された方です。その甲斐先生が自信を持って世に送り出された本書は、学習者の利便性を究極まで考え尽くして作られたと言っても過言ではないでしょう。

特筆すべき点を、ここで3つ述べておきたいと思います。まず、すべての単語・熟語に対して、非常に覚えやすく、また実際のTOEICテストに直結した短い例文が載っている点です。ぜひ、赤シートとCDをうまく利用して、個々の単語・熟語のみならず、洗練された例文も覚えてみてください。第2点目は、全体が10のパートに分かれており、学習プランを立てるのが楽だという点です。誰でも楽しく学習できることでしょう。最後に、基礎・実力の2つの語彙力診断テストに加えて、Partテスト、ジャンル別重要語句などもついており、痒い所に手が届く本とはまさにこのことです。甲斐先生のこの力作を効果的に学習することにより、みなさんは飛躍的なスコアアップを成し遂げられるものと確信しています。

関西外国語大学短期大学部 教授<br>
宮野智靖

TOEIC® テスト はじめて覚える英単語と英熟語
目次

はじめに … **2**

目次 … **6**

本書の利用法 … **8**

効果的な語彙学習法 … **12**

## TOEIC語彙力［基礎診断テスト］　　　21

# 第Ⅰ部 TOEIC最頻出 基礎単語・熟語 750語

**Part 1** 必ず覚える！ 基礎単語　1〜150 ……………… **31**
Partテスト／ジャンル別重要語句①［会社・ビジネス］62

**Part 2** 必ず覚える！ 基礎単語　151〜300 ……………… **63**
Partテスト／ジャンル別重要語句②［職業］94

**Part 3** 必ず覚える！ 基礎単語　301〜450 ……………… **95**
Partテスト／ジャンル別重要語句③［職位］126

**Part 4** 必ず覚える！ 基礎単語　451〜600 ……………… **127**
Partテスト／ジャンル別重要語句④［オフィス］158

**Part 5** 必ず覚える！ 基礎熟語　1〜150 ……………… **159**
Partテスト／ジャンル別重要語句⑤［IT関連］190

## 第Ⅱ部 TOEIC最頻出 標準単語・熟語 750語

**Part 6** よく出る! 標準単語　601～750 ……………… 193
Partテスト／ジャンル重要語句⑥［政治経済］224

**Part 7** よく出る! 標準単語　751～900 ……………… 225
Partテスト／ジャンル重要語句⑦［新聞・雑誌］256

**Part 8** よく出る! 標準単語　901～1050 ……………… 257
Partテスト／ジャンル重要語句⑧［交通・旅行］288

**Part 9** よく出る! 標準単語　1051～1200 ……………… 289
Partテスト／ジャンル重要語句⑨［ショッピング・娯楽］320

**Part 10** よく出る! 標準熟語　151～300 ……………… 321
Partテスト／ジャンル重要語句⑩［日常生活］352

## TOEIC語彙力［実力診断テスト］　353

見出し語索引 … 367

---

### 凡例

| | | |
|---|---|---|
| 名=名詞 | 動=動詞 | 形=形容詞 |
| 副=副詞 | 前=前置詞 | 接=接続詞 |
| 熟=熟語 | 反=反意語 | 参=参考語 |

### 本書の利用法

　本書は、TOEICテストに必要な基礎語彙（英単語・英熟語）1500語（関連語彙1053語）が Part 1 ～ Part 10 に分類され、それぞれPartテストで到達度を確認しながら計画的に学習できるように配慮されています。本書の構成は以下の通りです。

---

● **TOEIC語彙力［基礎診断テスト］**
　30問からなる語彙基礎テストにチャレンジ

⬇

● **第Ⅰ部　TOEIC最頻出　基礎単語・熟語750語**
　Part 1 ～ Part 5 ／各Partテスト、ジャンル別重要語句①～⑤

⬇

● **第Ⅱ部　TOEIC最頻出　標準単語・熟語750語**
　Part 6 ～ Part 10 ／各Partテスト、ジャンル別重要語句⑥～⑩

⬇

● **TOEIC語彙力［実力診断テスト］**
　TOEICテスト　Part 5 の問題30問にチャレンジ

---

　本書に収録した語彙（英単語・英熟語）は、以下の2つの視点に基づいて配列しています。

　まず、筆者の長年の研究に基づいたTOEICテスト関連コーパスからの頻度別配列です。独自のTOEICテスト関連コーパス約40万語からTOEICテストに最も大切な語彙を厳選しました。この語彙集を最初から勉強することで、着実にスコアはアップしていきます。

　TOEICテストの語彙をやさしいものから順に配列すると、最後の方は知らない単語・熟語ばかりという状況になり学習が続かなくなっ

てしまう、とよく聞きます。そのような事態を極力避けるために、適宜難易度を配慮して配列してあります。これが第2の視点です。したがいまして、あなたの語彙力にもよりますが、学習が進んでいってもまったく知らない単語・熟語ばかりという見開きページがなるべくないような配慮を本書では施しています。その際、私のこれまでの指導経験に基づいた最も学習効果の高い配列として、ランダム配列、アルファベット順などの数種類の語彙配列パターンを入念に織り交ぜ、学習者の方が最後のページまでたどり着けるように工夫しました。

　また、語彙はどのように使われるかが非常に大切ですので、各単語・熟語につけた例文はTOEICテストのトピックに沿った business-like なもの、かつ覚えやすい短文となっています。TOEICテストでは、読解問題では人名もよく用いられますので、人名にもなるべく慣れるよう、英語圏で多く用いられる人名を例文中で用いています。また、筆者のTOEICテスト関連データと資格試験の指導経験に基づいて、最も用いられるコロケーション（単語と単語のつながり方）を選択し、例文に反映しました。ですから、例文をCDを使い、音読、シャドウイング、サイトトランスレーション（英文を聴いて英語の語順のまま、かたまりごと日本語に訳してみる）などの練習を繰り返しすることで、英語の運用能力も飛躍的に伸びることでしょう。さらに、ジャンルごとにまとめた重要語句のリストも、各パートの最後に用意していますので、関連語句が集中して覚えられるようになっています。

## 学習計画を作成する上でのアドバイス

　あなたにとって無理なく一番勉強したい形で本書を使うのが、最も適した学習計画です。以下の学習コースの中から自分にベストなコースを選んだり、またスケジュールや自分の語彙力に合わせて組み合わ

せを考えたりして、楽しく学習していってください。「効果的な語彙学習法」で詳しく述べますが、「音読」「筆写」は必要十分条件となりますので、どのコースや組み合わせで勉強するにせよ、必ず実行してほしいと切に願います。また、人間というのは忘れる権利を有しておりますので、「覚えては忘れ、忘れては覚え」という作業を繰り返し、同じコースを次に学習する時には以前の半分の時間で、またその次には3分の1の時間で復習すれば、さらに定着していきます。

　まず、どのコースに選ぶにせよ、〈TOEICテスト語彙力［実力診断テスト］〉（30問）にチャレンジして、自分の現在の語彙力を知ってください。TOEICテストでは、問題量が時間が大きな壁となりますので、30問解く際にかかった時間を記録しておきましょう。巻末の〈TOEICテスト語彙力［実力診断テスト］〉では、最初の時間より短縮され語彙力でもスピードの面でも向上していることが実感できるはずです。

### ●標準コース【10週間コース】

　1週間のうち、5日間を語彙学習に当てます。1日に30分30語のペースで進め、1週間で1パートずつ覚えていきます。ダラダラと学習するのではなく、毎日集中して学習できる30分を必ず設けてください。時間にゆとりがあれば、その時間に赤シート、CDを用いて復習にあてます。

### ●1カ月コース【25日間コース】

　標準コースではTOEICテストに間に合わない人向けのコースです。1週間のうち5日間を語彙学習に当てます。1日に60分60語のペー

スで進めていきます。「次回のTOEICでは必ず△△点伸ばすぞ！」と強い決意を持ってやっていきましょう。標準コース同様、隙間の時間を見つけて、赤シートやＣＤを活用して復習を心がけてください。

### ●2週間即席コース【10日間コース】

　10のパートを1日1パートずつ10日間で終わらせるコースです。1日90分を学習に費やします。TOEICテストに締め切りぎりぎりで申し込んだ人は、このコースで学習するとよいでしょう。この単語・熟語帳は、膨大なTOEICテスト関連コーパスから語彙が選び抜かれています。「今やっている単語や熟語、また例文中のコロケーション」が10日後のテストに必ず出るはずですので、集中して学習してください。もちろん、ちょっとした空いた時間に復習を心がけてください。空いた時間や、就寝時のバックグラウンドミュージックとして、移動時間にポータブル式のレコーダーを用いて流すだけでも、無意識のうちに暗記が強化されます。

　以上3つの学習コースを紹介しましたが、学習するかしないかで確実にTOEICテストのスコアが変わってきますので、Practice makes perfect.（習うより慣れろ）の精神で、途中であきらめるような無理な学習法はとらないようにしましょう。

　この本で多くの方が目標とするTOEICテストスコアを取得できることを心から願っています。この語彙集での英語学習はほんの入り口でしかありません。英語の勉強を積み重ね、TOEICテスト受験の経験を重ねて、ぜひ自分なりの単語・熟語帳を作っていただきたいと思います。それこそが only one で best な単語・熟語帳なのですから。

**効果的な語彙学習法**

　語学学習において、「音読」と「筆写」の効用が以前は経験的に語られていたのですが、最近では脳科学の分野の研究も進み、科学的に最も効率よい学習法だということが認められ始めました。このことを踏まえ、本書では、「音読」用に他の本に例を見ない、見出し語と全例文が読まれているCDと、「筆写」の際に用いることができる「赤シート」がついていますので、フルにご活用ください。

　英語の語彙を学習する際、まず必要となってくるのは、何に「焦点」を当てて学習するかということです。たとえば、医学学会のプレゼンテーションをする際は、それなりの専門用語に「焦点」を当てて学んでいかなければ、よいプレゼンテーションはできません。したがいまして、TOEICテストを受験する際には、ある程度TOEICテストに「焦点」を当てた語彙学習が必要になってくるわけです。ただ、皆さんが今まで学習してきた単語・熟語が全く無駄になる訳ではありません。下のベン図のように、どこに「焦点」を当てるかで若干必要な語彙に差が出てきますが、重複している単語・熟語も多くあります。そのことは、皆さんがこの本で今から学習してく際に、知らない語彙ばかりでないことが実証しています。

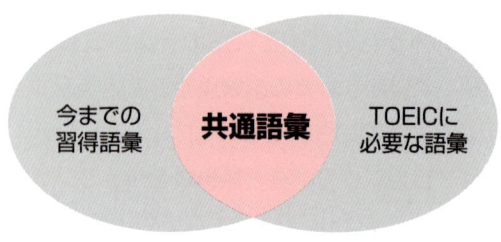

さて、There is no royal road to learning.（学問に王道なし）とよく言われます。しかし、運動競技などで以前はベテランの選手が数年費やして習得した技術が、それほど年月を掛けなくとも習得できることがあります。例えば、体操競技などでは、世界に数人の人しかできなかった技術を、今では高校生でもできるようになっているといったことが現実に起こっています。どうしてでしょうか？　それは、どんなに「王道がない」事柄にも、「コツ」が存在するからです。したがって、本書では、難しかったことが、効果的に語彙学習をする「コツ」を数ページ割いて述べていきたいと思います。「コツ」とは、多くの人が、ほぼ同様な結果を、今までよりも短時間で得られることを意味しています。

### コツ1　自分自身の単語・熟語帳を作る

これは、私自身が現在も実施していることです。文具店に行くと様々なサイズの英単語ノートが売っていますので、それを利用しています。持ち運びやすいメモ帳の大きさのものから大学ノートのサイズのものが売っていますが、私は大学サイズのものを利用しています。見開きで用いて、左頁に単語、発音記号、品詞、定義の順で書き込みます。右の頁は、ふつうのノートになっていますので、例文や関連熟語などを書き込んだり、英和辞典を引いて気づいた事などを書き込めるようになっています。例えば、evening は、知らない学習者はほとんどいないでしょうが、英和辞書を引くと「通例日没から寝る時間までの間」と書いてあります。日本語の「夕方」とはニュアンスに開きがあり、興味深いですよね。こんなことを英単語ノートに書き込み、オリジナリティーを高めていくと、1冊完成するころには本書以上の

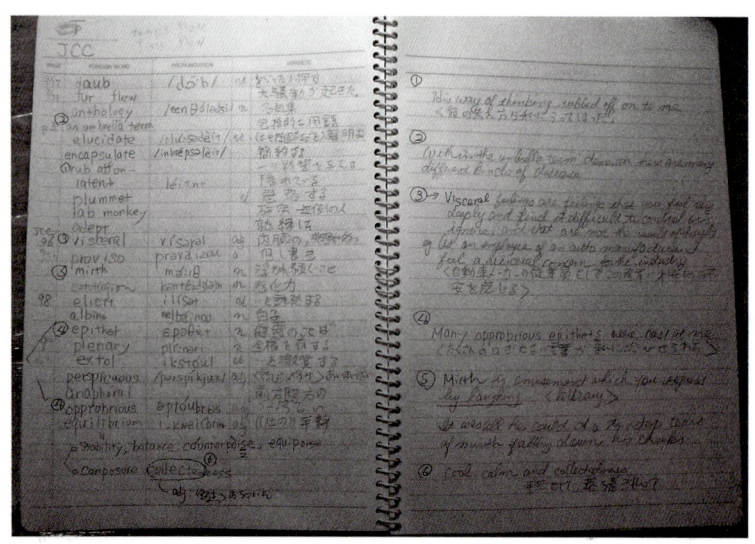

〈著者の英単語ノート〉

あなたの単語・熟語帳が出来上がるのです。特に、学習した語彙は英和辞典や英英辞典でさらに知識を拡げていってください。

みなさんもこの本だけで終わることなく、今述べたように、本書収録の単語・熟語を英和辞典や英英辞典でひいて、自分自身の単語・熟語帳を作ってください。

### コツ2 ジャンルに分類して覚える

本書でもジャンル別の語句欄をもうけていますが、ジャンル別に単語を覚えると頭（mind）の中で自動的に語のネットワークを形成し覚えやすくなります。その際、「○○はなんて言うのだろう？」という好奇心が湧いてきたら、ぜひ和英辞典で確認してください。もちろん自分の単語帳に調べた語を付け加えていくことが大切です。

効果的な語彙学習法

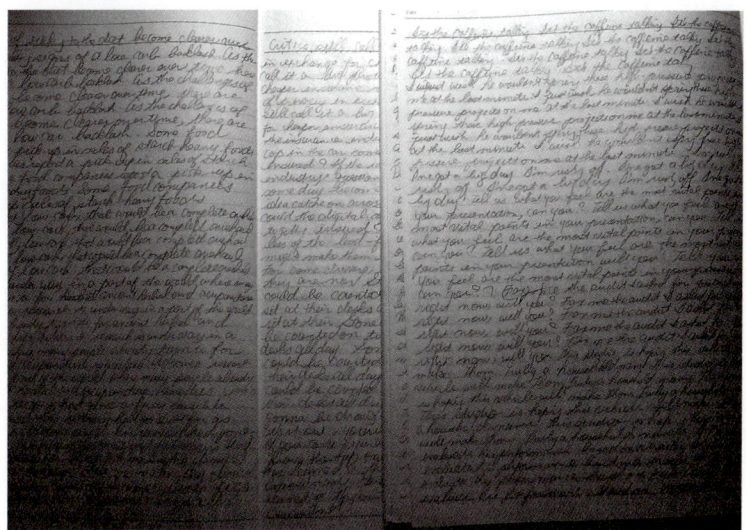

〈著者の音読筆写ノート〉

### コツ3　音読・筆写して覚える

　本書の利用法の中でも述べましたが、暗記定着を考えると音読・筆写に優る学習方法はありません。この本を勉強する際にも、例文を10回以上は音読し、5回以上は筆写してみてください。ゲーム感覚で30秒で何文書けるかを記録してみるといいと思います。私の経験では、学習が進むにつれて筆写するスピードも速くなっていきます。

### コツ4　イメージと結びつけて覚える

　これは、私の友人が実践していた学習法です。その人はインターネットの検索エンジン（私の経験では、googleが一番充実しているように思えます）の「イメージ」のところを利用して抽象的な単語を上手に覚えています。

　たとえば、本書で挙げた "seldom"（めったに〜しない）を検索し

〈seldom に仲のよい犬と猫？〉

てみると約2万6300件の画像が出てきます。その中から自分が一番イメージに合う画像をプリントアウトしたりして単語ノートに張っておくのも楽しいものです。参考までに"seldom" で私が選んだ画像はこれです。cats and dogs は英語でも仲の悪いものの代表で、fight like cats and dogs というと「犬と猫のように激しい喧嘩をする」の意味になります。日本でいう「犬猿の仲」ですね。さらに、rain cats and dogs というと「土砂降りに降る」の意味になります。この画像のように、犬と猫が仲よく並んでいる場面を見るのは、確かに seldom ですよね？

### コツ5　語源と派生語で単語を増やす

　派生語は、本書でもTOEICテストに必要なものを各単語の後につけていますのでご利用ください。派生語はまとめて覚えると覚えやすくなります。また、英和辞典等には語源を載せたものがあります。本書収録の hospitality（手厚いもてなし）と、みなさんが中学や高校などの教科書で学んできた hotel（ホテル）、hospice（ホスピス）、host（主人）は、もともとはラテン語の hospes「客をもてなす人」を語源としています。イメージが結びつきやすくなりますよね。

### コツ6　同意語や反意語を覚えて語彙を増やす

　辞書の中には、thesaurus（類語辞典）と呼ばれるものがあります。教養ある英語圏の人は、文章を書く際、同じ単語の重複を避けるためにこれを多用します。本書でも、たとえば、同僚を表す同意語の組み

**効果的な語彙学習法**

合わせとして coworker、colleague 等を収録しています。また、balance の反意語として imbalance を収録しています。このように同意語、反意語をまとめて覚えるのも1つのコツです。

### コツ7　覚えた単語を使ってみる

　私は単語を覚える際、「この単語はこんな時に使えるな」と考えながらワクワクした気持ちで覚えています。私の勤務する学校にはALTの方がいらっしゃいますので、その覚えた単語を使うことのできるトピックを選び、用いるようにしています。その時に通じた喜びは、英語学習を始めた頃の気持ちと変わりません。身近にネイティブ・スピーカーがいない方も、本書で覚えた語彙や例文を用いて身近なことに置き換えて表現してみてください。インターネットのチャットなどで、覚えたての英語表現を試しに用いてみてはどうでしょうか。

### コツ8　ゴロあわせや malapropism など、ユーモラスな方法で暗記する

　私は、よく単語をゴロあわせで生徒に覚えさせたりするのですが、考える過程が結構楽しいものです。たとえば、「農家の人は作物を agriculture（秋にかるちゃー）や「偉 die な人が、死んだら新聞に dead。これが、その記事 death。（偉大な人が、死んだら新聞にでっど。これが、その記事です。）」のように自分のオリジナルを用いて、覚えることは楽しいものです。malapropism は、実際に英語圏で似た発音の単語をネイティブ・スピーカーが取り違える誤用のことです。これをうまく利用して、私はしばしば次のような英文を作り、生徒に覚えさせるように工夫しています。

I chose the accommodation under the recommendation of you.
私はあなたの推薦のもとに、その宿泊施設を選びました。

また、どうしても覚えられない単語は、スペリングを口ずさんで覚えるのも効果的です。私は、英語を学び始めた中学時代、teacher という単語がなかなか覚えられませんでした。「イー」という発音と綴り字の「ea」がなかなか結びつかなかったのです。その際、「ティー・イー・エー・シー・エイチ・イー・アール」とラップ調に口ずさみながら、学校を登下校していると覚えてしまったのです。それ以来、どうしても覚えられない単語はこの方法で覚えてきました。ただ、すべての単語がこれらのゴロあわせ等で処理し切れるわけではありません。正統な「音読・筆写」をお忘れなく!!

### コツ9　接頭辞や接尾辞の意味を覚える

「コツ5」と関連する部分もあるのですが、接頭辞や接尾辞の意味を覚えておくと単語学習の助けになります。接頭辞は、単語の意味を決定する役割を持っています。一方、接尾辞は、主に、品詞を決定する役割があります。いくつか例を挙げてみましょう。

●接頭辞の例

| 主な接頭辞 | 意味 | 用例 | 解説 |
| --- | --- | --- | --- |
| re- | 再び | repair（修理する） | バラバラなものを re（再び）＋ pair（組にする）から |
| inter- | 間 | international（国際の） | inter（間）＋ national（国の）から |
| dis- | 不 | disease（病気） | きつくてくつろげない dis（不）＋ ease（安楽）から |

● 接尾辞の例

| 主な接尾辞 | それが表す品詞 | 用例 | 解説 |
|---|---|---|---|
| -ment | 名詞 | movement(動き) | move(動く)+ ment |
| -ial | 形容詞 | industrial(産業の) | industry(産業)+ ial |
| -ly | 副詞 | usually(普通に) | usual(普通の)+ ly |
| | 形容詞 | waterly(水っぽい) | water(水)+ ly |

　この表に示したような、接頭辞、接尾辞の意味や役割を知っておくだけでも語彙が数倍に増えることがわかると思います。

　また、"en" のように接頭辞と接尾辞との双方の機能を持ち、動詞を作る言葉もあります。joy(喜び)に en- をつけると中学時代にならった enjoy(〜を楽しむ)になりますし、deep(深い)に -en をつけると deepen(深める)になります。面白いことに欲張りな単語があります。light(明るい)は en-light-en = enlighten(啓発する)になります。「啓発」は、知らないことに光を当てて知識を拡げることですから、理にかなった構造の単語だと言うことがわかると思います。

　接頭辞・接尾辞は、英和辞典にも説明がありますので、みなさんが知っている単語の最初や最後に何かついていたら辞書でその辞の部分をぜひ確認してください。enlighten されると思いますよ。

### コツ10 自分でノルマを決める

「本書の利用法」のところで示したように、自分に合った学習コースを選び、自分でノルマを決めて学習することが必要です。

私たちは、「楽」しいと「楽(ラク)」を混同してしまいがちですが、本来「楽」しいものには、努力をする過程が必要です。例えば、運動をやっている方はわかりやすいと思うのですが、厳しい練習をした後の試合は「楽」しいものです。でも、「楽(ラク)」をした後の試合は何の思い出にもならないどころか後悔のみが残るはずです。TOEICテストにも同じことが言えます。「楽(ラク)」と「楽」しいは同じ漢字を使うので混同しがちですが、「楽(ラク)」を追求せず「楽」しさを追求してください。

### コツ11 語学番組を利用する

このコツは、語彙学習と言うよりも英語学習全般に言えることです。日本ほど英語の学習環境が充実した国はありません。書店に行けば英語のコーナーは他の言語のコーナーを凌駕しています。語学番組も同様です。毎日のように英語教育界で著名な先生方の授業が自宅で、しかも安価で受けれると思えば、これほど贅沢な学習法はないと思います。ぜひ、自分のレベルに合ったラジオやテレビの講座を1つ選び、1年間学習して頂きたいと思います。その際、テキストの音読・筆写をし、単語・熟語帳を作っていけば、最強の語学力がつきます。

以上11のコツを示しましたが、どれか1つでも実践することで着実にTOEICテストのスコアは伸びていきますし、英語力は必ず向上していきます。私自身がこの11のコツすべてを実践し、また生徒たちに実践させ、その驚くべき効果を実感した「生き証人」であります。

しかし、みなさん、Take it easy. の精神は持ち続けてくださいね。

# TOEIC語彙力[基礎診断テスト]

　本書の単語・熟語の学習は、Part 1 ～ Part 10 で本格的に行ないますが、その前に現在のあなたの語彙力を判定するのがこのテストです。今TOEICテストを受験するとどれくらいのスコアがとれるのか、語彙力の側面からあなたのTOEICテストのスコアレベルを予想できる簡易テストです。

　実際のTOEICテストにはリスニング・セクションおよびリーディング・セクションの全200問に基づいてスコアが出るのに、こんな簡単な語彙テストでTOEICテストのスコアを予想できるのか!?といぶかしく思う人もいるかもしれません。

　しかし、これまで実際にTOEICテストを受けたことのある約150名の人にモニターとしてこのテストを受けて頂き、彼らのTOEICテストのスコアとこの語彙テストのスコアとの相関関係を厳密な統計処理により算出することができました。その結果、この語彙テストを受けるだけで大ざっぱな判定ではありつつも、非常に信頼のおける予想が可能となったのです。

　Part 1 ～ Part 10 の学習をスタートする前に、まずこのテストを受けて、今のあなたの実力を認識すると同時に、ひとつの刺激剤にし、少しでもあなたの語彙学習のモチベーションが上がれば、大きなプラスになると確信しております。

　楽な気持ちで次の30問の問題にチャレンジしてください。各問題の平均解答時間を16秒とし、全体の解答制限時間を8分とします。それでは、Good luck!

## TOEIC語彙力［基礎診断テスト］

> 次の1〜30の単語の意味とほぼ同じ意味を持つ語を（A）、（B）、（C）、（D）の中から1つ選び、解答をマークしてください。

1. valid　　Ⓐ Ⓑ Ⓒ Ⓓ
   - (A) drastic
   - (B) effective
   - (C) artificial
   - (D) significant

2. abolish　　Ⓐ Ⓑ Ⓒ Ⓓ
   - (A) implement
   - (B) offset
   - (C) scrap
   - (D) provoke

3. indispensable　　Ⓐ Ⓑ Ⓒ Ⓓ
   - (A) synthetic
   - (B) essential
   - (C) temporary
   - (D) overwhelming

4. equivalent　　Ⓐ Ⓑ Ⓒ Ⓓ
   - (A) vital
   - (B) urban
   - (C) greasy
   - (D) equal

5. sensible　　Ⓐ Ⓑ Ⓒ Ⓓ
   - (A) fierce
   - (B) vertical
   - (C) prudent
   - (D) ambiguous

6. merge　　Ⓐ Ⓑ Ⓒ Ⓓ
   - (A) streamline
   - (B) accommodate
   - (C) charge
   - (D) consolidate

7. deteriorate　　Ⓐ Ⓑ Ⓒ Ⓓ
   - (A) worsen
   - (B) intimidate
   - (C) accumulate
   - (D) forbid

8. worthwhile　　Ⓐ Ⓑ Ⓒ Ⓓ
   - (A) furnished
   - (B) robust
   - (C) feasible
   - (D) rewarding

## TOEIC語彙力 [基礎診断テスト]

9. toxic  Ⓐ Ⓑ Ⓒ Ⓓ
   (A) clerical
   (B) poisonous
   (C) municipal
   (D) appropriate

10. gauge  Ⓐ Ⓑ Ⓒ Ⓓ
    (A) prolong
    (B) reimburse
    (C) measure
    (D) contaminate

11. collaborate  Ⓐ Ⓑ Ⓒ Ⓓ
    (A) trigger
    (B) concur
    (C) subtract
    (D) ratify

12. luxurious  Ⓐ Ⓑ Ⓒ Ⓓ
    (A) vulnerable
    (B) extravagant
    (C) generous
    (D) inevitable

13. fake  Ⓐ Ⓑ Ⓒ Ⓓ
    (A) false
    (B) preceding
    (C) authentic
    (D) partial

14. qualified  Ⓐ Ⓑ Ⓒ Ⓓ
    (A) awkward
    (B) hectic
    (C) pending
    (D) eligible

15. numerous  Ⓐ Ⓑ Ⓒ Ⓓ
    (A) multiple
    (B) ethical
    (C) bilateral
    (D) optimistic

16. adjacent  Ⓐ Ⓑ Ⓒ Ⓓ
    (A) rustic
    (B) competent
    (C) neighboring
    (D) defective

17. deliberately  Ⓐ Ⓑ Ⓒ Ⓓ
    (A) alternately
    (B) intentionally
    (C) unanimously
    (D) seemingly

18. reinforce  Ⓐ Ⓑ Ⓒ Ⓓ
    (A) grant
    (B) bewilder
    (C) renounce
    (D) strengthen

19. outstanding   Ⓐ Ⓑ Ⓒ Ⓓ
   (A) overdue
   (B) scarce
   (C) pharmaceutical
   (D) simultaneous

20. comprehensive   Ⓐ Ⓑ Ⓒ Ⓓ
   (A) hazardous
   (B) preliminary
   (C) blanket
   (D) skeptical

21. integrate   Ⓐ Ⓑ Ⓒ Ⓓ
   (A) orchestrate
   (B) enforce
   (C) unload
   (D) withdraw

22. hypothesis   Ⓐ Ⓑ Ⓒ Ⓓ
   (A) transaction
   (B) assumption
   (C) revenue
   (D) livestock

23. justify   Ⓐ Ⓑ Ⓒ Ⓓ
   (A) commence
   (B) ventilate
   (C) designate
   (D) legitimize

24. perspective   Ⓐ Ⓑ Ⓒ Ⓓ
   (A) detour
   (B) subordinate
   (C) view
   (D) mortgage

25. beneficial   Ⓐ Ⓑ Ⓒ Ⓓ
   (A) helpful
   (B) coherent
   (C) bulky
   (D) sparse

26. utilize   Ⓐ Ⓑ Ⓒ Ⓓ
   (A) demolish
   (B) use
   (C) modify
   (D) acknowledge

27. relevant   Ⓐ Ⓑ Ⓒ Ⓓ
   (A) obsolete
   (B) imperative
   (C) related
   (D) practical

28. minute   Ⓐ Ⓑ Ⓒ Ⓓ
   (A) monotonous
   (B) decorative
   (C) thorough
   (D) considerable

**TOEIC語彙力[基礎診断テスト]**

29. bankrupt　　　　Ⓐ Ⓑ Ⓒ Ⓓ
　　(A) insolvent
　　(B) distinguished
　　(C) meteorological
　　(D) tedious

30. sophisticated　　　　Ⓐ Ⓑ Ⓒ Ⓓ
　　(A) refined
　　(B) diverse
　　(C) illegible
　　(D) principal

P.26～ P.28に載っている正解を見て、自己採点してください。
正解数とレベル（○で囲む）を記入してください。

【正解数】　_____／30

【レベル】　　A　　　　B　　　　C　　　　D　　　　E

---

〈レベル判定〉

正解数22個～30個　……レベルA（860点以上）

正解数17個～21個　……レベルB（730点以上～860点以下）

正解数10個～16個　……レベルC（470点以上～730点以下）

正解数5個～9個　…………レベルD（220点以上～470点以下）

正解数0個～4個　…………レベルE（200点以下）

## 正解と単語の意味

1. valid 　　　　　　　　有効な
   (A) drastic 　　　　　　抜本的な
 ○ (B) effective 　　　　　有効な
   (C) artificial 　　　　　人工的な
   (D) significant 　　　　重要な

2. abolish 　　　　　　　～を廃止する
   (A) implement 　　　　～を実行する
   (B) offset 　　　　　　～を相殺する
 ○ (C) scrap 　　　　　　～を廃止する
   (D) provoke 　　　　　～を引き起こす

3. indispensable 　　　　必須の
   (A) synthetic 　　　　　合成の
 ○ (B) essential 　　　　　必須の
   (C) temporary 　　　　臨時の
   (D) overwhelming 　　 圧倒的な

4. equivalent 　　　　　　同等の
   (A) vital 　　　　　　　重要な
   (B) urban 　　　　　　都市の
   (C) greasy 　　　　　　脂っぽい
 ○ (D) equal 　　　　　　同等の

5. sensible 　　　　　　　分別のある
   (A) fierce 　　　　　　激しい
   (B) vertical 　　　　　垂直の
 ○ (C) prudent 　　　　　分別のある
   (D) ambiguous 　　　　曖昧な

6. merge 　　　　　　　　合併する
   (A) streamline 　　　　～を合理化する
   (B) accommodate 　　 ～を収容できる
   (C) charge 　　　　　　～を請求する
 ○ (D) consolidate 　　　 合併する

7. deteriorate 　　　　　　悪化する
 ○ (A) worsen 　　　　　　悪化する
   (B) intimidate 　　　　～を脅かす
   (C) accumulate 　　　～を蓄積する
   (D) forbid 　　　　　　～を禁じる

8. worthwhile 　　　　　　やり甲斐のある
   (A) furnished 　　　　　家具付きの
   (B) robust 　　　　　　強い
   (C) feasible 　　　　　実行可能な
 ○ (D) rewarding 　　　　やり甲斐のある

9. toxic 　　　　　　　　　有毒な
   (A) clerical 　　　　　　事務的な
 ○ (B) poisonous 　　　　有毒な
   (C) municipal 　　　　 市の
   (D) appropriate 　　　 適当な

10. gauge 　　　　　　　　～を測定する
    (A) prolong 　　　　　～を延長する
    (B) reimburse 　　　　～を払い戻す
 ○ (C) measure 　　　　　～を測定する
    (D) contaminate 　　 ～を汚染する

11. collaborate 　　　　　協力する
    (A) trigger 　　　　　～を誘発する
 ○ (B) concur 　　　　　協力する
    (C) subtract 　　　　～を控除する
    (D) ratify 　　　　　～を批准する

12. luxurious 　　　　　　贅沢な
    (A) vulnerable 　　　傷つきやすい
 ○ (B) extravagant 　　 贅沢な
    (C) generous 　　　　気前のよい
    (D) inevitable 　　　不可避な

26

# TOEIC語彙力[基礎診断テスト]

13. fake 偽の
- ○ (A) false 偽の
- (B) preceding 先行する
- (C) authentic 本物の
- (D) partial 部分的な

14. qualified 資格のある
- (A) awkward 厄介な
- (B) hectic てんてこ舞いの
- (C) pending 未決定の
- ○ (D) eligible 資格のある

15. numerous 多数の
- ○ (A) multiple 多数の
- (B) ethical 倫理上の
- (C) bilateral 二者間の
- (D) optimistic 楽観的な

16. adjacent 隣接した
- (A) rustic 田舎の
- (B) competent 有能な
- ○ (C) neighboring 隣接した
- (D) defective 欠陥のある

17. deliberately わざと
- (A) alternately 交互に
- ○ (B) intentionally わざと
- (C) unanimously 満場一致で
- (D) seemingly 見たところ

18. reinforce ～を強化する
- (A) grant ～を認める
- (B) bewilder ～を当惑させる
- (C) renounce ～を放棄する
- ○ (D) strengthen ～を強化する

19. outstanding 未払いの
- ○ (A) overdue 未払いの
- (B) scarce 乏しい
- (C) pharmaceutical 製薬の
- (D) simultaneous 同時の

20. comprehensive 包括的な
- (A) hazardous 有害な
- (B) preliminary 予備の
- ○ (C) blanket 包括的な
- (D) skeptical 懐疑的な

21. integrate ～を統合する
- ○ (A) orchestrate ～を統合する
- (B) enforce ～を実施する
- (C) unload ～の荷を降ろす
- (D) withdraw ～を引き出す

22. hypothesis 仮説
- (A) transaction 取り引き
- ○ (B) assumption 仮説
- (C) revenue 収益
- (D) livestock 家畜

23. justify ～を正当化する
- (A) commence ～を開始する
- (B) ventilate ～を換気する
- (C) designate ～を指名する
- ○ (D) legitimize ～を正当化する

24. perspective 物の見方
- (A) detour 迂回
- (B) subordinate 部下
- ○ (C) view 物の見方
- (D) mortgage 住宅ローン

27

25. beneficial  有益な
- (A) helpful  有益な
- (B) coherent  首尾一貫した
- (C) bulky  かさばった
- (D) sparse  まばらな

26. utilize  ～を利用する
- (A) demolish  ～を破壊する
- (B) use  ～を利用する
- (C) modify  ～を修正する
- (D) acknowledge  ～を認める

27. relevant  関係のある
- (A) obsolete  廃れた
- (B) imperative  避けられない
- (C) related  関係のある
- (D) practical  実際的な

28. minute  詳細な
- (A) monotonous  単調な
- (B) decorative  装飾的な
- (C) thorough  詳細な
- (D) considerable  相当の

29. bankrupt  破産した
- (A) insolvent  破産した
- (B) distinguished  有名な
- (C) meteorological  気象の
- (D) tedious  退屈な

30. sophisticated  洗練された
- (A) refined  洗練された
- (B) diverse  種々の
- (C) illegible  読みにくい
- (D) principal  主要

# 第Ⅰ部
# TOEIC最頻出基礎単語・熟語750語

**CD** 付属のCDに見出し語の発音と例文が収録されています。

| Part 1 | 基礎単語 | 1〜150 | ············ CD1 | Track1〜15 | 〔米音〕 |
| Part 2 | 基礎単語 | 151〜300 | ········ CD1 | Track16〜30 | 〔英音〕 |
| Part 3 | 基礎単語 | 301〜450 | ········ CD1 | Track31〜45 | 〔米音〕 |
| Part 4 | 基礎単語 | 451〜600 | ········ CD1 | Track46〜60 | 〔英音〕 |
| Part 5 | 基礎熟語 | 1〜150 | ············ CD1 | Track61〜75 | 〔米音〕 |

> 本書の発音記号は、読者の学習しやすさを考慮して代表的な米音のみを表記していますが、CDには、TOEICテストの多様な英語に慣れることに配慮して、米音・英音を採用しています。

**Part 1**

TOEIC最頻出
基礎単語・熟語750語

# 必ず覚える！基礎単語
# 1〜150

1〜150
151〜300
301〜450
451〜600
1〜150

### 0001 ☐ **document**
[dάkjumənt]

名 文書、書類

The president's secretary files away each **document**.
社長秘書は、それぞれの文書をファイルに綴じて整理している。

### 0002 ☐ **order**
[ɔ́:rdər]

動 〜を注文する、〜に命令する
名 順番、注文、秩序、命令

You can **order** the goods from a mail order company.
あなたは、その品物を通信販売会社に注文することができます。

### 0003 ☐ **market**
[má:rkit]

名 市場、相場
動 〜を市場に出す、売り込む

Mr. Ghon created a new **market** through his own effort.
ゴーン氏は、自力で新しい市場を開拓した。

### 0004 ☐ **corporation**
[kɔ̀:rpəréiʃən]

名 法人、会社、団体

The citizens of Miami voted on a boycott against a **corporation**'s products.
マイアミの市民は、ある企業の製品に不買運動をするための票を投じた。

☐ **corporate** 形 法人組織の、共同の

### 0005 ☐ **seal**
[sí:l]

名 印、印鑑、印章
動 〜に封をする、押印する

The manager stamped a corporate **seal** on a document from his section.
部長は、部の文書に社印を押した。

Part 1 必ず覚える！ 基礎単語1〜150

## 0006 ☐ **article**
[άːrtikl]
名 品物、記事、条項

These days many people order an **article** from a mail order house on the Internet.
昨今、多くの人がインターネット上の通信販売店に品物を注文している。

## 0007 ☐ **contain**
[kəntéin]
動 〜を含む、入れている

This week's *Newsweek* **contains** an article about the accident.
今週号の『ニューズウィーク』にその事故の記事が載っている。
☐ **container** 名 容器
☐ **containment** 名 抑制、阻止

## 0008 ☐ **position**
[pəzíʃən]
名 職、地位、状況

I'm sorry, but the **position** has already been filled.
すみませんが、その職はすでに埋まってしまいました。

## 0009 ☐ **bill**
[bíl]
名 請求書、請求金額、法案

Ms. Kelley was surprised to see a big cell phone **bill**.
ケリーさんは、多額の携帯電話の請求書を見て驚いた。

## 0010 ☐ **microwave**
[máikrouwèiv]
名 電子レンジ

You can easily warm it up in a **microwave**.
あなたは、それを簡単に電子レンジで温めることができます。
☐ **microwavable** 形 電子レンジで調理できる

### 0011 ☐ **package**
[pǽkidʒ]
名 小包、小荷物

What does the **package** contain?
小包の中身は何ですか？

☐ **packaging** 名 荷造り、包装

### 0012 ☐ **offer**
[ɔ́:fər]
名 申し出、オファー、値引き
動 〜を申し出る、提供する

After considering your **offer**, we have decided to order 5 sample packages.
御社の申し入れを検討した後、当社はサンプルを5箱注文することを決めました。

### 0013 ☐ **mall**
[mɔ́:l]
名 モール、木陰のある遊歩道

The biggest bookstore has opened in a shopping **mall**.
最大級の書店が、ショッピングモールにオープンした。

### 0014 ☐ **block**
[blák]
名 一区画、街区

It's three **blocks** to the office from here.
ここからその会社までは、3ブロックです。

### 0015 ☐ **immediately**
[imí:diətli]
副 すぐに、即座に、直接に

This time the call came through **immediately**.
今回は、電話が直ちにつながった。

☐ **immediate** 形 即座の、即刻の、直の

## 0016 department
[dipáːrtmənt]
名 課、部、部門、局

Mr. Wilson heads the accounting **department**.
ウィルソン氏は、会計課長です。
□ **departmental** 形 部門の

## 0017 hot
[hát]
形 辛い、暑い、熱い

This curry restaurant chain serves very **hot** curry and rice.
このカレー・レストランチェーンは、本当に辛いカレーライスを提供する。

## 0018 benefit
[bénəfit]
動 利益をもたらす、得する
名 利益、恩恵

Any product will **benefit** by word of mouth.
どんな製品でも、クチコミで利益をもたらす。
□ **beneficial** 形 利益をもたらす、役に立つ

## 0019 staff
[stǽf]
名 職員、スタッフ

Mr. Quirk is a member of the **staff** of British Airways.
クワーク氏は、ブリティシュ航空の職員だ。

## 0020 telecommunication
[tèləkəmjuːnəkéiʃən]
名 電気通信、遠隔通信

Mr. Gates works in the field of **telecommunications**.
ゲイツ氏は、電気通信の分野で仕事をしている。

## 0021 ☐ sale
[séil] 名売上高、販売、大安売り

The new type of low-malt beer continues to enjoy large **sales**.
その新種の発泡酒は、相変わらず売れ行きがよい。
☐ **for sale** 熟売り物の
☐ **on sale** 熟販売されて

## 0022 ☐ firm
[fə́:rm] 名会社
形堅い、安定した

Ms. Tucker works for one of the best design **firms** in Massachusetts.
タッカーさんは、マサチューセッツの優良デザイン会社のひとつで働いている。

## 0023 ☐ allow
[əláu] 動〜を許す、認める

Smoking is not **allowed** here.
ここでの喫煙はご遠慮ください。
☐ **allowance** 名手当、支給額、許容量

## 0024 ☐ main
[méin] 形主要な、中心的な
名本管、配電線

Ms. Lowe will be working as the **main** female staff member in the office.
ロウさんは、会社で主要な女性スタッフとして働くことになっている。
☐ **mainly** 副主に、大部分は

## 0025 ☐ appear
[əpíər] 動〜と思われる、現れる

The new CEO **appears** to be in her late forties.
新しい重役は、四十代後半と思われる。
☐ **appearance** 名外見、出現

## Part 1 必ず覚える! 基礎単語1〜150

**0026** ☐ **plant**
[plænt]
名 工場、植物
動 〜を植える

The **plant** is driven by thermal power.
その工場は、火力発電で動いている。

**0027** ☐ **eager**
[íːgər]
形 熱心な、熱望して

The low prices still pull in plenty of **eager** buyers.
安価のために、まだ多くの熱心な購買者を引きつけている。
☐ **eagerly** 副 熱心に、しきりに
☐ **eagerness** 名 熱心さ、熱望

**0028** ☐ **rent**
[rént]
動 〜を賃借する
名 賃借料、家賃

Many companies **rent** the latest computers.
多くの会社は最新のコンピュータを賃借している。
☐ **rental** 形 賃借できる 名 賃借料、家賃

**0029** ☐ **operate**
[ápərèit]
動 〜を操作する、運転する、手術する

It is very easy to **operate** this digital camera.
このデジタルカメラの操作はとても簡単だ。
☐ **operation** 名 作動、活動、手術

**0030** ☐ **drastic**
[drǽstik]
形 抜本的な、思い切った

The communications firm must make **drastic** spending cuts.
その通信会社は、抜本的な支出削減を行なわなければならない。

## 0031 construction
[kənstrʌ́kʃən] 名建設、建築、組み立て、構造

The publishing company has begun **construction** of a multi-story main building.
その出版社は、高層の本社ビル建設に着手した。

- construct 動〜を建設する、組み立てる
- constructive 形建設的な、構造上の

## 0032 require
[rikwáiər] 動〜を必要とする、要求する

The business situation of the company **requires** this be done immediately.
その会社の経営状態からして、このことは即刻なされなけばならない。

- requirement 名必要条件、必需品

## 0033 profession
[prəféʃən] 名専門的職業、表明

Only 30 percent of jobs in the **profession** are held by females.
専門職の30パーセントの仕事しか、女性によって占められていない。

- professional 形プロの、専門職の、職業上の

## 0034 earn
[ə́:rn] 動〜を稼ぐ、得る

Ms. White **earns** almost 1,000 dollars a day.
ホワイトさんは、日におよそ1000ドル稼ぐ。

- earnings 名勤労所得、収入

## 0035 management
[mǽnidʒmənt] 名経営者(側)、経営

There has been a recent change in **management** at the supermarket chain.
そのスーパーマーケット・チェーンでは、最近経営陣の交代があった。

- manage 動〜を経営(管理)する、どうにか〜する
- managerial 形経営者の

## 0036 ☐ **water**
[wɔ́ːtər]

動 ～に水をやる
名 水

The president **waters** a leafy plant in his office when he appears for work.
社長は出社したら、オフィスの観葉植物に水をやる。

## 0037 ☐ **declare**
[diklɛ́ər]

動 ～を宣言する、明言する

The citizens **declared** that they were against the construction of the steel tower.
市民は鉄塔建設に反対であることを表明した。
☐ **declaration** 名 宣言、声明

## 0038 ☐ **local**
[lóukəl]

形 地元の、地域の

Ms. Han slips back into her **local** accent when she relaxes.
ハンさんは、くつろぐと地元の訛りが出てしまう。

## 0039 ☐ **post**
[póust]

名 地位、部署、郵便（物）
動 ～を配置する、投函する

Mr. Banks accepted the **post** of sales manager.
バンクス氏は、販売マネージャーの地位についた。

## 0040 ☐ **waiter**
[wéitər]

名 （ホテル・料理店などの）ウェイター、男性の給仕人

The amount of tip you give to the **waiter** should be around fifteen percent of the bill.
あなたがウェイターに渡すべきチップは、勘定書の約15パーセントだ。
☐ **waitress** 反 ウェイトレス、女性の給仕人

## 0041 ☐ **flyer**
[fláiər]

名 ビラ、チラシ（= flier）

**Fliers** and a packet of tissue are often given out around the station.
ビラとポケットティッシュは、駅の周りで配られていることが多い。

## 0042 ☐ **proposal**
[prəpóuzəl]

名 提案、申し出

The **proposal** was never carried out.
その提案は決して実行されなかった。
☐ **propose** 動 〜を提案する、提唱する

## 0043 ☐ **means**
[mí:nz]

名 手段、方法、財力、富

Ms. Sailing has used every possible **means** to meet Mr. Collins.
セイリング氏は、コリンズ氏に会うためにできる限りの手段を尽くした。
☐ **by means of 〜** 熟 〜を用いて

## 0044 ☐ **arrange**
[əréindʒ]

動 〜を手配する、整える

Mr. Wright's secretary **arranged** everything for his trip to Taiwan.
ライト氏の秘書は、彼の台湾行きの手はずをすべて整えた。
☐ **arrangement** 名 手配、取り決め、配置

## 0045 ☐ **role**
[róul]

名 役割、任務

The **role** Mr. Griffin plays is very important in the company.
グリフィン氏の役割はその会社ではとても重要だ。

## 0046 project
[prάdʒəkt]
名 事業計画、企画、プロジェクト
動 ～をもくろむ、映写する

The construction company completed a huge **dam project**.
その建設会社は、巨大ダムの計画を完遂した。
**projection** 名 見積もり、見通し、映写

## 0047 shuttle
[ʃʌ́tl]
名 シャトル便

The **shuttle** bus leaves every ten minutes.
シャトルバスは10分毎に出ます。

## 0048 lecture
[léktʃər]
名 講演、講義
動 講演（講義）をする

Mr. Anderson can offer **lectures** on anything about the market.
アンダーソン氏は、市場については何でも講演することができる。
**lecturer** 名 講演者、講師

## 0049 announce
[ənáuns]
動 ～を発表する、告示する

The flier in the newspaper **announces** that a special year-end sale will be held in every shop around the station.
新聞の広告は、駅周辺のすべての店で歳末大売り出しが開催されることを告げている。
**announcement** 名 発表、公表

## 0050 sidewalk
[sáidwɔ̀:k]
名 歩道

Since the **sidewalk** was like a sheet of ice this morning, many workers in the office were late.
今朝は歩道に薄く氷が張っていたので、多くの社員が遅刻した。

## 0051 □ copy
[kápi] 　　名模倣、複写、一冊

This computer operating system is said to be a **copy** of an older operating system.
このOSは、既存のOSの模倣であると言われている。

## 0052 □ choose
[tʃúːz] 　　動〜を選ぶ、選択する

Why did you **choose** our company?
どうして当社をお選びになりましたか？
□ **choosy** 形選り好みをする、気難しい
□ **choice** 名選択

## 0053 □ label
[léibəl] 　　名ラベル、商標、名札
　　　　　　動〜にラベルをつける

The **label** says that milk and eggs are not used.
ラベルには、牛乳と卵が使用されていないと書いてある。

## 0054 □ admire
[ædmáiər] 　　動〜を高く評価する、称賛する、感嘆する

The head manager **admired** the way Mr. Setten had solved the problem.
課長は、セトン氏のその問題の解決法を高く評価した。
□ **admirable** 形称賛に値する、見事な
□ **admiration** 名称賛、賛美、感心

## 0055 □ affair
[əféər] 　　名業務、仕事、事柄、事件、不倫

Ms. Holland decided to take the **affair** into her own hands.
ホーランドさんは、業務の処理を引き受ける決心をした。

## 0056 ☐ **flight** [fláit] 名 定期航空便、フライト

**Flight** UA 906 for Los Angeles is now boarding at Gate 25.
《空港でのアナウンス》UA 906ロサンゼルス行きは、25番ゲートで搭乗中です。
☐ **fly** 動 飛ぶ、飛行機で行く

## 0057 ☐ **promote** [prəmóut] 動 ~を昇格させる、促進する

Mr. Chapman was **promoted** to become the CEO.
チャップマン氏は、最高経営責任者に昇格した。
☐ **promotion** 名 昇進、販売促進
☐ **promotional** 形 販売促進用の、昇進の

## 0058 ☐ **ambitious** [æmbíʃəs] 形 野心のある、野望に燃えている

Ms. Torres is quite **ambitious** for her promotion.
トレスさんは、本当に昇進を望んでいる。
☐ **ambition** 名 野心、野望

## 0059 ☐ **campaign** [kæmpéin] 名 キャンペーン、運動

The firm planned a sales **campaign**.
その会社は、売上げキャンペーンの計画を立てた。

## 0060 ☐ **armchair** [ɑ́:rmtʃɛ̀ər] 名 肘掛け椅子

In this company people in a managerial position sit in an **armchair**.
この会社では、役職者は肘掛つき椅子に座っている。

### 0061 ☐ **casual** [kǽʒuəl]
形 略式の、のんきな、即席の

In the summer season, the president of that company goes to his office in **casual** dress.
夏場は、あの会社の社長はくつろいだ服装で出社する。
☐ **casually** 副 何気なく、略式に、偶然に

### 0062 ☐ **credit** [krédit]
名 融資、信用貸し、信用、預金、評判
動 ～を信用する

Healthy companies can easily get **credit**.
健全な会社は簡単に融資を受けることができる。
☐ **creditable** 形 立派な、信用できる

### 0063 ☐ **achieve** [ətʃíːv]
動 ～を達成する、成し遂げる

Ms. Rapson's ability to **achieve** these results is very certain.
ラプソンさんがこれらの結果を達成する能力は、かなり確実だ。
☐ **achievement** 名 達成、到達

### 0064 ☐ **pour** [pɔ́ːr]
動 ～を注ぐ、かける、雨が激しく降る

Mr. Danforth **poured** some wine for the woman sitting next to him.
ダンフォース氏は、隣に座った女性にワインを注いだ。

### 0065 ☐ **prove** [prúːv]
動 ～であるとわかる、～を証明する

Mr. Robert's tips **proved** to be useful.
ロバート氏の助言は、有益であることがわかった。
☐ **proof** 名 証拠、証明

## 0066 delay
[diléi]
動 ~を遅らせる、延ばす
名 遅れ、遅滞

Airport staff announced Flight 220 was **delayed**.
空港職員は220便が遅れていることを放送した。

## 0067 rank
[rǽŋk]
動 位置する
名 地位、階級

Yunker **ranks** as one of the ten largest drug companies in the world.
ユンケル社は、世界の10大製薬会社のひとつである。

## 0068 repair
[ripéər]
名 修理
動 ~を修理する、償う

You can get **repairs** done to your car while you wait.
お待ちの間に、車の修理を致します。

☐ **repairable** 形 修理できる

## 0069 remain
[riméin]
名 《-s》残り、残り物
動 (~の) ままである、残っている

Before recycling, please tear the **remains** of the label from the bottles.
リサイクルする前に、ボトルからラベルの残りをはがしておいてください。

## 0070 rumor
[rúːmər]
名 うわさ、風説、風評

The **rumors** were supported by the information that Mr. Peter Wagner was suddenly headhunted.
そのうわさは、ピーター・ワグナー氏がヘッドハンティングされたという情報によって裏づけされた。

## 0071 □ **section** [sékʃən]
名 組織の部門（課/部）、部分、区域、欄

Ms. Sullivan works in a data **section**.
サリバンさんは、資料課で働いている。
□ **sectional** 形 部門の、断面図の、組立式の

## 0072 □ **bonus** [bóunəs]
名 ボーナス、特別賞与

A **bonus** will be paid to workers who produce more than they are required.
ボーナスは、要求された水準以上に生産性を上げる従業員に支払われる。

## 0073 □ **cause** [kɔ́:z]
動 ～を引き起こす、もたらす
名 原因、理由、理想

The heavy rain **caused** the train delay.
大雨のために電車が遅れた。

## 0074 □ **secure** [sikjúər]
動 ～を確保する、獲得する、実現する
形 安定した、安全な

Mr. Robertson's achievements helped **secure** him the job.
ロバートソン氏の業績は、その仕事を確保する手助けとなった。
□ **security** 名 安全、保証、有価証券

## 0075 □ **technology** [teknάlədʒi]
名 科学技術、工学、テクノロジー

The industry developed the **technology** to produce excellent goods cheaply.
その工場は、よい製品を安く製造する技術を開発した。
□ **technological** 形 科学技術の、技術上の
□ **technologically** 副 技術的に

## 0076 enclose
[inklóuz]
動 ～を同封する

Please **enclose** a self-addressed stamped envelope.
切手を貼った宛名記入済みの封筒を同封してください。
**enclosure** 名 同封物、包囲

## 0077 confidential
[kɑ̀nfədénʃəl]
形 機密の、内々の

These papers are **confidential** and can only be read by the management.
これらの資料は機密であり、経営陣だけが読むことができる。
**confident** 形 確信している、自信のある
**confidence** 名 信頼、自信、秘密

## 0078 spare
[spéər]
動 ～を割く、控える、大目に見る
形 予備の、簡潔な　名 予備、スペア

Would you care to **spare** me a minute?
ちょっと時間を割いて頂けませんか？

## 0079 client
[kláiənt]
名 (弁護士などの) 依頼人、
　　(銀行、商店などの) 顧客

Mr. John Grisham of the law firm has many **clients** these days.
あの法律事務所のジョン・グリシャム氏は、最近依頼人が多い。

## 0080 clerk
[klə́:rk]
名 事務員、社員、店員

Ms. Hall is a file **clerk** in the office.
ホールさんは、会社で文書係をしている。
**clerical** 形 事務職の、書記の

### 0081 □ admission
[ædmíʃən]
名 入社、入場、許可、承認

To which company do you desire **admission**?
あなたはどの会社に入社したいのですか？

□ admit 動 ～を認める、～に入ることを許す

### 0082 □ debate
[dibéit]
動 ～を討議する、討論する
名 議論、討論

The sales department is now **debating** what went wrong with the sales campaign.
販売部は、販売キャンペーンのどこが問題だったかを今議論している。

□ debatable 形 議論の余地のある

### 0083 □ advise
[ædváiz]
動 ～に忠告する、助言する

Mr. Sutton was **advised** to follow his instincts by his boss.
サットン氏は、部長に直感に従うように助言された。

□ advice 名 忠告、助言、勧告

### 0084 □ apparent
[əpǽrənt]
形 明白な、明瞭な

It was **apparent** to all of the other team members that Mr. Ruby did not like their ways of thinking.
ルビー氏がチームの考え方が気に入っていなかったことは、他のメンバー全員に明らかだった。

□ apparently 副 恐らく、外見上

### 0085 □ abstract
[æbstrǽkt]
形 抽象的な
動 ～を要約する 名 抜粋、要約

Mr. Median's thought is too **abstract**.
メディアン氏の考えは抽象的すぎる。

□ concrete 反 具体的な

## 0086 wealth
[wélθ] 名豊富、富、財産

Orange Oil Computer Inc. needs a person with a **wealth** of knowledge in things Japanese.
オレンジオイル・コンピュータ会社は、日本の風物についての知識の豊富な人を必要としている。
☐**wealthy** 形富んだ、裕福な

## 0087 presentation
[prèzəntéiʃən] 名発表、実演、提示、売込み、贈呈

Ms. Huddle gave a **presentation** on the unique points of the new product.
ハドルさんは、新商品のユニークな点について説明した。
☐**present** 動〜を提示する、公開する、贈る

## 0088 agricultural
[ægrikʌ́ltʃərəl] 形農業の、農学の

The company has been selling **agricultural** machines since 1945.
その会社は、1945年より農業機械を販売している。
☐**agriculture** 名農業、農学

## 0089 ambassador
[æmbǽsədər] 名大使、使節

John L. Menadue was the Australian **ambassador** to Japan.
ジョン・L・メナデューは、日本駐在のオーストラリア大使だった。

## 0090 accurate
[ǽkjurət] 形正確な、周到な

Without **accurate** data, these discussions would be meaningless.
正確なデータがなければ、これらの議論は無意味だろう。
☐**accuracy** 名正確さ、精度

### 0091 ☐ pharmaceutical
[fɑ̀:rməsú:tikəl] 形 薬剤の、製薬の

Some animal and plant products have a **pharmaceutical** value.
動物や植物を用いた製品の中には薬剤としての価値がある物がある。

☐ pharmacy　名 薬局、薬学

### 0092 ☐ avoid
[əvɔ́id] 動 ～を避ける、回避する、無効にする

We want to **avoid** disappointing our visitors.
当施設は、利用者を失望させること避けたいと考えております。

☐ avoidance　名 回避、忌避

### 0093 ☐ banking
[bǽŋkiŋ] 名 銀行業、銀行取引

Mr. Barrett has a lot of experience in **banking**.
バレット氏は、銀行業の経験が豊富だ。

### 0094 ☐ behavior
[bihéivjər] 名 振る舞い、動作、態度

Mr. Campbell's **behavior** toward other people is always friendly.
キャンベル氏の他人に対する態度は、いつも気さくだ。

☐ behave　動 振る舞う、行動する
☐ behavioral　形 行動の

### 0095 ☐ request
[rikwést] 動 ～を要請する、頼む
名 要請、依頼

We must **request** you to remain silent about the matter.
当社はこの件については口外しないで頂きたいと考えております。

## 0096 ☐ **barrier**
[bǽriər]
名 障害、障壁、仕切り

All the firms have removed the **barriers** between genders in promotion.
すべての会社が昇進における性差の障壁を取り除いた。

## 0097 ☐ **besides**
[bisáidz]
前 ～の他に、～以外に
副 さらに、その他に

There were two other visitors **besides** himself when Mr. Collins visited the office.
コリンズ氏がその事務所を訪問したとき、他に2人の訪問者がいた。

## 0098 ☐ **beneficial**
[bènəfíʃəl]
形 役に立つ、利益をもたらす

The community magazine is very **beneficial** to travelers.
地域情報誌は、旅行者に非常に役に立つ。
☐ **benefit** 名 利益、恩恵 動 利益を得る、～のためになる

## 0099 ☐ **employ**
[implɔ́i]
動 ～を雇う、利用する

The law firm tries to **employ** as many female lawyers as it can.
その弁護士事務所は、なるべく多くの女性弁護士を雇おうとしている。
☐ **employment** 名 雇用、仕事

## 0100 ☐ **enterprise**
[éntərpràiz]
名 事業、企画、会社

Now is the time to start a new **enterprise**.
今こそ新規事業を起こすときだ。

## 0101 ☐ **agent** [éidʒənt]
名 代理人、仲介者、職員

Mr. Rhodes acts as an **agent** for a Nepalese firm.
ローズ氏は、ネパールの会社の代理人をしている。
☐ **agency**　名 代理店、取扱店

## 0102 ☐ **glue** [glúː]
名 糊、接着剤
動 ～を接着する

This new **glue** sticks fast.
この新しい糊は、しっかりつく。

## 0103 ☐ **adopt** [ədɑ́pt]
動 ～を採用する、養子にする

Some Asian countries such as Thailand have **adopted** Buddhism as a state religion.
タイなどのアジアの国々の中には、仏教を国教として採用しているところがある。
☐ **adoption**　名 採用、養子縁組

## 0104 ☐ **area** [ɛ́əriə]
名 地域、区域

Every freeway in the whole **area** has been closed off.
地域全体のすべての高速道路が閉鎖されている。

## 0105 ☐ **bond** [bɑ́nd]
名 債券、社債、保証、結束、接着

Sublime, Inc. rated the **bond** AAA.
サブライム社は、その債券をトリプルAと評価した。

## 0106 physical
[fízikəl]
形 物理的な、身体の

The traditional office design creates **physical** barriers between workers.
伝統的なオフィスのデザインは、社員間に物理的な障害を作り上げている。
□**physically** 副 物理的に、身体的に

## 0107 bend
[bénd]
動 かがむ、曲がる
名 曲がり、カーブ

You can avoid **bending** down to pick up change from this new vending machine.
この新しい自販機からお釣りを取るときは、屈まなくてもよい。

## 0108 chemical
[kémikəl]
形 化学の、化学的な
名 化学薬品、化学物質

China's **chemical** industry will be ahead in the late 21st century.
中国の化学工業は、21世紀後半にはかなり進むだろう。
□**chemistry** 名 化学、相性

## 0109 climate
[kláimit]
名 傾向、風潮、社風、気候

The think tank is always careful about the **climate** of opinion.
そのシンクタンクは、絶えず世論の動向に気をつけている。
□**climatic** 形 気候の、気候上の

## 0110 experiment
[ikspérəmənt]
名 実験、試み
動 実験する

We've done many **experiments** on animals before beginning the sale of this shark liver oil.
当社はこの鮫の肝油販売前に、多くの動物実験を行なってきました。
□**experimental** 形 実験の、試行的な

### 0111 ☐ **postage** [póustidʒ]　名 郵便料金

Please enclose stamps for return **postage**.
郵送料をまかなうために返信切手を同封してください。
☐ **postal**　形 郵便の、郵便局の

### 0112 ☐ **advance** [ædvǽns]　動 昇進する、前進する
名 発展、前進、前払い金

Mr. Washington **advanced** in his profession last month and received a bonus.
ワシントン氏は先月職業上の地位が上がり、ボーナスを受け取った。
☐ **advanced**　形 先進的な、上級の
☐ **in advance**　熟 前もって、予め

### 0113 ☐ **practical** [prǽktikəl]　形 実際的な、実用的な

Good companies adopted computer network systems because they were quick to see the **practical** advantages of computers.
優良企業はコンピュータの実用的な利点を素早く見抜いてコンピュータ・ネットワーク・システムを採用した。
☐ **impractical**　反 実際的でない、非現実的な

### 0114 ☐ **profitable** [práfitəbl]　形 利益を生む、もうかる、有益な

Game software production is a highly **profitable** enterprise.
ゲームソフトの生産は、非常に利益のある事業である。
☐ **profit**　動 利益を得る　名 利益
☐ **profitably**　副 有利に

### 0115 ☐ **pioneer** [pàiəníər]　名 率先者、先駆者、開拓者

Our company acted as a **pioneer** in introducing the new computer system.
当社は、率先して新しいコンピュータ・システムを採用した。
☐ **pioneering**　形 草分けの、先駆的な

## 0116 effective
[iféktiv]
形 効果的な、有能な、効力を生じて

This new type of glue is very **effective**.
この新しいタイプの接着剤は、とても効力がある。
- ineffective 反 効果のない、役に立たない

## 0117 plain
[pléin]
形 単純な、明白な、無地の

Could you explain the term in **plain** English?
その用語を平易な英語で説明して頂けますか？
- plainly 副 明瞭に、率直に、質素に

## 0118 platform
[plǽtfɔ:rm]
名 意見を述べる場所、講壇、（駅の）ホーム、綱領

This TV news program gives commentators a broad **platform** for debate.
このテレビニュース番組は、コメンテーターに幅広い討論の場を提供している。

## 0119 quantity
[kwántəti]
名 分量、数量

You can get our free samples in any **quantity**.
あなたは当社の試供品を欲しい分だけ得られます。
- quantitative 形 数量の、量的な
- quality 反 質、特性

## 0120 quality
[kwáləti]
名 質、特性

Recent microwave ovens show a great advance in **quality**.
最近の電子レンジは品質に大きく向上している。
- qualitative 形 質的な
- quantity 反 分量、数量

## 0121 ☐ **automaker** [ɔ́:təmèikər] 名 自動車製造会社

There are many **automakers** in Detroit.
デトロイトには多くの自動車メーカーがある。

## 0122 ☐ **belongings** [bilɔ́:ŋiŋs] 名《複数扱い》所持品、身の回り品、持ち物

Ms. James moved her personal **belongings** into her cubicle.
ジェイムズさんは、私物を自分の小部屋に運び込んだ。

## 0123 ☐ **aim** [éim] 動 目指す、狙う《at, for》
名 目標、目的

We **aim** at high quality and practical utility.
当社は高品質と実用性を目指しています。

## 0124 ☐ **bind** [báind] 動 ～を製本する、結びつける、拘束する

The project leader had the research papers **bound** into a book.
プロジェクトリーダーは、研究報告を製本してもらった。
☐ **binding** 形 拘束力のある 名 結合、束縛

## 0125 ☐ **combine** [kəmbáin] 動 ～を兼ね備える、組み合わせる、合成する

Many successful office workers manage to **combine** business with pleasure.
多くの成功しているビジネスマンは、上手く趣味と娯楽を兼ねている。
☐ **combination** 名 結合、共同、合成

## 0126 □ **handle** [hǽndl]
動 〜を取り扱う、処理する、使う

The Green Pharmacy chain **handles** not only drugs but also daily goods.
グリーン薬品チェーンは、薬ばかりでなく日用品も取り扱っている。
□ **handling** 名 取り扱い、処理、操作

## 0127 □ **comment** [kάmənt]
名 コメント、意見、論評
動 コメントする、批評する

The chairwoman invited a **comment** on the matter from each person.
その女性司会者は、各々の人からその問題についてコメントを求めた。

## 0128 □ **deal** [díːl]
名 取引、契約、処遇
動 取り引きする、取り扱う

We are very happy to discuss a **deal** with your company.
当方は、貴社と取引について話し合いが持てることを大変喜ばしく思っております。
□ **deal in 〜** 熟 〜を扱う、商う
□ **deal with 〜** 熟 〜を処理する、〜と取り引きする

## 0129 □ **community** [kəmjúːnəti]
名 地域社会、共同体

The steel company wants to serve the local **community**.
その鉄鋼会社は、地域社会に貢献したいと思っている。

## 0130 □ **defend** [difénd]
動 〜を守る、防御する、擁護する

Mr. Darnell **defended** his point successfully.
ダーネル氏は、見事に論点を守ることができた。
□ **defense** 名 防衛、弁護
□ **defensive** 形 防御の、守備の、受身の

## 0131 consumer
[kənsúːmər]
名消費者

Many **consumer** credit companies are causing serious social problems.
多くの消費者金融が深刻な社会問題を引き起こしている。
☐ consume 動〜を消費する、浪費する
☐ consumption 名消費、消耗

## 0132 accountant
[əkáuntənt]
名会計士、会計係

The **accountant** in this company handles its business affairs.
この会社では会計士が、営業上のことを処理している。
☐ accounting 名会計(学)、経理

## 0133 share
[ʃéər]
名株式、分け前、分担
動〜を共有する、分配する、分担する

The **shares** have a face value of $15 each.
その株式は1株あたりの額面が15ドルです。

## 0134 soil
[sɔ́il]
名土壌、土、温床

This chemical produces organic fertilizer which turns acid into alkali **soil**.
この化学物質は、酸性土壌をアルカリ土壌に変える自然堆肥を作り出す。

## 0135 solar
[sóulər]
形太陽の、太陽光線を利用した

Our **solar** water heater saves on the electricity bill.
当社の太陽熱温水器は電気代が節約できます。

## 0136 conclude
[kənklúːd]
動 ～を締結させる、完結する、断定する

The business deal was successfully **concluded**.
その商取引はうまく成立した。

- conclusion　名結論、結末、締結
- conclusive　形決定的な、最後の

## 0137 standard
[stǽndərd]
名基準、水準、標準規格
形標準的な

All our products meet the industry safety **standards**.
当社の製品はすべて工業安全規格を満たしております。

- standardize　動～を標準化する

## 0138 deliver
[dilívər]
動 ～を配達する、述べる、産む

You can have the magazine **delivered** postage free.
あなたは、その雑誌を郵送料無料で配達してもらえます。

- delivery　名配達、発言、分娩

## 0139 theory
[θíːəri]
名理論、原理、学説、持論

The electronics company is trying to bring **theory** and practice together by working with the university.
その電子機器会社は、大学と協力して理論と実際を結合しようとしている。

- theoretical　形理論の、仮説の
- theoretically　副理論上は、名目上は

## 0140 trace
[tréis]
動 ～の跡をたどる
名形跡、手掛かり

You can **trace** the delivery on the Internet with the order number.
あなたは注文番号により配達をインターネット上で確認できます。

## 0141 vision
[víʒən]
名 見通し、展望、先見性、視力

Good managers have a clear **vision** for the future.
優れた経営者は、将来への明確な見通しを持っている。
**visionary** 形 先見の明のある、非現実的な、空想的な

## 0142 discount
[dískaunt]
名 割引
動 〜を割引する

We offer a **discount** of 10 percent on the prices shown in the catalog we sent you.
当社はお送りしましたカタログの提示価格から10パーセントお引き致します。

## 0143 supply
[səplái]
動 〜を供給する、支給する
名 供給、生活必需品

All the rooms in the office are **supplied** with air-conditioning.
オフィス内のすべての部屋に空調施設がついている。

## 0144 demand
[dimǽnd]
名 需要、要求、請求
動 〜を求める

This supply does not meet the **demand**.
この供給は需要に応じられない。
**demanding** 形 要求の多い、きつい、骨の折れる

## 0145 throughout
[θru:áut]
前 〜の至る所に、〜の間中
副 ずっと、最後まで

There are some sprinklers **throughout** the factory.
その工場の至る所にスプリンクラーがあります。

## 0146 ☐ **visual**
[víʒuəl]
形 視覚の、視力の、目に見える

**Visual** software like "Power Point" is often used when it comes to effective presentations.
有効なプレゼンテーションには、「パワーポイント」のような視覚に訴えるソフトがしばしば用いられる。
☐ **visualize** 動 視覚化する、心に描く

## 0147 ☐ **territory**
[térətɔ̀:ri]
名 受け持ち区域、分野、地域、領土

This is our delivery **territory**.
ここは、当社の配達地域です。
☐ **territorial** 形 領土の、土地の

## 0148 ☐ **fuel**
[fjú:əl]
名 燃料

The newest engine consumes less **fuel**.
最新のエンジンは燃料をあまり消費しない。

## 0149 ☐ **tool**
[tú:l]
名 道具、工具、手段

Our repairmen will be visiting you with all the **tools** they need for the job.
当社の修理担当は、仕事に必要な道具をすべて揃えてお伺いします。

## 0150 ☐ **sponsor**
[spánsər]
名 スポンサー、出資者
動 ～に出資する、～を後援する

The telecommunications company is a **sponsor** for a TV show.
その通信会社は、テレビ番組のスポンサーになっている。
☐ **sponsorship** 名 後援、助成金

### Partテスト

Part 1 のおさらいです。下記の単語の意味を答えましょう。

1. contain        (            )
2. eager          (            )
3. declare        (            )
4. means          (            )
5. rumor          (            )
6. confidential   (            )
7. ambassador     (            )
8. pharmaceutical (            )
9. adopt          (            )
10. soil          (            )

*しっかり覚えよう!*

### ジャンル別重要語句①[会社・ビジネス]

- **applicant** [ǽplikənt] 名 応募者、志願者
- **résumé** [rézumèi] 名 履歴書
- **employ** [implói] 動 ～を雇用する、採用する
- **dismiss** [dismís] 動 ～を解雇する（= fire）
- **retire** [ritáiər] 動 退職する
- **fringe benefit** [fríndʒ bènəfit] 名 付加給付
- **headquarters** [hédkwɔ̀:rtərz] 名 本社、本部
- **branch office** [bræntʃ ɔ̀fis] 名 支店、支局
- **management** [mǽnidʒmənt] 名 経営、管理
- **merger** [mə́:rdʒər] 名 合併
- **restructure** [rìstrʌ́ktʃər] 動 再編する、再構築する
- **proposal** [prəpóuzəl] 名 提案、企画
- **agenda** [ədʒéndə] 名 議題、案件
- **board meeting** [bɔ́:rd mì:tiŋ] 名 取締役会、重役会
- **fiscal year** [fískəl jíər] 名 会計年度

---

[Partテスト解答] 1. ～を含む、入れている　2. 熱心な、熱望して　3. ～を宣言する、明言する　4. 手段、方法、財力、富　5. うわさ、風説　6. 機密の、内々の　7. 大使、使節　8. 薬剤の、製薬の　9. ～を採用する、養子にする　10. 土壌、土、温床

Part 2

TOEIC最頻出
基礎単語・熟語750語

## 必ず覚える！基礎単語
## 151〜300

1〜150
151〜300
301〜450
451〜600
1〜150

### 0151 concrete
[kάnkri:t]
形 具体的な、コンクリート製の

Ms. Greene gave a **concrete** example to help explain her abstract idea.
グリーンさんは、抽象的なアイディアを説明するのに役立つ具体的な例を示した。
**abstract** 反 抽象的な

### 0152 colleague
[kάli:g]
名 同僚、仲間（= co-worker）

People around your age must try to be more agreeable to your **colleagues**.
あなたの年齢ぐらいの人であれば、同僚にもっと愛想よくしないといけない。

### 0153 organization
[ɔ̀:rɡənizéiʃən]
名 団体、組織、機構、構成

This **organization** was created with that aim.
この団体は、その目的で創設された。
**organizational** 形 組織全体の、企画の
**organize** 動 〜を組織する、整える

### 0154 outline
[άutlàin]
名 概略、要旨、輪郭
動 〜の要点を述べる、〜に輪郭をつける

The first speaker gave a very brief **outline** of the proposal.
最初のスピーカーは、提案の概略をごく簡単に述べた。

### 0155 percentage
[pərséntidʒ]
名 百分率、割合、パーセンテージ

Prices have fallen by 2.5 **percentage** points this week.
価格は、今週2.5パーセント下落した。
**percent** 名 パーセント

## 0156 polite
[pəláit] 形 礼儀正しい、丁寧な

The bellboy was very **polite** and helpful.
そのベルボーイはとても礼儀正しく、役に立った。
- **politely** 副 丁重に、上品に
- **impolite** 反 無礼な、失礼な
- **politeness** 名 丁重さ、礼儀正しさ

## 0157 satellite
[sǽtəlàit] 名 人工衛星

You should buy both a tuner and a saucer-shaped **satellite** television aerial to watch our service.
当社のサービスをご覧になるには、チューナーと衛星用パラボラアンテナをご購入ください。

## 0158 economical
[èkənámikəl] 形 経済的な、倹約する

The Honda engine is more **economical** in its use of fuel.
ホンダ社のエンジンは、燃料消費の点でより経済的だ。
- **economic** 形 経済の、経済学
- **economics** 名 経済学
- **economy** 名 経済、景気

## 0159 machinery
[məʃíːnəri] 名 機械類

Introduction of new **machinery** to the company has lightened the physical work of its employees.
新しい機械が会社に導入されたおかげで、従業員の肉体労働の負担は軽くなった。
- **machine** 名 機械

## 0160 own
[óun] 動 〜を所有する
形 自分自身の、独自の

The president **owns** this building in his father's name.
社長は、父親名義でこのビルを所有している。
- **ownership** 名 所有権

## 0161 □per
[pə́:r]
**前** ～当たり、～につき

Entry cost for this sport gym is $50 **per** head.
このスポーツジムの入会費は1人当たり50ドルです。

## 0162 □moment
[móumənt]
**名** 瞬間、短時間、時期、重大さ

Ms. Peyton enjoyed every **moment** of the business camp.
ペイトンさんは、ビジネス合宿の始めから終わりまでを（＝一瞬一瞬を）楽しんだ。
□**momentarily** 副 ちょっとの間、直ちに
□**momentary** 形 瞬時の、一時的な、刻一刻の

## 0163 □survey
[sə́:rvei / sərvéi]
**名** 調査、概観
**動** ～を調査する、概説する

The sales department did a **survey** of every hardware store in the area.
セールス部は、その地域のすべての金物店を調査した。

## 0164 □sound
[sáund]
**形** 十分な、健全な　**動** ～に聞こえる
**名** 音、音声

We promise that you can have a **sound** sleep on our water bed.
当社のウォーターベッドは快適な睡眠をお約束致します。

## 0165 □up-to-date
[ʌ́ptədéit]
**形** 最新（式）の、最近の

The factory has the most **up-to-date** machinery.
その工場は、最新設備を備えている。
□**out-of-date** 反 時代遅れの、旧式の

## 0166 deregulation
[dìregjuléitʃən] 名 規制緩和

ATT Communications is benefiting from the **deregulation** of IT industries.
ATTコミュニケーションズは、情報技術産業の規制緩和で利益を得ている。
- **deregulate** 動 ～の規制を解く

## 0167 narrow
[nǽrou] 形 狭い、偏狭な、ぎりぎりの、精密な
動 ～を削減する、狭くする

This tube gets **narrow** in the middle and wide at the top.
この管は真ん中が狭く、上部が広くなっている。
- **narrowly** 副 辛うじて、狭めて

## 0168 natural
[nǽtʃərəl] 形 当然の、自然の、普通の、天然の

It is **natural** that Ms. Covey should have said "no."
カヴィーさんが、「いいえ」というのはもっともだ。

## 0169 career
[kəríər] 名 職業、経歴

Mr. Cox changed his **career** from a banker to a hotel chain owner.
コックス氏は銀行家からホテルチェーンのオーナーに転職した。

## 0170 navigation
[nævəgéiʃən] 名 航海、航行、飛行

The car **navigation** system works better even on cloudy days.
このカーナビは、曇りの日でさえもよく機能する。
- **navigate** 動 ～を操縦する、航行する

**0171** **personnel** [pə̀:rsənél] 名人事部、職員、社員

Mr. Russell works in the **personnel** department.
ラッセル氏は、人事部で働いている。

**0172** **performance** [pərfɔ́:rməns] 名出来映え、遂行、演奏

The president demands top **performance** from his employees.
社長は従業員に最高の仕事を要求している。
- **perform** 動〜を行う、公演する

**0173** **penetrate** [pénətrèit] 動〜を通る、貫通する

The new oil **penetrates** the engine system better.
新しいオイルはエンジンシステムによくしみ込む。
- **penetrating** 形よく通る、鋭い
- **penetration** 名貫通、侵入

**0174** **furniture** [fə́:rnitʃər] 名家具、備品

The mover will arrange the **furniture** in the new room.
その引っ越し業者は、新しい部屋に家具をきちんと並べてくれる。

**0175** **anxious** [ǽŋkʃəs] 形心配して、切望して

Our new president is **anxious** about the performance of the new employees.
我々の新社長は、新入社員の業績ことを心配している。
- **anxiety** 名心配、懸念
- **anxiously** 副心配そうに、心待ちに

## 0176 apologize
[əpɑ́lədʒàiz]
動 謝罪する、わびる

Ms. Vogel **apologized** to her coworker for her conduct.
ヴォーゲルさんは、自分の取った行動について同僚に謝罪した。
- **apologetic** 形 謝罪の、弁解の
- **apology** 名 謝罪、弁解

## 0177 address
[ədrés]
動 ～に話しかける、演説する、取り組む
名 演説、住所

The lecturer came down from the platform to **address** the man asking him the question.
その講師は、質問している人に直接話しかけるために演題から降りた。

## 0178 vital
[váitl]
形 極めて重要な、不可欠な

Good communication is **vital** in a large enterprise.
大企業では、十分なコミュニケーションがきわめて重要である。
- **vitally** 副 極めて、絶対に

## 0179 false
[fɔ́:ls]
形 誤った、正しくない、嘘の

The furnishings company was given much **false** information about the area.
その設備会社は、その地域について多くの間違った情報を与えられた。
- **falsehood** 名 虚偽、誤り、嘘
- **falsely** 副 誤って、不当に

## 0180 fee
[fí:]
名 料金、手数料、授業料

The **fee** must be paid in postage stamps or money orders.
料金は、郵便切手もしくは為替で支払ってください。

## 0181 ☐ hospitality
[hὰspətǽləti]　名 親切な持てなし、歓待

When he went to the North Carolina office, Mr. John Spencer enjoyed southern **hospitality** from the local employees.
ジョン・スペンサー氏は、ノース・カロライナ事務所に行ったとき、現地の従業員から南部の手厚い持てなしを受けた。

☐ **hospitable**　形 持てなしの良い、快適な

## 0182 ☐ filter
[fíltər]　動 〜をろ過する、こす
　　　　　　名 フィルター、こし器

The fresh juice stand **filters** all kinds of fruit juice through gauze.
そのフレッシュジュース店は、ガーゼで全種類のフルーツジュースをこしている。

## 0183 ☐ possibility
[pὰsəbíləti]　名 可能性、あり得ること、見込み

The plant considered the **possibility** of getting a loan from the local bank.
その工場は、地元の銀行からローンを借りる可能性について考えた。

☐ **possible**　形 可能な、起こり得る

## 0184 ☐ suggest
[səgdʒést]　動 〜を提案する、示唆する

Mr. Pena **suggested** that they should go together in his car.
ピーナ氏は、自分の車で行こうと誘った。

☐ **suggestion**　名 提案、忠告、示唆
☐ **suggestive**　形 連想させる、示唆に富む

## 0185 ☐ stock
[stάk]　名 株式、在庫（品）、蓄え

Buying **stock** now will ensure a profit.
株を今買うと確実に儲けがあるだろう。

☐ **in stock**　熟 在庫がある
☐ **out of stock**　熟 在庫がない

## 0186 book [búk]
**動** ~を予約する
**名** 本、帳簿

Ms. Long **booked** a room for the night of the 25th.
ロングさんは25日の夜の部屋を予約した。
- **booking** 名 予約、記帳

## 0187 reception [risépʃən]
**名** 歓迎会、宴会、受付、フロント

Mr. Harrison's **reception** is arranged for Friday.
ハリソン氏の歓迎会は、金曜日に手配されている。
- **receptionist** 名 受付係

## 0188 saving [séiviŋ]
**名** 《-s》預金、節約、救助

Ms. Wood put all her **savings** into stocks and bonds.
ウッドさんは、預金をすべて国債と公債にした。

## 0189 script [skrípt]
**名** 手書き、原稿、台本、脚本

The plan was perfect. We just didn't follow the **script**.
計画は完璧だった。ただ我々が筋書き通りにしなかっただけだ。

## 0190 cutback [kʌ́tbæ̀k]
**名** 削減、縮小、合理化

Many companies have made **cutbacks**.
多くの会社が人員削減を行なっている。

## 0191 ☐ **bookkeeping** 名簿記、経理
[búkkì:piŋ]

Ms. Watson does the **bookkeeping** at Panason.
パナソン社では、ワトソンさんが帳簿をつけている。
☐ **bookkeeper** 名簿記係

## 0192 ☐ **chef** 名料理長、シェフ
[ʃéf]

Mr. Lambert is a **chef** at Triton Hotel in Los Angeles.
ランバート氏は、ロサンゼルスのトリトンホテルの料理長だ。

## 0193 ☐ **budget** 名予算、経費
[bʌ́dʒit]

All companies aim to meet their **budgets** every year.
各企業が、毎年予算通りにいくことを目標としている。
☐ **budgetary** 形予算の

## 0194 ☐ **secret** 名秘密、秘訣、秘伝
[sí:krit] 形秘密の、内密の

The Coca-Cola Bottlers have guarded the **secret** of its production.
コカコーラ社は、製法の秘密を守ってきている。

## 0195 ☐ **typical** 形典型的な、標準的な、特有の
[típikəl]

A **typical** business entertainment is to meet at 6 or 7 for a couple of glasses of wine.
典型的な商用の接待は、6時か7時に会って何杯かワインを傾けることだ。
☐ **typically** 副典型的に、通常は

## 0196 ☐ **financial** [finǽnʃəl]
形 金融の、財務の

The **financial** sector in the United States will also do well in the 21st century.
アメリカの金融業界は21世紀もうまくやっていくだろう。
☐ **finance** 動 ～に資金提供する　名 財政、資金

## 0197 ☐ **reaction** [riǽkʃən]
名 反応、反響《to》

What is the **reaction** from consumers to this new product?
この新商品に対する消費者からの反応はどうですか？
☐ **react** 動 反応する、対応する《to》

## 0198 ☐ **fund** [fʌ́nd]
名 資金、基金、財源
動 ～に資金を出す

The agricultural research company was able to get the **funds** from the city bank.
その農業リサーチ会社は、都市銀行から資金を借りることができた。

## 0199 ☐ **general** [dʒénərəl]
形 一般的な、一般の、全面的な、概略の
名 概要、一般

This seminar is a **general** introduction to bookkeeping.
このセミナーは、簿記の一般的な導入編である。
☐ **generalize** 動 ～を一般化する
☐ **generally** 副 一般的に、概して

## 0200 ☐ **emerge** [imə́:rdʒ]
動 現れる、浮上する、持ち上がる

Hard disk players **emerged** as serious challengers to MDs.
ハードディスク・プレーヤーは、MDの座を深刻に脅かすものとして現れた。
☐ **emergence** 名 出現、発生

## 0201 ☐ predict [pridíkt]
**動** ～を予測する、予報する、予言する

The PR section of the firm **predicted** the result with great accuracy.
その会社の広告部門はきわめて正確に結果を予測した。
☐ **predictable** 形 予測できる
☐ **prediction** 名 予測、予言

## 0202 ☐ claim [kléim]
**動** ～を主張する、請求する
**名** 主張、断言

Mr. Jackson **claimed** that he had been unfairly treated by the police.
ジャクソン氏は、警察から不当に取り扱われたと主張した。

## 0203 ☐ classify [klǽsəfài]
**動** ～を分類する、類別する

Mr. Hill tends to **classify** his employees as good or bad very easily.
ヒル氏は、自分の部下をいとも簡単に良い・悪いに分類してしまう傾向がある。
☐ **classification** 名 分類、類別
☐ **classified** 形 分類された、秘密の

## 0204 ☐ clerical [klérikəl]
**形** 事務員の、聖職者の

**Clerical** workers are not paid highly in the IT industry.
IT産業では、事務的な仕事には高い賃金が支払われていない。
☐ **clerk** 名 事務員、職員

## 0205 ☐ aspect [ǽspekt]
**名** 局面、外観、様子

Mr. Louie's single suggestion has improved the whole **aspect** of the situation.
ルイ氏のたった1つの提案が、状況の全局面を改善した。

## 0206 latter
[lǽtər]

名 《the ～》後者
形 後者の、後半の

Of the two presentations today, the director preferred the **latter**.
今日の2つのプレゼンテーションのうちで、所長は後者を気に入っていた。
□ **former** 反 《the ～》前者、前者の、前半の

## 0207 landmark
[lǽndmàːrk]

名 目印、目立つ建物、画期的な出来事

The red aerial on the roof of our building is a **landmark** in this city.
当社の屋上の赤いアンテナは、この市の目印です。

## 0208 incident
[ínsədənt]

名 出来事、事件

The airplane took off without **incident**.
飛行機は何事もなく離陸した。
□ **incidence** 名 発生（率）

## 0209 include
[inklúːd]

動 ～を含む、盛り込む

The price for the hotel **includes** breakfast.
ホテル料金は朝食を含んでいる。
□ **including** 前 ～を含めて
□ **inclusion** 名 包含、含有

## 0210 influence
[ínfluəns]

動 ～に影響を与える、左右する
名 影響、影響力

Mr. Wither's advice **influenced** the decision.
ウィザー氏の助言は、その決定に影響した。
□ **influential** 形 影響力の大きい、有力な

## 0211 ☐ café [kæféi]   名カフェ、喫茶店

Some businesswomen like to have lunch at an open-air **café**.
女性ビジネスマンの中には、露天のカフェで昼食を取るのを好む人がいる。

## 0212 ☐ membership [mémbərʃip]   名会員権、会員数、構成員

Many CEOs hold a golf club **membership**.
多くの最高経営責任者たちが、ゴルフの会員権を持っている。

## 0213 ☐ mental [méntl]   形知力の、知的な、精神の

Ms. Boyd of the general affairs section is very good at **mental** arithmetic.
総務課のボイドさんは、暗算がとても得意だ。
☐ **mentality**　名知力、考え方、精神状態
☐ **mentally**　副精神的に、心の中で、知的に

## 0214 ☐ argue [á:rgju:]   動議論する、論じる

The reactions from the local people **argue** against the building of the dam.
地元の人からの反応は、ダム建設に反対だ。
☐ **argument**　名議論、反論

## 0215 ☐ mention [ménʃən]   動～について述べる、言及する
名言及、表彰

You have forgotten to **mention** one aspect of great importance.
あなたはきわめて重要な面について、ひとつ言及するのを忘れている。
☐ **not to mention ～**　熟～は言うまでもなく

## Part 2 必ず覚える！ 基礎単語151〜300

### 0216 entertain
[èntərtéin]
動 〜をもてなす、楽しませる

The staff members in North Carolina **entertain** visitors from the head office with southern hospitality.
ノースカロライナのスタッフは、本社からの訪問者を南部の熱いもてなしで迎えてくれる。

☑ **entertainment** 名 もてなし、楽しみ

### 0217 publisher
[pʌ́bliʃər]
名 出版社、発行人

The **publisher** printed 10,000 copies of the how-to book.
その出版社は、その入門書を1万部印刷した。

☑ **publish** 動 〜を出版する、刊行する

### 0218 chart
[tʃɑ́ːrt]
名 図表、チャート、グラフ
動 〜を図表にする

The section leader keeps a **chart** of weekly sales.
その部署の主任は、週間販売成績表をつけている。

### 0219 board
[bɔ́ːrd]
名 取締役会、理事会、黒板、板材

Ms. McIntosh has joined the **board** of directors of the company.
マッキントッシュさんは、その会社の取締役会の一員となった。

☑ **across the board** 熟 全面的に、おしなべて

### 0220 former
[fɔ́ːrmər]
名《the 〜》前者
形 前の、先の

Of the two possibilities you mentioned, the **former** seems more probable.
あなたの述べた2つの可能性のうち、前者の方がよりあり得そうだ。

☑ **formerly** 副 以前は、かつては
☑ **latter** 反 後者、後の

## 0221 ☐ **ceremony** 　名 式典、儀式、作法
[sérəmòuni]

The company entrance **ceremony** was held in the local roofed ball park.
その入社式は、地元の屋根つき野球場で開催された。
☐ **ceremonial** 　形 儀礼上の、公式の

## 0222 ☐ **compete** 　動 競争する、張り合う、匹敵する
[kəmpíːt]

Mr. Ivy is **competing** keenly with Ms. Marine for the post.
アイビー氏は、マリーンさんとその地位を目指して激しく競争している。
☐ **competition** 　名 競争、競争相手、ライバル
☐ **competitive** 　形 競合する、競争力のある、負けず嫌いの

## 0223 ☐ **defeat** 　名 敗北、打倒
[difíːt] 　動 〜を負かす、打倒する、駄目にする

Ms. Cohen managed a smile after her narrow **defeat** at the meeting.
コーエンさんは会議でのきわどい敗北の後、何とか笑みを浮かべることができた。

## 0224 ☐ **advertise** 　動 〜を宣伝する、広告する
[ǽdvərtàiz]

Newspaper ads often **advertise** condominiums.
新聞広告は、分譲マンションの宣伝をすることが多い。
☐ **advertisement** 　名 広告、宣伝

## 0225 ☐ **ecological** 　形 生態の、生態学の
[èkəládʒikəl]

More and more automakers are developing people's **ecological** awareness through advertising.
ますます多くの自動車メーカーが、宣伝を通して人々の生態環境意識を高めている。
☐ **ecology** 　名 生態系、エコロジー

## 0226 elect
[ilékt]
動 ～を選ぶ、選挙する
名 選ばれた人

Nobody can predict who will be **elected** the next project leader.
誰も次のプロジェクト主任に誰が選ばれるのか予想できない。

election 名 選挙、選択

## 0227 responsibility
[rispɑ̀nsəbíləti]
名 責任、責務

We are afraid that we are not in a position to accept the **responsibility** for this task.
残念ですが、当社はこの仕事の責任を取ることができません。

responsible 形 責任がある

## 0228 party
[pɑ́:rti]
名 一行、政党、パーティー

The **party** will arrive in Seoul on the 25th.
その一行は、25日にソウルに到着する予定です。

## 0229 attitude
[ǽtitjù:d]
名 態度、姿勢

Mr. Tobin has adopted a more responsible **attitude** since he became a group leader.
トビン氏は、班長になってから責任のある態度を取るようになった。

attitudinal 形 態度の、姿勢の

## 0230 convince
[kənvíns]
動 ～を納得させる、確信させる

The primary goal of this meeting is to **convince** the public of the importance of this work.
この会議の第一の目的は、この仕事の重要性を一般大衆に納得させることである。

conviction 名 確信、信念

## 0231 ☐ **intelligent** [intélədʒənt]
形 情報処理能力のある、知性のある、利口な

This new CPU chip is more **intelligent** than any other chip sold in shops.
この新しいCPUチップは、店で売られているどのチップより情報処理能力を持っている。

☐ **intelligently** 副 聡明に、理知的に

## 0232 ☐ **last** [lǽst]
動 続く、存続する、足りる
形 最後の、最近の

The discussion on the subject **lasted** more than three hours.
その問題についての議論は、3時間以上も続いた。

☐ **lasting** 形 永続的な、耐久性のある

## 0233 ☐ **legal** [líːgəl]
形 法律の、適法の、合法的な

**Legal** action will be taken if you cannot pay by the end of this month.
もし今月末までにお支払いがなければ、法的措置が講じられます。

☐ **legalize** 動 ～を合法化する、認証する　☐ **legally** 副 合法的に、法律的に
☐ **illegal** 反 違法の、非合法の

## 0234 ☐ **length** [léŋkθ]
名 期間、長さ、丈

This refilling liquid adds **length** of life to a battery.
この補充液は、バッテリーを長持ちさせます。

☐ **lengthen** 動 ～を伸ばす、長くする
☐ **lengthy** 形 冗長な、長期にわたる

## 0235 ☐ **sink** [síŋk]
名 流し、洗面台
動 沈む

Please call us if the **sink** does not drain at all.
流し台が全く流れない場合は、お電話ください。

## 0236 major [méidʒər]
形 主要な、重大な、際立った
名 専攻、成人、少佐

Most **major** credit cards are accepted.
ほとんどの主要クレジットカードをご使用になれます。

□ **minor** 反 重要でない、副専攻、未成年

## 0237 locate [lóukeit]
動 ～を位置づける、捜し出す、設ける

Several discount stores are **located** in the outskirts of the downtown area.
いくつかのディスカウント店は、街の郊外に位置している。

□ **location** 名 場所、位置、配置

## 0238 mayor [méiər]
名 市長、町長

Our president has gone out to attend a party given by the **mayor**.
当社の社長は、市長主催のパーティーに出るため外出しております。

□ **mayoral** 形 市長の

## 0239 minor [máinər]
形 大したことのない、重要でない
名 副専攻、未成年

The survey team made some **minor** repairs on their original plan.
その調査チームは、原案に若干の修正を加えた。

□ **major** 反 重大な、際立った、専攻、成人

## 0240 report [ripɔ́:rt]
名 報告書
動 ～を報告する、報道する

One of the secretary's jobs is to digest a lengthy **report**.
秘書の仕事のひとつは、長い報告書を要約することである。

### 0241 ☐ **note**
[nóut]
動 〜を書き留める、示す、注目する
名 メモ、文書、注釈

Mr. Burke has **noted** down everything worth remembering.
バーク氏は、覚える価値のあるものはすべて書きつけた。

### 0242 ☐ **intentionally**
[inténʃənli]
副 意図的に、故意に

The MD recording the meeting was **intentionally** erased.
その会議を記録したMDは、意図的に消去された。
☐ **intention** 名 意図、気持ち
☐ **intentional** 形 意図した、故意の

### 0243 ☐ **abuse**
[əbjú:z]
動 〜を乱用する、悪用する
名 乱用、虐待

Mr. Briggs often **abuses** his office for private gain.
ブリッグス氏は、しばしば自分の私的な利益のために公職を乱用する。
☐ **abusive** 形 虐待する、不正な

### 0244 ☐ **opposite**
[ápəzit]
形 逆の、正反対の、反対側の
前 〜の向かい側に 名 正反対の物・人

Mr. Parnell's plan produced results **opposite** to those intended.
パーネル氏の計画は、意図していたのと逆の結果を生み出した。

### 0245 ☐ **pardon**
[pá:rdn]
動 〜を許す、赦免する
名 寛容、恩赦

**Pardon** my asking, but are you working in this section?
失礼ですが、あなたはこの部署で働いていらっしゃるのですか？

## 0246 past
[pǽst]
名 過去、昔
形 過去の、過ぎたばかりの　前 ～を過ぎて

As it always has been in the **past**, we will think about the benefit for our customers.
これまでどおりに、当社は顧客の利益を考えます。

## 0247 condition
[kəndíʃən]
名 条件、事情、状態

The local consumer credit company has made the **conditions** of payment as easy as possible.
その地元の信販会社は、支払い条件をできるだけ緩やかにした。
☑ **conditional**　形 条件付きの

## 0248 medication
[mèdəkéiʃən]
名 薬物治療、投薬、薬剤

The chairman of the company is on **medication** for diabetes.
その会社の会長は、糖尿病の投薬治療を受けている。
☑ **medicate**　動 に投薬する

## 0249 recovery
[rikʌ́vəri]
名 回復、回収

The factory farm made a perfect financial **recovery**.
その工場式畜産農場の財政状況は、完全に回復した。
☑ **recover**　動 回復する、～を取り戻す、回収する

## 0250 reform
[rifɔ́ːrm]
動 ～を改善する、改正する
名 改良、改善、改革

Almost all the plans to **reform** managerial skills in the family-run factory have been realized.
町工場(こうば)の経営技術を改善するほぼすべての計画が実現された。
☑ **reformation**　名 改良、改善、改革

### 0251 ☑**refuse** [rifjúːz]　動 〜を断る、拒む、辞退する

I was **refused** a loan by the bank last month.
私は先月、その銀行に融資を断わられた。
☑**refusal**　名 拒絶、拒否、断り

### 0252 ☑**enlarge** [inláːrdʒ]　動 〜を拡大する、引き伸ばす

Experience will **enlarge** your knowledge of the business.
経験が、あなたのビジネス知識を広げてくれるでしょう。
☑**enlargement**　名 拡大、引き伸ばし

### 0253 ☑**relation** [riléiʃən]　名 関係、関連、親戚

This agreement will surely develop friendly **relations** between the two firms.
この契約は、その2社間の友好関係をきっと増進するでしょう。
☑**in relation to 〜**　熟 〜と比べて、〜に関連して

### 0254 ☑**release** [rilíːs]　動 〜を公開する、発売する、解放する
名 発売、公開、解放

The animated film was recently **released** in Europe as well.
そのアニメ映画は最近ヨーロッパでも封切りされた。

### 0255 ☑**resemble** [rizémbl]　動 〜に似ている

Your plan **resembles** ours in three points.
貴社の計画は、3つの点で当社の計画と似ています。
☑**resemblance**　名 類似（点）

## 0256 ruin
[rúːin]
動 ～にダメージを与える、～を破滅させる
名 破滅、崩壊、遺跡

You will not **ruin** your eyes by using this new desk lamp.
この新型卓上スタンドを使えば、視力は悪くならないでしょう。

## 0257 salary
[sǽləri]
名 給料、月給

Telephone operators of TV shopping firms earn a good **salary**.
テレショップ会社の電話交換手は、高給取りだ。
☐ salaried 形 月給を得ている、有給の

## 0258 separate
[sépərèit/sépərət]
動 ～を分離する、引き離す、区分する、分かれる
形 別々の、離れた

This machine can **separate** the skin of the fruit carefully from the flesh with water pressure.
この機械は水圧を使って、果物の皮を注意深く果肉から離すことができます。
☐ separately 副 別々に、単独で
☐ separation 名 分離、離脱、別居

## 0259 select
[silékt]
動 ～を選ぶ、選択する、選出する

Mr. Owens was **selected** to make the welcoming speech.
オーエンズ氏が、歓迎のスピーチをするのに選ばれた。
☐ selective 形 選択できる、精選の
☐ selection 名 選択、選抜

## 0260 sincere
[sinsíər]
形 誠実な、正直な、心からの

Mr. Reynolds is very **sincere** in his promises.
レイノルズ氏は、約束を必ず守る。
☐ sincerely 副 心から、誠意を持って
☐ sincerity 名 誠実さ、正直さ

### 0261 ☐ **source**
[sɔ́ːrs]
名 情報源、出所、起点

The research leader always tells his staff to name the **source** of their information.
調査主任はいつも、スタッフに情報源を明記するように言っている。

### 0262 ☐ **span**
[spǽn]
名 期間、範囲

This type of machine has a rather short life **span**.
この種の機械は、耐用年数がかなり短い。

### 0263 ☐ **annoy**
[ənɔ́i]
動 ～をイライラさせる、悩ます

The participants were **annoyed** to have spent so much time in discussion without reaching a conclusion.
参加者たちは、結論に達することなく多くの時間を討論で費やしたことにイライラしていた。

☐ **annoyance** 名 いら立ち、悩みの種

### 0264 ☐ **workshop**
[wə́ːrkʃɑ̀p]
名 研修会、研究会、作業場

Mr. Skinner offers a business **workshop** in time management and situational analysis.
スキナー氏は、時間管理と状況分析のビジネス研修会を提供している。

### 0265 ☐ **atmosphere**
[ǽtməsfìər]
名 雰囲気、環境、大気

There was a casual **atmosphere** at the business workshop.
そのビジネス・ワークショップは、自由な雰囲気の中で開催された。

☐ **atmospheric** 形 大気の、雰囲気のある

## 0266 amusing
[əmjúːziŋ] 形 面白い、楽しい

Good speakers have a good sense of humor and are very **amusing**.
話し上手な人はユーモアのセンスがあり、とても面白い。
- amuse 動 〜を喜ばせる、楽しませる
- amusement 名 面白さ、娯楽

## 0267 booklet
[búklit] 名 小冊子

This cleaner comes with an instruction **booklet**.
この掃除機には、取り扱い説明書がついています。

## 0268 conference
[kánfərəns] 名 会議、会談、協議

The meeting will be held in the tenth floor **conference** room.
ミーティングは、10階の会議室で開催される。
- confer 動 協議する、相談する

## 0269 considerable
[kənsídərəbl] 形 相当の、かなりの

Ms. Holmes is showing **considerable** ability in her new job.
ホームズさんは新しい仕事で、相当な能力を発揮している。
- considerably 副 相当に、かなり

## 0270 carpenter
[káːrpəntər] 名 大工 / 動 大工仕事をする

Mr. Hanson is a good **carpenter** who not only builds houses but makes and repairs wooden objects.
ハンソン氏は家を造るだけでなく、木製の品物を作ったり修理したりする、腕のよい大工だ。

## 0271 ban
[bǽn]
動 ～を禁止する
名 禁止（令）

International trade in ivory has been **banned** by the Washington Treaty.
象牙の国際取引はワシントン条約によって禁止されている。

## 0272 display
[displéi]
動 ～を表す、展示する
名 展示（会）

Mr. Snyder **displays** considerable ability as a writer.
スナイダー氏は、作家としてかなりの才能を示している。

## 0273 application
[æpləkéiʃən]
名 申し込み（用紙）、応募、応用

Please fill out this **application** form if you decide to enroll in the driving school.
当ドライビングスクールに入学される決心をなさった場合は、この申し込み用紙にご記入ください。

□**applicant** 名 申込者、応募者　　□**apply** 動 ～を申し込む、適用する

## 0274 appliance
[əpláiəns]
名 器具、装置

Woolworth also sells electrical **appliances** such as desk lamps.
ウルワース雑貨店は、電気スタンドのような電化製品も売っている。

## 0275 carry-on
[kǽriàn]
形 機内に持ち込める
名 機内持ち込み手荷物

The total number of **carry-on** bags allowed is two.
機内持ち込み手荷物の数は2つです。

## 0276 couch [káutʃ]
**名** ソファ、長椅子

Mr. Bryant lies at full length on a **couch** when he works over an idea for a new project.
ブライアント氏は新プロジェクトのアイディアを練るとき、ソファに長々と横たわる。

## 0277 activity [æktívəti]
**名** 活気、活動、行動、働き

Business **activity** in the downtown areas is recovering some of its former vitality.
都市部の商況は、かつての活力を多少取り戻してきている。
- **active** 形 活動的な、活発な
- **actively** 副 活発に、積極的に

## 0278 regular [régjulər]
**形** 定期的な、規則正しい、正規の、常連の

A **regular** application of this ointment should solve your skin problem.
この軟膏を定期的に塗れば、肌のトラブルは解消できるはずです。
- **regularity** 名 規則正しさ、定期性
- **regularly** 副 規則正しく、定期的に

## 0279 cook [kúk]
**名** コック、調理師
**動** 〜を（加熱して）作る

Good **cooks** choose to use up-to-date appliances.
腕のよいコックは、最新式の調理器を選ぶ。

## 0280 cabinet [kǽbənit]
**名** 陳列棚、整理棚、内閣

That shop has a big display **cabinet** full of jewelry.
その店には、たくさん宝石の入った大きな陳列棚がある。

## 0281 ☐ **enforce**
[infɔ́:rs]
動 ～を施行する、執行する

The ban on smoking is strictly **enforced** in the office.
社内では、禁煙が厳重に実施されている。
☐ **enforcement** 名施行、実施

## 0282 ☐ **custom**
[kʌ́stəm]
名《-s》税関、慣習

I'm afraid that you cannot take fresh fruit through **customs**.
残念ですが、新鮮果物を持って税関を通過することはできません。

## 0283 ☐ **occupy**
[ákjupài]
動 ～を占める、占有する

Ms. Wallace's time was **occupied** with ordering computer parts.
ウォレスさんの勤務時間は、コンピュータ・パーツの注文で占められた。

## 0284 ☐ **discourage**
[diskə́:ridʒ]
動 ～を妨害する、抑止する、落胆させる

Our boss often **discourages** us from trying to propose a new plan.
我々の課長は、新しい計画を提案しようとすることによく水を差す。
☐ **discouragement** 名落胆、がっかりさせること

## 0285 ☐ **diplomat**
[dípləmæt]
名外交官

Mr. Graham spent most of his career as a **diplomat**.
グラハム氏は、外交官として生涯の大半を送った。

## 0286 ☐ **decrease**
[dikríːs/díːkriːs]
動 減少する、縮小する
名 減少、縮小

Market activity in Oceania has recently **decreased**.
オセアニアの市場活動は、最近衰えてきた。
☐ **on the decrease** 熟 次第に減少して
☐ **increase** 反 増加する、増加

## 0287 ☐ **issue**
[íʃuː]
名 〜号、発行物、問題
動 〜を出す、発行する

Mr. Toftum read the August **issue** of *Business Monthly* with particular interest.
トフタム氏は、特に関心をもって8月号の『ビジネス・マンスリー』を読んだ。
☐ **at issue** 熟 問題になっている

## 0288 ☐ **luggage**
[lʌ́gidʒ]
名 手荷物、旅行用カバン

Many businessmen travel light so that they can carry on their **luggage**.
多くのビジネスマンは、手荷物を機内に持ち込むことができるように身軽に出張する。

## 0289 ☐ **landfill**
[lǽndfil]
名 埋め立てゴミ処理地、ゴミ廃棄場

All the companies have to be careful to send waste to a **landfill**.
すべての会社は、気をつけてゴミをゴミ処理地に送らなければならない。

## 0290 ☐ **customer**
[kʌ́stəmər]
名 客、顧客、取引先

We are aiming at improving our **customer** relations.
当社はお客様との関係を改善することを目指しています。

## 0291 ☐ **connect** [kənékt] 動〜を接続する、つなぐ、連想する

The printer is not correctly **connected** to the notebook computer.
そのプリンターは、ノート型コンピュータに正しく接続されていない。
☐ **connection** 名接続、連絡、乗り換え

## 0292 ☐ **flashlight** [flǽʃlàit] 名懐中電灯

The guard shone a **flashlight** on each and every door.
警備員は、一つひとつのドアを懐中電灯で照らした。

## 0293 ☐ **photocopier** [fóutoukɑ̀piər] 名コピー機

You can enlarge your paper with this **photocopier**.
このコピー機を使えば、書類を拡大できます。

## 0294 ☐ **unload** [ʌ̀nlóud] 動（荷）を降ろす

This new forklift truck can load and **unload** more goods than before.
この新型フォークリフトは以前よりも多くの荷物を積んだり降ろしたりできる。
☐ **load** 反（荷）を積む

## 0295 ☐ **union** [júːnjən] 名組合、結合、連邦

The labor **union** will go on strike against the bad working conditions.
その労働組合は、劣悪な労働条件に対してストライキを決行するつもりだ。

## 0296 □ detergent
[ditə́:rdʒənt]
名 （合成）洗剤

This new **detergent** will remove all kinds of stains.
この新しい洗剤はあらゆる種類のシミを落とします。

## 0297 □ dishwasher
[díʃwàʃər]
名 自動食器洗い機

**Dishwashers** make short work of cleaning up after each meal.
自動食器洗い機のおかげで、毎食後の皿洗いの時間は短くなる。

## 0298 □ dizzy
[dízi]
形 めまいがする、目が回る

After staring at a computer display for three hours, Ms. Fuller felt **dizzy**.
3時間コンピュータの画面を見た後で、フラーさんはめまいを感じた。
□ **dizziness** 名 めまい

## 0299 □ labor
[léibər]
名 労働者、労働
動 働く、努力する

Large companies are expected to draw **labor** from the local population.
大企業は地元の人から労働者を得ることを期待されている。

## 0300 □ relieved
[rilí:vd]
形 ほっとした、安心した

After the campaign, the chief was **relieved** at the result.
キャンペーンの後、主任はその結果にほっとした。
□ **relief** 名 安堵（感）、緩和、救済
□ **relieve** 動 ～を安心させる、取り除く

## Partテスト

Part 2 のおさらいです。下記の単語の意味を答えましょう。

1. polite (　　　　　　　　)
2. deregulation (　　　　　　　　)
3. suggest (　　　　　　　　)
4. emerge (　　　　　　　　)
5. incident (　　　　　　　　)
6. mayor (　　　　　　　　)
7. intentionally (　　　　　　　　)
8. annoy (　　　　　　　　)
9. appliance (　　　　　　　　)
10. diplomat (　　　　　　　　)

しっかり覚えよう!

## ジャンル別重要語句②[職業]

- □ **accountant** [əkáuntənt] 名 会計士
- □ **attorney** [ətə́:rni] 名 弁護士（= lawyer）
- □ **teller** [télər] 名 （銀行の）窓口係
- □ **architect** [á:rkətèktʃər] 名 建築家
- □ **plumber** [plʌ́mər] 名 配管工
- □ **physician** [fizíʃən] 名 内科医
- □ **surgeon** [sə́:rdʒən] 名 外科医
- □ **pharmacist** [fá:rməsist] 名 薬剤師
- □ **interpreter** [intə́:rpritər] 名 通訳者
- □ **salesclerk** [séilsklə̀:rk] 名 店員
- □ **weather forecaster** [wéðər fɔ̀:rkæst] 名 気象予報士
- □ **receptionist** [risépʃənist] 名 （ホテル・会社の）受付係
- □ **cashier** [kæʃíər] 名 （店の）レジ係
- □ **courier** [kə́:riər] 名 宅配便業者
- □ **security guard** [sikjúərəti gà:rd] 名 警備員

[Partテスト解答] 1. 礼儀正しい、丁寧な　2. 規制緩和　3. 〜を提案する、示唆する　4. 現れる、浮上する、持ち上がる　5. 出来事、事件　6. 市長、町長　7. 意図的に、故意に　8. 〜をイライラさせる、悩ます　9. 器具、装置　10. 外交官

## Part 3

TOEIC最頻出
基礎単語・熟語750語

# 必ず覚える！基礎単語
# 301～450

## 0301 ☐ salesclerk
[séilsklə̀:rk]
名 店員、販売員

Ms. Leech is a **salesclerk** at Bon Belta department store and gladly helps customers find what they want.
リーチさんはボンベルタ・デパートの店員で、喜んでお客が欲しい物を探すお手伝いをする。

## 0302 ☐ serviceman
[sə́:rvismæ̀n]
名 修理工、軍人

Mr. Watkins is a computer **serviceman**.
ワトキンズ氏は、コンピュータの修理工である。

## 0303 ☐ solution
[səlú:ʃən]
名 解決策、解決法、溶解

Mr. Tilton was able to find the best **solution** to the problem.
ティルトン氏はその問題の一番よい解決策を見つけることができた。

☐ **solve** 動 ～を解決する、溶解する

## 0304 ☐ stair
[stéər]
名 《-s》階段

Many employees in that tall building climb the **stairs** to their floors for their health.
あの高いビルで働いている多くの従業員は、健康のために自分たちのフロアまで階段を昇る。

## 0305 ☐ complaint
[kəmpléint]
名 クレーム

Many **complaints** have been brought against your company.
あなたの会社に対して多くのクレームが申し立てられている。

☐ **complain** 動 不平を言う〈about〉

## 0306 habitual
[həbítʃuəl]
形 習慣的な、常習的な

We do not want a loud and **habitual** complainer.
当社は、うるさくてしょっちゅう不平を言う人は求めておりません。

☐ **habit** 名 習慣、癖

## 0307 attic
[ǽtik]
名 屋根裏（部屋）

The **attic** of the old building often leaks.
その古いビルの屋根裏部屋は、しばしば雨漏りする。

## 0308 avenue
[ǽvənjùː]
名 大通り、〜街

The **avenue** in the business area is lined with cherry trees.
ビジネス街の大通りに沿って、桜の木が植えてある。

## 0309 dye
[dái]
動 〜を染める
名 染料

The craftsman **dyed** blue over pink.
その職人は、ピンク地の上に青色を染めた。

## 0310 estate
[istéit]
名 総資産、遺産、土地

The **estate** will fall to Mr. Kim.
その資産は、キム氏のものとなるであろう。

## 0311 ☐ **extra** [ékstrə] 形 追加の、余分な、臨時の

The team needs an **extra** two weeks to finish the research.
そのチームは、調査を終えるのにもう2週間必要である。

## 0312 ☐ **gallery** [gǽləri] 名 画廊、美術館

What is the **gallery** showing this week?
今週は、その画廊では何が展示されていますか？

## 0313 ☐ **memo** [mémou] 名 (memorandum の略) メモ、覚書き、備忘録

The **memo** runs to 5 pages.
そのメモは5ページにわたる。

## 0314 ☐ **available** [əvéiləbl] 形 入手可能な、利用できる

Timber is readily **available** in Canada.
材木はカナダでは容易に手に入る。
☐ **availability** 名 入手可能性、利用可能性
☐ **unavailable** 反 入手できない、利用できない

## 0315 ☐ **pickup** [píkʌp] 名 小型トラック、収集、好転

Because this new **pickup** has low sides, you can load and unload very easily.
この新しいトラックは荷台が低いので、荷物の積み下ろしが簡単だ。

## 0316 ☐ **receipt**
[risíːt]

名 領収書、レシート、受領

The secretary of the president makes sure to get a **receipt** for everything she pays.
その社長秘書は、支払いしたすべてのものに対する領収書を確実に受け取る。

## 0317 ☐ **account**
[əkáunt]

名 口座、つけ、報告
動 〜を説明する、占める《for》

When you begin a new post in a foreign country, you must first open a bank **account** in the local bank.
あなたが外国に赴任するときは、まず地元の銀行に口座を開かなければなりません。

## 0318 ☐ **boulevard**
[búləvàːrd]

名 並木道、大通り

There are many flowering trees along this **boulevard**.
この並木通りに沿って、多くの木々が花を咲かせています。

## 0319 ☐ **billion**
[bíljən]

名 10億

By the 22nd century, the world population will grow to more than nine **billion**.
22世紀までに、世界の人口は90億以上になるだろう。

## 0320 ☐ **burden**
[bə́ːrdn]

名 重荷、荷物

Mr. Horton puts a heavy **burden** on his staff members.
ホートン氏は、スタッフに重い役目を負わせる。

## 0321 ☐ council
[káunsəl]
名 協議会、会議、議会

The advisory **council** has no power of enforcement.
その諮問機関は、強制力を持っていない。

## 0322 ☐ characteristic
[kæriktərístik]
形 特有の、独特の
名 特徴、特色

Cell phones are **characteristic** of this age.
携帯電話は、現代の特色だ。

## 0323 ☐ collision
[kəlíʒən]
名 衝突、対立

The topic will bring the staff members into a **collision** with their boss.
その話題で、スタッフは上司と衝突するだろう。

☐ **collide** 動 衝突する 《with》

## 0324 ☐ electronic
[ilektránik]
形 電子の、電子工学の

Now **electronic** home banking is becoming available.
現在、電子機器による家庭での銀行取引が利用できるようになってきている。

☐ **electronically** 副 電子的に

## 0325 ☐ gigantic
[dʒaigǽntik]
形 莫大な、巨大な

The project has started on a **gigantic** scale.
そのプロジェクトは、大々的な規模で始まった。

## 0326 ☐ **gift-wrap** [gíftræp]
動 ～をギフト用に包む

Ms. Hughes had a bunch of flowers **gift-wrapped**.
ヒューズさんは、花束を贈物用に包んでもらった。

## 0327 ☐ **engaging** [ingéidʒiŋ]
形 魅力的な、愛嬌のある

Mr. Goodman had an **engaging** smile on his face.
グッドマン氏は、魅力ある微笑を浮かべた。

## 0328 ☐ **exhausted** [igzɔ́:stid]
形 疲労困憊した

Ms. Coughlin is really **exhausted** from the battle of everyday planning.
コフリンさんは、毎日の企画のごたごたで本当に疲労困憊している。
☐ **exhaust** 動 ～を疲れさせる　名 排気ガス、排出
☐ **exhaustion** 名 強度の疲労、消耗

## 0329 ☐ **halfway** [hǽfwèi]
副 途中で、中途半端に
形 中間の、中途半端な

We are more than **halfway** through our planning.
我々は、立案の半分まできている。

## 0330 ☐ **heal** [hí:l]
動 ～を治す、治る

People's illnesses are often naturally **healed**.
人の病気は自然治癒することが多い。

## 0331 health-care
[hélθkèər]  形 健康管理の、医療保険の、医療の

The company offers family **health-care** benefits to its workers.
その会社には、社員の家族に対する保健優遇制度がある。

## 0332 downsizing
[dáunsàiziŋ]  名 人員削減、リストラ

**Downsizing** can be the easiest solution for a company in the red.
人員削減は、赤字会社にとって最も容易な解決策となり得る。
☐ **downsize** 動 〜を人員削減する、リストラする

## 0333 manufacturer
[mǽnjufæktʃərər]  名 メーカー、製造業者

The **manufacturer** claimed that there were many improvements in the new electronic dictionary.
そのメーカーは、新しい電子辞書の改良点を並べ立てた。
☐ **manufacture** 動 〜を（大量）生産する、製造する

## 0334 lounge
[láundʒ]  名 （ホテル、空港などの）待合室、ロビー、休憩室

Senior managers wait for their flight in the first-class **lounge**.
上級管理職は、ファーストクラス専用の出発待合室で自分の便を待つ。

## 0335 marketing
[má:rkitiŋ]  名 マーケティング、市場での売買（取引）

Mr. Stein has a position in **marketing** for a car dealer.
スタイン氏は、カーディーラーでマーケティングを担当している。

## 0336 briefcase
[bríːfkèis] 名 書類かばん

Mr. Stone packed every paper and document in his **briefcase**.
ストーン氏は、すべての資料と文書を書類かばんに詰めた。

## 0337 nearby
[nìərbái] 副 すぐそばに
形 近隣の

Many workers eat or buy lunch **nearby**.
多くの従業員は近場で昼食を食べたり、買ったりする。

## 0338 nearly
[níərli] 副 ほぼ、大体、ほとんど

Mr. Hayes finished writing a thick report of **nearly** 500 pages.
ヘイズ氏は、約500ページの分厚いレポートを書き終えた。

## 0339 overcome
[òuvərkʌ́m] 動 ～に打ち勝つ、克服する

You had better try to find a way to **overcome** your difficulties before you complain about them.
あなたは不平を言う前に、困難に打ち勝つ方法を見つけるようにすべきだ。

## 0340 programmer
[próugræmər] 名 プログラマー、プログラム作製者

Ms. Colb is a **programmer** and so she is very busy writing programs for computers.
コルブさんはプログラマーで、コンピュータ用プログラムを書くので多忙だ。

☐ **program** 動 プログラムを作る 名 プログラム、計画

## 0341 quarter
[kwɔ́:tər]
名 4分の1、25セント、四半期

A **quarter** of the managers in this office are over 55 years old.
この事務所の管理職の4分の1が55歳以上だ。
quarterly　形 年4回の　副 年4回　名 季刊誌

## 0342 receptionist
[risépʃənist]
名（会社・ホテルなどの）応接係、受付係

A man left a card with the **receptionist**.
男は、受付係に名刺を置いて去った。
reception　名 受付、フロント、歓迎（会）、宴会

## 0343 reduce
[ridjú:s]
動 ～を減らす、削減する、緩和する

The mail-order firm has decided to **reduce** its telephone-shopping program.
その通販会社は、テレビショッピング番組を減らすことに決めた。
reduction　名 縮小、還元

## 0344 billboard
[bílbɔ̀:rd]
名 広告看板、掲示板

The car manufacturer uses a **billboard** displaying its newest car.
その自動車メーカーは、最新の車を知らせるのに広告看板を使っている。

## 0345 veterinarian
[vètərənέəriən]
名 獣医（略して vet とも言う）

Dr. Kusume is a successful and skillful **veterinarian** in Little Tokyo.
楠目氏は、リトルトーキョーで成功している腕のよい獣医だ。

## 0346 valuable
[væljuəbl]
名《-s》貴重品
形貴重な、高価な

The sign in the room of the hotel advises us to leave our **valuables** at the front desk.
そのホテルの部屋にある案内は、貴重品をフロントに預けるように助言している。

## 0347 stroller
[stróulər]
名ベビーカー

More and more young men are pushing their children in **strollers**.
ますます多くの若い男性が、幼い子供をベビーカーに乗せて歩いている。

## 0348 summary
[sʌ́məri]
名要約、要旨、概要

This chart gives a **summary** of the organizational problems of the factory.
この図表は、その工場の組織的な問題点の概要を示している。

□ **summarize** 動〜を要約する、簡単に言う

## 0349 typing
[táipiŋ]
名タイピング技能、タイプで打つこと

Mr. Greenbaum tried to sharpen up **typing** skills.
グリーンボーム氏は、タイプ技術に磨きをかけようと努力した。

□ **type** 動〜をタイプする

## 0350 agency
[éidʒənsi]
名代理店、取扱店

Ms. Martin runs a travel **agency** in Wellington, New Zealand.
マーティンさんは、ニュージーランドのウェリントンで旅行代理店を経営している。

□ **agent** 名代理人、代行業者

## 0351 approach
[əpróutʃ]
動 ～に近づく、接近する
名 取り組、やり方、申し入れ

Our president is a little difficult to **approach**.
私たちの社長は近づきがたい。

**approachable** 形 気さくな、親しみやすい

## 0352 measure
[méʒər]
動 ～を測る、評価する
名 尺度、寸法、手段、対策

Today's companies less and less **measure** their applicants by their school careers.
志願者を学歴で測る会社は、今日ではますます少なくなっている。

**measurement** 名 測定、計量、長さ

## 0353 attach
[ətætʃ]
動 ～を添付する、貼りつける

Please **attach** the list of the seminar participants to the document.
セミナー参加者のリストを文書に添付してください。

**attached** 形 添付の、付属の
**attachment** 名 添付（ファイル）、付着、愛着

## 0354 attain
[ətéin]
動 ～を達成する、成し遂げる

Butler Yeats Publishing has **attained** its goal of semimonthly sales.
バトラー・イーツ出版は、半月の売上げ目標を達成した。

**attainable** 形 到達し得る
**attainment** 名 達成、到達

## 0355 basement
[béismənt]
名 地階、地下室

We have a parking lot for guests in the **basement**.
当社では、お客様用駐車場が地階にあります。

## 0356 beg
[bég] 動 ～を懇願する、請う

We **beg** you for some kind of contribution.
何らかのご協力をお願い申し上げます。

## 0357 beverage
[bévəridʒ] 名 飲み物、飲料

Coke and Snapple are both popular **beverages** in the US.
コーラとスナップルは両方ともアメリカでは人気のある飲料だ。

## 0358 policy
[páləsi] 名 方針、政策、方策

The new president declared a drastic change in the ex-president's **policy**.
新しい社長は、前社長の方針の大幅な変更を宣言した。

## 0359 cargo
[ká:rgou] 名 貨物、積み荷

The ship from Australia loaded its **cargo** in San Francisco.
オーストラリア出港の船は、サンフランシスコで貨物を積み込んだ。

## 0360 depression
[dipréʃən] 名 不況、憂鬱、うつ病

A **depression** in the stock market increased the number of the unemployed.
株式市場が不況のせいで、失業者数が増加した。

☐ **depress** 動 ～を落胆させる、不振にする

## 0361 □ collapse
[kəlǽps]
動 崩壊する、暴落する
名 崩壊、暴落

Many banks **collapsed** during the Great Depression which began in 1929.
1929年に起こった世界大恐慌期に多くの銀行が倒産した。
□ **collapsible** 形 折り畳み式の

## 0362 □ cooperation
[kouɑ̀pəréiʃən]
名 協力、協同

Mr. Reed is ready to show **cooperation** at any time.
リード氏は、いつでも協力してくれる。

## 0363 □ structure
[strʌ́ktʃər]
名 構造、建造物
動 ～を組織する、体系化する

The **structure** of the organization needs to be simplified.
その組織の構造は簡素化される必要がある。
□ **structural** 形 構造上の

## 0364 □ bribe
[bráib]
名 賄賂
動 ～に賄賂を贈る

The secretary received $2 million in **bribes**.
その秘書は、賄賂として200万ドルを受け取った。
□ **bribery** 名 贈（収）賄行為

## 0365 □ crew
[krúː]
名 乗組員、乗務員

Ms. Mills manages a large **crew** on the nightshift.
ミルズさんは、多くの夜勤の乗組員を管理している。

## 0366 crash
[krǽʃ]
名 暴落、墜落、衝突
動 衝突する、落ちる

A stock market **crash** would damage the US economy.
市場の暴落は、アメリカ経済にダメージを与えるであろう。

## 0367 cuisine
[kwizíːn]
名 料理、料理法

This restaurant serves excellent Mexican **cuisine**.
このレストランは素晴らしいメキシコ料理を出す。

## 0368 congress
[káŋgris]
名 (米国の) 議会、会議、大会

Many large manufacturers lobbied **Congress** to change the law.
多くの大手メーカーは、法律を変えるようにロビー活動を行なった。

**congressional** 形 議会の、会議の

## 0369 debt
[dét]
名 借金、負債

Loan sharks are very severe about calling in a **debt**.
消費者金融は、借金の催促にとても厳しい。

**debtor** 名 債務者、負債者

## 0370 deadline
[dédlàin]
名 締め切り、最終期限

Ms. Ross managed to meet the publication **deadline** for the article.
ロスさんは、何とか記事の発行締め切りに間に合った。

## 0371 contend
[kənténd]
動 競争する、戦う、〜を主張する

In the office each department is **contending** with the others for the special bonus.
会社では、それぞれの部署が特別ボーナスを得ようと互いに競っている。

## 0372 decade
[dékeid]
名 10年間

Mr. Sanders has been the chairman of Cymitec Co., Ltd. for a **decade**.
サンダーズ氏は、10年間シミテック株式会社の会長をしている。

## 0373 deny
[dinái]
動 〜を否定する、拒む

The company president did not **deny** taking bribes.
その会社社長は、賄賂を受け取ったことを否定しなかった。
denial 名 否定、否認

## 0374 depart
[dipá:rt]
動 出発する、離れる

Which airport will you **depart** from?
どの空港からご出発ですか？
departure 名 出発、発車

## 0375 despite
[dispáit]
前 〜にもかかわらず（= in spite of 〜）

**Despite** his importance, Mr. Baker is very friendly and kind.
ベーカー氏は地位の高い有力者であるにもかかわらず、とても親しみやすく親切だ。

## 0376 ☐**device**
[diváis]
名装置、器具、工夫

This new **device** controls room temperature.
この新しい装置は室温を調整する。
☐**devise** 動〜を工夫する、発明する

## 0377 ☐**disaster**
[dizǽstər]
名災害、災難、惨事

Senior managers' policy in Yellowbill Shipping caused an economic **disaster** in the firm.
イエロービル船舶の上級管理職の方策は、社内での経営危機を引き起こした。
☐**disastrous** 形悲惨な、損害の大きい

## 0378 ☐**discrimination** 名差別
[diskrimənéiʃən]

Ms. Hunter has not experienced any **discrimination** in Atlas Airlines.
ハンターさんは、アトラス航空で差別に直面したことは全くない。
☐**discriminate** 動〜を差別する、区別する

## 0379 ☐**draft**
[drǽft]
名草稿、下書き
動〜を草稿する、作成する

Ms. Watson made a final **draft** of her farewell speech.
ワトソンさんは、送別スピーチの最終稿を書いた。

## 0380 ☐**drawer**
[drɔ́:r]
名引き出し

Our boss always locks his **drawer** because he keeps important files in it.
我々の課長は、引き出しに重要なファイルをしまうので、必ず鍵をする。

### 0381 ☐ **dull** [dʌ́l]
形 活気のない、退屈な、鈍い

Today business was **dull** because a hurricane was coming.
今日はハリケーンが近づいているので、商売は上がったりだった。

### 0382 ☐ **editor** [édətər]
名 編集者

Take this article to the news **editor**'s desk.
この記事を報道編集部に回してください。

☐ **editorial** 形 編集上の、編集者の 名 社説、論説

### 0383 ☐ **electrician** [ilektríʃən]
名 電気技師、電気工

Sharp Inc. is good at training **electricians**.
シャープ株式会社は、電気技師を養成するのが上手い。

☐ **electric** 形 電気の、電気で動く
☐ **electrical** 形 電動の、電気に関する
☐ **electricity** 名 電気、電力

### 0384 ☐ **detect** [ditékt]
動 ～を見つける、発見する

This software can **detect** computer viruses.
このソフトウェアは、コンピュータ・ウイルスを見つけることができる。

☐ **detection** 名 発見、検出

### 0385 ☐ **especially** [ispéʃəli]
副 特に、とりわけ

The car is **especially** designed for the handicapped.
この車は、特に身障者向けにデザインされている。

## 0386 ☐ **essential** 形 必要不可欠で、本質的な
[isénʃəl]

The main contention of Mr. Ward's speech was that the reform is **essential**.
ウォード氏のスピーチの主な主張は、改革が必要不可欠だということだった。

## 0387 ☐ **evenly** 副 平等に、一様に
[íːvənli]

The sales team was **evenly** made up of both men and women.
その販売チームは、男女同数から構成されていた。

☐ **even** 副 ～さえ 形 平らな、均一の

## 0388 ☐ **complicated** 形 込み入った、複雑な
[kάmpləkèitid]

I will discuss all the **complicated** details in today's presentation.
私は、今日のプレゼンテーションでは込み入った細目に討論するつもりはありません。

☐ **complicate** 動 ～を複雑にする
☐ **complication** 名 複雑化、合併症

## 0389 ☐ **evidence** 名 証拠、根拠
[évədəns]

The President of Sailor Pen Ltd. collects **evidence** before he announces his monthly policy in public.
セーラー万年筆社の社長は、月刊の方針を発表する前に証拠を集める。

☐ **evident** 形 明白な、明らかな
☐ **evidently** 副 明らかに

## 0390 ☐ **exchange** 動 ～を交換する、やり取りする
[ikstʃéindʒ] 名 交換、取引

You can **exchange** dollars for yen even at local banks.
地方銀行でさえドルを円に換えることができます。

☐ **in exchange for ～** 熟 ～と引き替えに

### 0391 restructure
[rìstrʌ́ktʃər]
動 ~を立て直す、再編成する

The company has to be **restructured** from the bottom up.
その会社は一から立て直さなければならない。
**restructuring** 名 リストラ、再編成

### 0392 explore
[iksplɔ́ːr]
動 ~を探索する、調査する

Kinleith Oil is now **exploring** the depths of the sea, hoping to find new oil fields.
キンリース石油は新しい油田を期待して、現在深海を探索している。
**exploration** 名 探検、調査

### 0393 export
[ikspɔ́ːrt / ékspɔːrt]
動 ~を輸出する
名 輸出

Taiwan **exports** a large number of computer parts to the US.
台湾は、多くのコンピュータ・パーツをアメリカに輸出している。
**exportation** 名 輸出、輸出品
**import** 反 ~を輸入する

### 0394 extension
[iksténʃən]
名 延長、拡大、内線

Ms. Gregory asked for a loan **extension**.
グレゴリーさんは、ローンの支払期間の延長を要求した。
**extend** 動 ~を延長する、拡張する

### 0395 factor
[fǽktər]
名 要因、要素

Your support will be a key **factor** in the increase of the sales.
あなたのサポートが売上げを伸ばす大きな要因となるでしょう。

## 0396 ☐ fair
[fέər]
**名** 品評会、見本市
**形** 妥当な、公正な

The agricultural research company aided farmers at the cattle **fair**.
その農業リサーチ会社は、農業従事者が家畜の品評会をする手助けをした。

## 0397 ☐ exhibit
[igzíbit]
**動** ～を見せる、展示する

This company **exhibits** a very complicated management structure.
この会社は、とても複雑な経営形態を見せている。
☐ **exhibition** 名 展示、展示会

## 0398 ☐ fake
[féik]
**形** 模造の、偽造の

The boutique sells **fake** fur coats at a low price.
そのブティックは、安価で模造の毛皮のコートを売っている。

## 0399 ☐ fare
[fέər]
**名** 運賃、料金

What is the airline **fare** from Chicago to San Francisco?
シカゴからサンフランシスコまでの航空運賃はいくらですか？

## 0400 ☐ fasten
[fæsn]
**動** ～を留める、固定する

Please **fasten** your seatbelt.
シートベルトをお締めください。
☐ **unfasten** 反 ～を外す、ほどく

## 0401 contract
[kɑ́ntrækt] 名契約、協約、請負

You should never sign a **contract** without first taking advice from your lawyer.
あなたのまず顧問弁護士からの助言なしに、契約にサインすべきではない。
contractor 名請負人、契約者

## 0402 occasionally
[əkéiʒənəli] 副時折、時々

The name of the firm appears **occasionally** in the newspapers.
その会社の名前は時折新聞紙上に出る。
occasion 名時、場合
occasional 形時々の

## 0403 official
[əfíʃəl] 形公式の、公認の

The shoemaker produces **official** shoes for athletes.
その靴メーカーは、運動選手向けの公認シューズを製造している。
officially 副公式に、正式に

## 0404 frequently
[frí:kwəntli] 副しばしば、頻繁に

This sentence is a **frequently** cited example.
この文は、よく引用される例だ。
frequency 名頻度、頻発
frequent 形頻繁な、常習的な

## 0405 overseas
[òuvərsí:z / óuvərsí:z] 副海外へ、外国に
形海外の

The general trade company has sent many of its employees **overseas**.
その総合商社は、多くの社員を海外に送ってきた。

## Part 3 必ず覚える！基礎単語301〜450

**0406** ☐ **pact**
[pǽkt]
名 契約、協定、条約

We made a **pact** to help each other financially.
我々は、財政面で互いに助け合う契約を結んだ。

**0407** ☐ **parcel**
[pάːrsəl]
名 小包、包み

The secretary sent a **parcel** by express.
秘書は、速達で小包を発送した。

**0408** ☐ **passenger**
[pǽsəndʒər]
名 乗客、旅客

There were about fifty **passengers** on the bus.
バスには約50人の乗客が乗っていた。

**0409** ☐ **plot**
[plάt]
名 筋、策略、計画
動 〜をたくらむ

The **plot** of this novel is too complicated for me to follow.
この小説のあら筋は、私には複雑すぎてついていけない。

**0410** ☐ **press**
[prés]
名 報道、報道関係者
動 〜を押す、〜に迫る

The tabloid **press** is eager to hear about scandals involving CEOs.
タブロイド紙は、最高経営責任者たちの関係したスキャンダルをしきりに聞きたがっている。
☐ **pressing** 形 緊急の、たっての

## 0411 raw [rɔ́ː]
形 原料のままの、未加工の、生の

The area has rich **raw** materials.
その地域には豊富な原料がある。

## 0412 recall [rikɔ́ːl]
動 ～を回収する、思い出す

Over 10,000 units of canned sardine had to be **recalled** from store shelves.
1万個以上のイワシの缶詰は、店の棚から回収されなければならなかった。

## 0413 recipe [résəpi]
名 調理法、レシピ

This is a **recipe** for lasagna.
これがラザーニャの調理法です。

## 0414 rug [rʌ́g]
名 じゅうたん、敷物

The floor of the president's room is covered with a Persian **rug**.
社長室にはペルシャじゅうたんが敷いてある。

## 0415 security [sikjúərəti]
名 警備、安全、保証

Today every company keeps tight **security** over customer information.
今日すべての会社は、顧客情報に対して厳しい警備態勢を維持している。

secure 動 ～を確保する、獲得する　形 安全な、安定した

## Part 3 必ず覚える！基礎単語301〜450

**0416** ☐ **outlet**
[áutlet]
名流通経路、特約店、小売店、コンセント

The food company is seeking a new **outlet** for its new frozen food.
その食品会社は、新しい冷凍食品の新規販売経路を探している。

**0417** ☐ **site**
[sáit]
名用地、現場、場所

The city development section is now choosing construction **sites** to be developed.
市開発局は、開発用の建設用地を現在選定している。

**0418** ☐ **statement**
[stéitmənt]
名声明（書）、陳述

The union challenged the company's **statement**.
組合は会社の声明に異議を唱えた。
☐ **state** 動〜を述べる 名状態、国

**0419** ☐ **tag**
[tǽg]
名値札、荷札
動〜に付け札をつける

The shop owner put a price **tag** on each item for sale.
その店主は、売っている商品一つひとつに値札をつけた。

**0420** ☐ **minimum**
[mínəməm]
形最小の、最低限の
名最低限、最小量

Each outlet is asked to achieve maximum production at a **minimum** cost.
それぞれの小売店は、最小のコストで最大の生産を上げるよう求められている。
☐ **minimize** 動〜を最小限にする
☐ **maximum** 反最大限の、最大量

## 0421 technical
[téknikəl]
形 技術的な、専門的な

This booklet includes **technical** tips for making cell phones with a camera.
この冊子には、カメラつき携帯電話を作るための技術的な助言が載っている。

□**technically** 副 技術上は、厳密には

## 0422 tight
[táit]
形 ぎっしり詰まった、厳重な、ぴんと張った

The publication schedule was very **tight**.
その出版スケジュールは大変厳しかった。

□**tighten** 動 ～をかたく締める、厳しくする

## 0423 urban
[ə́:rbən]
形 都市の、都会的な

McGrath Corporation is involved in **urban** development.
マックグラス・コーポレーションは都市開発に関わっている。

□**rural** 反 田舎の、田園の

## 0424 mission
[míʃən]
名 派遣団、使節団、特殊任務、（キリスト教の）伝道

The oil company sent their fact-finding **mission** to the site.
その石油会社は、現地調査団を現場に派遣した。

□**missionary** 名 宣教師

## 0425 wage
[wéidʒ]
名 賃金、労賃

The minimum **wage** for part time workers is £5.05 an hour.
パート従業員の最低賃金は、時給5ポンド5ペンスである。

## 0426 wallet [wálit]
名 札入れ、財布

Mr. Warren's **wallet** is filled with credit cards.
ウォーレン氏の札入れは、クレジットカードで一杯だ。

## 0427 donation [dounéiʃən]
名 寄付、義捐金

Large companies in the US are expected to make charitable **donations** to the poor.
アメリカの大企業は、貧しい人々に慈善のための寄付をすることを期待されている。
☐ donate 動 ～を寄付する、寄贈する

## 0428 equipment [ikwípmənt]
名 装置、備品

A light goes on if the **equipment** detects intruders.
その装置は侵入者を発見すると明かりがつく。
☐ equip 動 ～を装備する

## 0429 vehicle [ví:ikl]
名 伝達手段、乗り物

This computer graphic is the **vehicle** of our mission.
このコンピュータ・グラフィックスは、当社の任務の伝達手段だ。

## 0430 attention [əténʃən]
名 注目、注意、配慮

Mr. Ford's speech attracted public **attention**.
フォード氏の演説は、世間の人々の注目を奪った。
☐ attentive 形 注意深い、親切な
☐ pay attention to ～ 熟 ～に注意を払う

## 0431 ☐ **workplace** 名職場、仕事場
[wə́:rkplèis]

Placing plants around the office improves the **workplace** environment.
会社に植物を置くと、職場環境がよくなる。

## 0432 ☐ **attorney** 名弁護士
[ətə́:rni]

Ms. Gibson is Paul's divorce **attorney**.
ギブソンさんは、ポールの離婚を担当している弁護士だ。

## 0433 ☐ **attendant** 名係員、接客係、付添人
[əténdənt]

A gas station **attendant** not only pumps gas but also kindly wipes the windshield.
ガソリンスタンドの従業員は、ガソリンを入れるばかりでなく、親切にもフロントガラスを拭いてくれる。

☐ **attend** 動〜に仕える、出席する  ☐ **attendance** 名付き添い、出席

## 0434 ☐ **environmental** 形環境の、環境上の
[invàiərənméntl]

Enterprises have to pay attention to **environmental** problems nowadays.
大企業は最近では環境問題に注意を払わなければならない。

☐ **environment** 名環境、周囲の事情

## 0435 ☐ **auction** 名オークション、競売
[ɔ́:kʃən] 動〜を競売にかける

Many people buy and sell things at an Internet **auction**.
多くの人がインターネット・オークションで、物を売買している。

## Part 3 必ず覚える！基礎単語301〜450

### 0436 ☐ illustrate
[íləstrèit]
動 〜を説明する、例示する

Ms. Rogers **illustrated** her plan with a lot of concrete examples.
ロジャーズさんは、多くの具体例を用いて自分の計画を説明した。
☐ **illustration** 名 図解、実例
☐ **illustrative** 形 説明的な、解説に役立つ

### 0437 ☐ audience
[ɔ́:diəns]
名 聴衆、観客、視聴者

There was a large **audience** at Dr. Henderson's last lecture.
ヘンダーソン博士の前回の講演には、多くの聴衆が出席していた。

### 0438 ☐ baggage
[bǽgidʒ]
名 手荷物

Mr. Howard checked his **baggage** through to Los Angeles at the airport.
ハワード氏は、空港でロサンゼルスまで手荷物を預けた。

### 0439 ☐ branch
[brǽntʃ]
名 支店、部門
動 分岐する、拡張する

Pearsons Global is beginning to establish **branches** in all major cities in the USA.
ピアソンズ・グローバル社は、アメリカの全主要都市に支店を置き始めている。
☐ **branch out** 熟 活動範囲を広げる、拡張する

### 0440 ☐ chat
[tʃǽt]
動 気楽に話す、おしゃべりをする
名 雑談、おしゃべり

Mr. Gilbert **chatted** with her about it over the phone.
ギルバート氏は、それについて電話で彼女と気楽に話した。
☐ **chatty** 形 話好きな、おしゃべりな

## 0441 ☐ **celebrate** [séləbrèit]
動 ～を祝う、記念する

The local government here is planning an event to **celebrate** Independence Day.
ここの地元自治体は、独立記念日を祝う行事を計画している。
☐ celebration 名 祝典、祝賀会
☐ celebratory 形 祝賀の

## 0442 ☐ **caution** [kɔ́ːʃən]
名 用心、慎重さ、警告
動 ～に警告する

You have to exercise **caution** when you have a talk with your manager.
あなたは部長と話すときには、慎重であるべきだ。
☐ cautionary 形 注意を促す
☐ cautious 形 用心深い、慎重な

## 0443 ☐ **medical** [médikəl]
形 医療の、医学の

Companies are required to offer **medical** and dental benefits to their employees.
会社は、社員に対して医療手当および歯科手当を与えることを要求されている。
☐ medically 副 医学上

## 0444 ☐ **blueprint** [blúːprìnt]
名 青写真、計画

Mr. Lawson's presentations always give us a **blueprint** for how to develop a new product.
ローソン氏のプレゼンテーションは、いつも私たちに新製品開発の方法の青写真を示してくれる。

## 0445 ☐ **clinical** [klínikəl]
形 臨床の、医療用の

Mr. Jones volunteered to take part in a **clinical** trial of the new medication.
ジョーンズ氏は、新薬の臨床実験に進んで参加した。
☐ clinic 名 診療所

## 0446 checkup [tʃékʌp]
名 健康診断、点検

Our firm offers employees a free medical **checkup** every year.
我が社では、毎年従業員に無料の健康診断を実施している。

## 0447 favorable [féivərəbl]
形 好意的な、好都合な

Mr. Larson gave a **favorable** answer to my suggestion.
ラーソン氏は、私の提案に色よい返事をした。

- **favor** 動 〜に賛成する、ひいきする 名 支持、ひいき
- **unfavorable** 反 好意的ではない、不利な

## 0448 following [fálouiŋ]
形 次の、下記の

Please have a look at the **following** page of the handout.
配付プリントの次のページをご覧ください。

## 0449 garbage [gá:rbidʒ]
名 (台所の) ゴミ

The **garbage** is collected once a week in this area.
この地域では、生ゴミは週一回収集される。

## 0450 fine [fáin]
名 罰金 動 〜に罰金を科す
形 素晴らしい、晴れている

Mr. Morrison had to pay a 50 dollar **fine** for speeding.
モリソン氏は、スピード違反で50ドルの罰金を支払わなければならなかった。

## Partテスト

Part 3 のおさらいです。下記の単語の意味を答えましょう。

1. burden　　（　　　　　　　　）
2. collision　（　　　　　　　　）
3. overcome　（　　　　　　　　）
4. attain　　（　　　　　　　　）
5. debt　　　（　　　　　　　　）
6. deny　　　（　　　　　　　　）
7. fare　　　（　　　　　　　　）
8. pact　　　（　　　　　　　　）
9. donation　（　　　　　　　　）
10. attorney　（　　　　　　　　）

*しっかり覚えよう!*

## ジャンル別重要語句③[職位]

☐ **chief executive officer** 最高経営責任者（= CEO）
☐ **chairman** [tʃéərmən] 名 会長
☐ **president** [prézədənt] 名 社長
☐ **vice president** [váis prézədənt] 名 副社長
☐ **executive director** [igzékjutiv diréktər] 名 専務取締役
☐ **managing director** [mǽnidʒiŋ diréktər] 名 常務取締役
☐ **director** [diréktər] 名 取締役、重役
☐ **auditor** [ɔ́:dətər] 名 監査役
☐ **executive advisor** [igzékjutiv ædváizər] 名 相談役、顧問
☐ **general manager** [dʒénərəl mǽnidʒər] 名 本部長、局長
☐ **manager** [mǽnidʒər] 名 部長、課長
☐ **assistant manager** [əsístənt mǽnidʒər] 名 副部長、係長
☐ **supervisor** [sú:pərvàizər] 名 係長、主任、監督者
☐ **team leader** [tí:m lí:dər] 名 班長
☐ **secretary** [sékrətèri] 名 秘書

---

[Partテスト解答] 1. 重荷、荷物　2. 衝突、対立　3. ～に打ち勝つ、克服する　4. ～を達成する
5. 借金、負債　6. ～を否定する、拒む　7. 運賃、料金　8. 契約、協定、条約　9. 寄付、義捐金
10. 弁護士

# 必ず覚える！基礎単語
# 451〜600

**Part 4**

TOEIC最頻出
基礎単語・熟語750語

## 0451 □ **store** [stɔ́:r]
動 ～を保存する、蓄える

How much information can you **store** on the hard drive?
どのくらいの情報をそのハードドライブに保存することができますか？
□**storage** 名 保存、保管

## 0452 □ **fulfill** [fulfíl]
動 ～を果たす、満たす、実現する

Ms. Evans was given a bonus for **fulfilling** the contract one month ahead of schedule.
エバンズさんは、契約を予定より1カ月前に完了したためボーナスを貰った。
□**fulfillment** 名 満足、充実感、実現

## 0453 □ **garage** [gərá:dʒ]
名 車庫、自動車修理工場

Target Supermarket offers parking in an underground **garage**.
ターゲット・スーパーマーケットは、地下の車庫を駐車場として提供している。

## 0454 □ **figure** [fígjər]
名 価格、数字、桁、姿
動 ～だと思う、～を計算する

Star Mart will accept a lower **figure**.
スターマートはもっと安い値段を受け入れるだろう。
□**figurative** 形 比喩的な、象徴的な

## 0455 □ **hire** [háiər]
動 ～を雇う

We do not **hire** people midyear.
当社は、中途採用を致しません。
□**fire** 反 ～を解雇する

## Part 4 必ず覚える！基礎単語451〜600

### 0456 interpret
[intə́:rprit]
動 〜を通訳する、解釈する

Ms. Shinoda will **interpret** to the audience what the speaker will be saying.
篠田さんがスピーカーの言うことを聴衆に通訳します。
☐ **interpretation** 名 通訳、解釈

### 0457 host
[hóust]
動 〜を主催する
名 主人、司会者

The pioneer of the beauty industry **hosted** the seminar for medium-sized and small company managers.
美容業の先駆者は、中小企業経営者向けにセミナーを主催した。

### 0458 forecast
[fɔ́:rkæst]
名 予想、予報
動 予想する、予報する

There are peaks and valleys in the recent **forecast** of economic growth for this coming year.
新年の経済成長に関する最近の予想には、上がり下がりがある。

### 0459 identification
[aidèntifəkéiʃən]
名 身分証明（書）

Every staff member in the office must wear an **identification** card around their neck.
会社のすべてのスタッフは、IDカードを首からぶら下げていなければならない。
☐ **identify** 動 〜の身元を確認する、〜を同一視する

### 0460 imbalance
[imbǽləns]
名 不均衡、アンバランス

Japan and the US must correct the trade **imbalance** between them.
日米は、両国間の貿易不均衡を是正しなければならない。
☐ **imbalanced** 形 不均衡の、アンバランスの
☐ **balance** 反 均衡、調和

## 0461 ☐ **import**
[impɔ́ːrt / ímpɔːrt]
動 ～を輸入する
名 輸入（品）

Some computer parts are directly **imported** from Asian countries.
コンピュータの部品のいくつかは、アジアの国々から直接輸入されている。
☐ **export** 反 ～を輸出する、輸出（品）

## 0462 ☐ **income**
[ínkʌm]
名 所得、収入

By changing his job, Mr. Hunt was able to double his **income**.
転職して、ハント氏は収入を倍にすることができた。

## 0463 ☐ **index**
[índeks]
名 指数、指標
（複数形＝indexes/indices）

Rising gas prices will increase the consumer price **index**.
ガソリン価格の高騰は、消費者物価指数を増やすであろう。

## 0464 ☐ **humid**
[hjúːmid]
形 湿気の多い、湿っぽい

The weather forecast says that this summer will be hot and **humid**.
天気予報によると、今年の夏は蒸し暑くなるそうだ。
☐ **humidity** 名 湿度、湿気

## 0465 ☐ **initial**
[iníʃəl]
形 初期の、最初の

**Initial** sales figures have been fairly good.
初期販売の数字は、まずまずだ。
☐ **initially** 副 当初、もともと

## 0466 instrument
[ínstrəmənt]
名器具、計器、楽器

YAMAHA produces musical **instruments**, including pianos and trumpets.
ヤマハは、ピアノやトランペットを含む楽器を製造している。
- **instrumental** 形助けになる、器楽のための

## 0467 invent
[invént]
動〜を発明する、考案する

"Flash memory" is a tool **invented** for storing more data than floppy disks in a convenient way.
「フラッシュメモリー」は、フロッピーディスクより多くのデータを便利な方法で保存するために発明された道具です。
- **invention** 名発明（品）
- **inventive** 形発明の、創意に富んだ

## 0468 item
[áitəm]
名品目、項目

I'm afraid that we do not stock that **item**.
残念ですが、当社ではその品物を仕入れていません。
- **itemize** 動〜を項目別に分ける、〜の明細を示す

## 0469 ladder
[lǽdər]
名（社会制度の）階段、はしご

Mr. Ramos is climbing the promotion **ladder**.
ラモス氏は、昇進のはしごを登っている。

## 0470 leaflet
[líːflit]
名チラシ、ビラ

The advertising agency sometimes uses a helicopter to drop **leaflets**.
その広告代理店は、チラシを投下するのに時々ヘリコプターを利用する。

## 0471 litter
[lítər] 名ゴミ

Every morning the workers clean up the roadside **litter** around their building.
毎朝社員たちは自社ビルの周りの道路に散らかったゴミを片づけている。

## 0472 mechanic
[məkǽnik] 名整備工、修理工

George is the **mechanic** who services our company's cars.
ジョージは、我々の会社の車を点検整備する整備工だ。
- mechanical 形機械の、機械的な
- mechanics 名力学、構造

## 0473 negotiation
[nigòuʃiéiʃən] 名交渉、商議

The **negotiations** will be conducted in English through interpreters.
その交渉は通訳を介して英語で行なわれる予定です。
- negotiable 形交渉の余地のある
- negotiate 動交渉する、〜を交渉する

## 0474 notice
[nóutis] 名通知、告知 動〜に気づく

You had better give immediate **notice** of your change of address at the nearest post office.
君は最寄りの郵便局に住所変更をすぐに知らせた方がいいぞ。
- noticeable 形人目を引く

## 0475 nutritious
[nju:tríʃəs] 形栄養のある、滋養に富む

This honey becomes more **nutritious** through processing.
この蜂蜜は加工を通して栄養価が高くなっている。
- nutrition 名栄養、栄養学
- nutritiously 副栄養となって

## 0476 adjust
[ədʒʌ́st]
動 ~を慣れさせる、調整する

People fresh from college can find it difficult to **adjust** themselves to their new way of life.
大学を出たばかりの人は、新しい生活様式に慣れるのが難しいとわかることがある。
- **adjustable** 形 調整可能な
- **adjustment** 名 調整、適応

## 0477 administration
[ædmìnəstréiʃən]
名 管理、経営、政権

The new president has begun to reform the **administration** of the company.
新社長は、会社の運営法の改革に着手し始めた。
- **administer** 動 ~を管理する、執行する
- **administrative** 形 管理上の、行政上の

## 0478 agenda
[ədʒéndə]
名 会議事項、議題、議事日程

This issue will head the meeting's **agenda**.
この問題は会議事項の筆頭になるだろう。

## 0479 affect
[əfékt]
動 ~に影響を及ぼす、作用する

Passive smoking has been proved to **affect** the health.
受動喫煙は、健康に影響を与えることが証明されている。

## 0480 applaud
[əplɔ́:d]
動 ~に拍手喝采する、~を賞賛する

Every worker **applauded** their president's address.
すべての社員が、社長の演説に拍手を送った。
- **applause** 名 拍手喝采、賞賛

### 0481 appropriate
[əpróuprət / əpróuprièit]
形 適当な、適切な
動 ～を充当する、横領する

The project team agreed on an **appropriate** solution to the problem.
そのプロジェクト・チームは、問題の適当な解決法について合意した。

- **appropriately** 副 ふさわしく、適切に
- **inappropriate** 反 不適当な、不適切な

### 0482 assume
[əsúːm]
動 ～を引き受ける、～と仮定する

Ms. Davis is the kind of manager who easily **assumes** command.
デイビスさんは、その場ですぐに取り仕切ることができる管理職だ。

- **assumption** 名 仮定、引き受け
- **assumptive** 形 仮定の、推定に基づく

### 0483 assemble
[əsémbl]
動 ～を組み立てる、集める

Mr. Brown liked **assembling** parts into a TV set in his childhood.
ブラウン氏は幼少時代、部品からラジオを組み立てるのが好きだった。

- **assembly** 名 集会、組み立て

### 0484 authority
[əθɔ́ːrəti]
名 権威、当局

Mr. Kelly's overseas experience added **authority** to the report.
ケリー氏の海外経験が、その報告書に重みを加えた。

### 0485 certificate
[sərtífikət]
名 証明書、認可証

The score sheet of the TOEIC is a **certificate** for proficiency in English.
TOEICテストのスコア・シートは、英語熟達度の証明書だ。

- **certification** 名 証明（証）、認証
- **certify** 動 ～を証明する、認定する

## 0486 auditorium [ɔ́ːditɔ́ːriəm]
名 講堂、公会堂

The 42nd general assembly will be held at the **auditorium**.
第42回総会は、講堂で開かれる予定だ。

## 0487 awkward [ɔ́ːkwərd]
形 落ち着かない、気まずい、ぎこちない

Mr. Hansen felt **awkward** and uncomfortable in the presence of his boss.
ハンセン氏は上司のいるところではやりにくく、落ち着かなかった。
□ awkwardness  名 不器用、気まずさ

## 0488 breach [bríːtʃ]
動 〜を破る、破棄する
名 違反、不履行、破棄

Zebulon Global's action **breached** their agreement with Dow Chemical.
ゼブロン・グローバル社の行為は、ダウ・ケミカル社との契約に違反した。

## 0489 investigate [invéstəgèit]
動 〜を調査する、研究する

The general accounting division began to **investigate** the books kept by each department.
経理部は、それぞれの部署でつけられている帳簿の調査を開始した。
□ investigation  名 調査
□ investigative  形 調査の

## 0490 broadcast [brɔ́ːdkæst]
動 〜を放送する、放映する
名 放送（番組）

The US President's State of the Union address will be **broadcast** on TV tonight.
アメリカ大統領の一般教書演説が今夜テレビで放送される。

### 0491 candidate
[kǽndidèit]
名 立候補者、志願者

Kendrick Clark is thought of as being the **candidate** best able to bring the country together.
ケンドリック・クラークは、最もその国を上手くまとめることのできる候補者と思われている。

☐ **candidacy** 名 立候補

### 0492 capacity
[kəpǽsəti]
名 収容可能数、定員

The biggest meeting room of Western Trading Company has a seating **capacity** of 300.
ウエスタン貿易会社の一番大きい会議室の収容人員は300名だ。

☐ **capable** 形 〜できる、有能な

### 0493 cash
[kǽʃ]
動 〜を換金する
名 現金

Mr. Fisher was able to **cash** his check but unable to cash his money order.
フィッシャー氏は小切手を現金化することはできたが、為替は無理だった。

### 0494 convert
[kənvə́:rt]
動 〜を転換する、変える

You can **convert** yen to US dollars at the airport.
円は空港でドルに換金できる。

☐ **conversion** 名 変換、転換
☐ **convertible** 形 変換できる 名 オープンカー

### 0495 capital
[kǽpətl]
名 資本金、首都

The US economy needs the aid of foreign **capital**.
アメリカの経済は、外国資本の力を必要としている。

☐ **capitalize** 動 〜に出資する、〜を大文字で書く

## 0496 □ commerce
[kámə:rs] 名通商、商業

The Suez Canal is a great avenue of **commerce**.
スエズ運河は大きな通商路となっている。
□ **commercial** 形 商業の、営利的な
□ **commercialize** 動 ～を商業化する

## 0497 □ nuclear
[njú:kliər] 形 原子力の、核の、中心の

There is a lot of money in the **nuclear** power industry.
原子力産業は儲かる。

## 0498 □ bureau
[bjúərou] 名 事務局、案内所、支社

There was a long line in front of an employment **bureau**.
職業安定所の前に長蛇の列ができていた。

## 0499 □ commodity
[kəmάdəti] 名 物品、商品、日用品

Computer software has become quite a marketable **commodity**.
コンピュータ・ソフトは、かなり市場性の高い商品になってきた。

## 0500 □ chiefly
[tʃí:fli] 副 主に、とりわけ

The lecturer **chiefly** talked about the effectiveness of the Internet.
その講演者は主にインターネットの有用性について話した。
□ **chief** 形 主要な、主任の  名 長、責任者

### 0501 ☐ committee
[kəmíti]
名 委員会

The city and the **committee** of citizens have reached an agreement to allow the nuclear power station to be built.
市と市民委員会は原子力発電所の建設を認める合意に達した。

### 0502 ☐ contest
[kəntést/kántest]
動 ～に反論する、異議を唱える
名 競争、論争

I will **contest** the will in court.
私はその遺言書を廻って裁判で争うつもりだ。
☐ **contestant** 名 競技者、異議申立人

### 0503 ☐ costly
[kɔ́:stli]
形 高価な

A lawsuit would be **costly** because lawyers' fees are high.
弁護士への報酬は高いので、訴訟にはお金がかかるでしょう。
☐ **cost** 動 (金額、時間) がかかる 名 費用、値段

### 0504 ☐ absolutely
[ǽbsəlúːtli]
副 全く、完全に、絶対

There is **absolutely** no difference between the two plans.
その2つの計画の間には、なんら相違はなかった。
☐ **absolute** 形 完全な、絶対の

### 0505 ☐ currency
[kə́:rənsi]
名 通貨、貨幣

This new calculator converts any foreign **currency** into US dollars.
この新型の計算機はいかなる外国通貨も米ドルに換算してくれる。

## 0506 ☐ cashier
[kæʃíər]
名 現金出納係、レジ係

A **cashier** is a person who receives or pays out money in places such as an office or a bank.
現金出納係とは、会社や銀行のような場所で金の授受をする人のことだ。

## 0507 ☐ currently
[kə́:rəntli]
副 現在、目下

Mr. Olson is **currently** employed as a computer programmer.
オルソン氏は現在コンピュータ・プログラマーとして雇用されている。
☐ current 形 現在の、最新の

## 0508 ☐ destination
[dèstənéiʃən]
名 目的地、行き先

Mr. Stevens had good plane connections all the way to his **destination** and arrived earlier than scheduled.
スティーブンズ氏は、目的地までずっと飛行便がうまく接続し、予定より早く到着した。

## 0509 ☐ dismiss
[dismís]
動 〜を解雇する、退ける

On whose authority did you **dismiss** Mr. Morris?
誰の権限であなたはモリス氏を解雇したのですか？
☐ dismissal 名 解雇、解散
☐ dismissive 形 退けるような、無視するような

## 0510 ☐ dispute
[dispjú:t]
名 争議、議論

Henry Motors succeeded in settling the **dispute** out of court.
ヘンリー・モータースは、争議を示談にすることに成功した。
☐ disputable 形 議論の余地のある

## 0511 ☐ **domestic** [dəméstik]  形国内の、家庭内の

This terminal is used by both **domestic** and international airlines.
このターミナルは、国内線および国際線で用いられている。

☐ **domestically** 副国内で、家庭で

## 0512 ☐ **fire** [fáiər]  動〜を解雇する、発砲する
名火、火事、砲火

The public relations company **fired** a person in a top position for his role in the project's failure.
そのPR会社は、プロジェクトの失敗を引き起こした役割を担ったとして、上の地位にいる人を解雇した。

## 0513 ☐ **gradually** [grǽdʒuəli]  副次第に、徐々に

We are **gradually** gaining an advantage from being the first company to develop this product.
当社はこの商品を最初に開発した会社ということで、次第に優位に立てるようになってきている。

☐ **gradual** 形徐々の、漸次的な

## 0514 ☐ **friction** [fríkʃən]  名摩擦、軋轢

There still is trade **friction** between Japan and the United States.
日米間にはまだ貿易摩擦がある。

☐ **frictional** 形摩擦の

## 0515 ☐ **function** [fʌ́ŋkʃən]  名役割、機能作用
動機能する、動く

In this firm, one person combines the **functions** of planning and sales.
この会社では、1人の者が計画と販売の職を兼ねている。

☐ **functional** 形機能上の、職務上の

## 0516 ☐ **generous** [dʒénərəs]
形 気前のよい、寛大な、たくさんの

Ms. Grant is a very **generous** woman.
グラントさんは、とても気前のよい女性だ。
☐ **generosity** 名 気前のよさ、寛大さ

## 0517 ☐ **grateful** [gréitfəl]
形 感謝する、ありがたく思う

Mr. O'Brien was **grateful** beyond words.
オブライエン氏は、言葉にできないほど感謝していた。
☐ **gratefully** 副 感謝して、喜んで

## 0518 ☐ **gratitude** [grǽtətjùːd]
名 感謝、謝意

The company showed its employees its **gratitude** by giving them a party.
その会社は従業員にパーティーを催して感謝の意を示した。

## 0519 ☐ **motion** [móuʃən]
名 動議、提案、動作
動 〜に合図する

The main shareholder suddenly brought in a **motion** to dismiss the president.
大株主は突然、社長解雇の動議を出した。
☐ **put 〜 in motion** 熟 〜を始める、実行に移す

## 0520 ☐ **grocery** [gróusəri]
名 スーパーマーケット、食料品雑貨店

Many employees in this firm buy lunch at a corner **grocery**.
この会社の多くの従業員は、角のスーパーで昼食を購入する。

## 0521 ☐ **handy**
[hǽndi]
形 使いやすい、便利な

Household appliance manufacturers such as Sony and IBM are competing to produce the most **handy** notebook computer.
ソニーやIBMのような家電メーカーは、最も使いやすいノート型パソコンの製造を競っている。

## 0522 ☐ **headquarters** 名 本社、本部
[hédkwɔ̀:rtərz]

Nestle's **headquarters** is in Switzerland.
ネッスル社の本社は、スイスにある。

## 0523 ☐ **heritage**
[héritidʒ]
名 遺産、継承物

Many US enterprises are cooperative in the protection of World **Heritage** Sites.
多くのアメリカの大企業は、世界遺産の保護に協力的だ。
☐ **heritable** 形 相続しうる

## 0524 ☐ **signature**
[sígnətʃər]
名 署名、サイン

This form requires your **signature**.
この用紙にはあなたの署名が必要です。

## 0525 ☐ **horizontal**
[hɔ̀:rizántl]
形 水平の、地平線の

Our new cellular phones have four **horizontal** rows of three round buttons each.
当社の新型携帯電話は、丸いボタンが3つずつ横に四列水平に並んでいる。
☐ **horizon** 名 地平線、水平線
☐ **vertical** 反 垂直の

## 0526 indicate
[índikèit] 動 ～を表示する、～を指し示す

The zone circled in red **indicates** where we will work this time.
赤丸をつけた地域は、我々が今回担当するところを表している。

- **indication** 名 指示、兆候

## 0527 absorb
[æbsɔ́:rb] 動 ～を吸収する、受容する

This newly invented cloth **absorbs** water very well.
この新しく開発された布は水を非常によく吸収する。

- **absorption** 名 吸収、合併
- **be absorbed in ～** 熟 ～に没頭している

## 0528 indispensable
[ìndispénsəbl] 形 絶対必要な、必須の

This magazine is **indispensable** for those interested in Italian cooking.
この雑誌は、イタリア料理に関心のある人には必読書です。

## 0529 industrial
[indʌ́strial] 形 産業の、工業の

Detroit is an **industrial** area famous for its automakers.
デトロイトは、自動車メーカーで有名な工業地帯だ。

- **industrious** 形 勤勉な
- **industry** 名 産業、工業、勤勉

## 0530 inevitable
[inévətəbl] 形 避けられない、不可避の

Senor management in the telemarketing company often says that mistakes are **inevitable**.
電話による通販会社の上級管理職は、ミスは避けられないとよく言っている。

- **inevitability** 名 不可避、必然性
- **inevitably** 副 必然的に、必ず

## 0531 ☐ pill
[píl]

名 錠剤、丸薬

Ms. Dionne takes a motion-sickness **pill** before she goes on a business trip.
ディオンヌさんは、出張前に乗り物酔いの薬を飲む。

## 0532 ☐ informative
[infɔ́:rmətiv]

形 役に立つ、有益な

This computer is sold with an **informative** guide for beginners.
このコンピュータは、初心者の参考になる手引き書つきで売られている。

☐ **inform** 動 ～を知らせる、伝える
☐ **information** 名 情報、詳細

## 0533 ☐ ingredient
[ingríːdiənt]

名 材料、成分

The newly opened bakery combines unusual **ingredients** in its baking.
新規開店のベーカリーはパンを焼く際、変わった材料を混ぜ合わせている。

## 0534 ☐ insurance
[inʃúərəns]

名 保険（契約）、保険金

Fire **insurance** does not cover fires caused by earthquakes.
火災保険は、地震による火災は補償しません。

☐ **insure** 動 ～を保険にかける

## 0535 ☐ hostile
[hástl]

形 敵意を持った、相反する

Mr. Duncan cast a **hostile** glance at his neighbor when she expressed a contrary opinion.
ダンカン氏は、自分の隣人が反対意見を述べた時、敵意のある目でにらんだ。

☐ **hostility** 名 敵意、悪意

## 0536 ☐ **synthetic**
[sinθétik]
形 合成の、人工的な、総合の

This new **synthetic** fiber absorbs sweat off the body.
この新しい化繊は体から汗を素早く吸収する。
☐ **synthesis** 名 合成、総合
☐ **synthesize** 動 ～を合成する、総合する

## 0537 ☐ **inventory**
[ínvəntɔ̀:ri]
名 在庫品、品目一覧表

The children's shop is trying to reduce **inventory** by starting a sales campaign.
その子供用品専門店は、販売キャンペーンを始めて在庫を減らそうとしている。

## 0538 ☐ **investment**
[invéstmənt]
名 投資

Careful shareholders spread their **investments** over different industries.
用心深い株主は、異なる産業に分散し投資している。
☐ **invest** 動 投資する〈in〉

## 0539 ☐ **confirm**
[kənfə́:rm]
動 ～を確認する、強める

Please be sure to **confirm** your reservation 24 hours before your flight.
ご利用の飛行便が出発する24時間前に、必ず予約をご確認ください。
☐ **confirmation** 名 確認、裏づけ

## 0540 ☐ **land**
[lǽnd]
動 ～を獲得する、着陸する
名 陸、土地

It is very difficult to **land** a full-time job now.
今は常勤の仕事を見つけるのがかなり難しい。

### 0541 ☑tenant
[ténənt]
名賃借人、テナント、住人

The shop will have to rebuild its building for the new **tenants**.
その店舗は、新規入居者のために改築しなければならないだろう。

### 0542 ☑invoice
[ínvɔis]
名請求明細書、送り状

This e-mail is to confirm receipt of your **invoice**.
この電子メールは、貴社の請求書の受領を確認するものです。

### 0543 ☑insight
[ínsàit]
名洞察(力)、眼識

The management gained an **insight** into the inside of the situation.
経営者は、その状況の裏を見抜いた。
☑insightful 形洞察に富んだ

### 0544 ☑landlord
[lǽndlɔ̀ːrd]
名家主、大家、地主

The tenants asked their **landlord** to repair the air conditioning system.
入居者は、家主にエアコン装置を直してくれるように依頼した。

### 0545 ☑identical
[aidéntikəl]
形同一の、一致している

The new synthetic fiber produced by the Sunshine Industry is not **identical** to this one.
サンシャイン工業によって作られた新しい化学繊維は、この繊維とは同一のものではない。
☑identity 名身元、アイデンティティ

### 0546 laundry
[lɔ́:ndri]

名 洗濯物、クリーニング屋

Many single businessmen collect their **laundry** on their way home from work.
独身のビジネスマンは、仕事からの帰宅途中に洗濯物を受け取る人が多い。

### 0547 leftover
[léftòuvər]

名 残りもの、食べ残し

You can heat up **leftovers** from yesterday's dinner in the microwave oven.
昨日の夕食の残りは電子レンジで温めることができます。

### 0548 leisure
[lí:ʒər]

形 暇のある

Mr. Burton's busy schedule allows him little **leisure** time.
バートン氏は多忙なスケジュールのために、ほとんど余暇の時間がない。

### 0549 luncheon
[lʌ́ntʃən]

名 昼食会、午餐会

The planning team often has a business **luncheon**.
プランニング・チームは、しばしば商談を兼ねた昼食会を開く。

### 0550 manual
[mǽnjuəl]

形 手動の、力仕事の

Automakers produce more automatic than **manual** transmission cars.
自動車メーカーは、マニュアル車よりもオートマチック車を多く製造している。

### 0551 ☐ **neglect** [niglékt]  動 ～を怠る、軽視する、無視する

Many business people **neglect** their home and family on account of work demands.
多くのビジネスマンは、仕事のために家庭と家族をないがしろにしている。
☐ **neglected**　形 ほったらかしの、軽視された

### 0552 ☐ **neutral** [njú:trəl]  形 中立の、どっちつかずの

When there is an argument, Ms. Turner usually tries to be **neutral**.
議論があるとき、ターナーさんは大抵中立を保とうとする。
☐ **neutrality**　名 中立
☐ **neutralize**　動 ～を中立させる

### 0553 ☐ **obligation** [àbləgéiʃən]  名 義務、責務

Please don't feel any **obligation** to attend the reception.
レセプションに無理して出席して頂くには及びません。
☐ **obligatory**　形 義務的な、必須の
☐ **oblige**　動 ～を義務づける

### 0554 ☐ **observe** [əbzə́:rv]  動 ～を遵守する、観察する

You must especially **observe** this clause in the agreement.
あなたは、同意事項のこの項目を遵守しなければならない。
☐ **observance**　名 遵守
☐ **observation**　名 観察

### 0555 ☐ **obtain** [əbtéin]  動 ～を手に入れる、獲得する

Mr. Harris **obtained** everybody's agreement to his town plan.
ハリス氏は、自分の都市計画に関して、みなの合意を得た。
☐ **obtainable**　形 入手可能な

## 0556 otherwise
[ʌ́ðərwàiz] 副 そうでなければ、さもないと

You should type all your documents; **otherwise** your boss will not accept them.
あなたは、すべての書類をタイプすべきです。そうでなければ、部長は受け取ってくれません。

## 0557 outbreak
[áutbrèik] 名 勃発、発生

The security check at airports is more severe than before to help prevent an **outbreak** of terrorism.
空港での安全チェックは、テロの勃発を防ぐために以前より厳しくなっている。

## 0558 outcome
[áutkʌ̀m] 名 結果、成り行き

All you have to do is wait for the **outcome** of the discussion.
あなたは、その議論の成り行きを見守るだけでよい。

## 0559 supplement
[sʌ́pləmənt / sʌ́pləmènt] 名 栄養補助食品、補足、増補 動 〜を補足する

Many food companies are now producing vitamin **supplements**.
多くの食品会社が現在ビタミンのサプリメントを製造しいる。

☑**supplementary** 形 補遺の、追加の

## 0560 pavement
[péivmənt] 名 舗装道路、舗道

The construction company is now laying an asphalt **pavement** on 5th Street.
その建築会社は現在、五番街にアスファルトの舗道を敷いている。

☑**pave** 動 〜を舗装する
☑**pound the pavement** 熟 仕事を探して歩き回る

## 0561 pedestrian
[pədéstriən]
**名** 歩行者

**Pedestrians** Have the Right of Way.
《掲示》歩行者優先。

## 0562 periodical
[pìəriádikəl]
**名** 定期刊行物
**形** 定期的な（= periodic）

The PR department in the firm publishes an in-house **periodical** every other month.
その会社のPR部門は、社内の定期刊行物を1カ月おきに発刊している。

## 0563 patent
[pǽtnt]
**名** 特許、特許権

Shark liver oil supplement was awarded a **patent** in six countries.
サプリメントとしての鮫肝油は6カ国で特許を取った。

**patented** **形** 特許を得た、特許を受けた

## 0564 plumber
[plʌ́mər]
**名** 配管工

Who called the **plumber** to come and fix the drip in the bathroom sink?
誰が配管工にトイレの水漏れを直すように電話しましたか？

**plumbing** **名** 配管工事、配管設備

## 0565 range
[réindʒ]
**名** 範囲、幅、領域
**動** 及ぶ、わたる

Our goal is to produce makeup for every price **range**.
当社の目的は、すべての価格帯に化粧品を製造することです。

## 0566 ☐ **privilege**
[prívəlidʒ]
名 特権、特典、名誉

These **privileges** come with great responsibilities.
その特権には大きな責任がある。
☐ **privileged** 形 特権を持つ、免責特権の

## 0567 ☐ **productive**
[prədʌ́ktiv]
形 生産的な、多産の

The huge fields in California are very **productive**.
カリフォルニアの広大な畑は生産性がとても高い。
☐ **productively** 副 生産的に
☐ **productivity** 名 生産性

## 0568 ☐ **prohibit**
[prouhíbit]
動 ～を禁止する、妨げる

You are **prohibited** by the company rule from smoking in the office.
社の規則により、社内での喫煙は禁止されている。
☐ **prohibition** 名 禁止

## 0569 ☐ **qualified**
[kwάləfàid]
形 資格のある、ふさわしい

Mr. Scott is **qualified** to do this job.
スコット氏は、この仕事をする資格がある。
☐ **qualification** 名 資格、適性
☐ **qualify** 動 ～に資格を与える、資格を得る

## 0570 ☐ **remote**
[rimóut]
形 遠隔の、辺鄙な

Recent air conditioners are sold with accessories, including a **remote** control.
最近のエアコンは、リモコンを含めた付属品とともに売られている。

## 0571 ☐ **reservation** 名 予約、指定、不安
[rèzərvéiʃən]

The secretary has made all the **reservations** for her boss's business trip.
秘書は、彼女の上司の出張の予約を全部すませた。
☐ **reserve** 動 〜を予約する、取っておく、保留する

## 0572 ☐ **residence** 名 住居、住宅
[rézədəns]

On change of **residence**, members should inform the secretary of it.
各会員におかれましては、ご移転の節は当会幹事までお知らせください。
☐ **reside** 動 住む、居住する《in》
☐ **resident** 名 居住者、住民 形 住んでいる

## 0573 ☐ **resource** 名 資源、財源、資質
[ríːsɔːrs]

Successful companies are rich in human **resources**.
成功している企業は人的資源が豊富だ。
☐ **resourceful** 形 資源に恵まれた、工夫のうまい、臨機応変の

## 0574 ☐ **retailer** 名 小売業者
[ríːteilər]

Direct marketing is usually more effective than marketing through **retailers**.
直接売買は、通常小売業者を通す場合よりも効率がよい。
☐ **retail** 動 〜を小売りする 動 小売り

## 0575 ☐ **subscription** 名 定期購読、寄付金
[səbskrípʃən]

Our section takes a trade paper on a **subscription** basis.
我々の部署は予約購読で業界紙を取っている。
☐ **subscribe** 動 定期購読する《to》

## 0576 retire
[ritáiər] 動 退職する、引退する

CEOs can **retire** at a good salary grade.
最高経営責任者たちは高い給与等級で退職することができる。
- **retirement** 名 退職、引退

## 0577 rural
[rúərəl] 形 田舎の、田園の

Mr. Newton likes the **rural** calm better than the rat race of city life.
ニュートン氏は、都市生活の競争社会よりも田舎の穏やかさが好きだ。
- **urban** 反 都会の、都市の

## 0578 rusty
[rÁsti] 形 さびた、衰えた、鈍った

The engine is getting **rustier** and rustier.
エンジンが、どんどん錆びてきている。
- **rust** 動 さびる 名 さび

## 0579 safeguard
[séifgà:rd] 動 ～を守る、保護する
名 保護条項

This cream strongly **safeguards** your skin against sunburn.
このクリームは、日焼けからあなたの肌をしっかりと守ってくれます。

## 0580 satisfaction
[sætisfǽkʃən] 名 満足（感）、充足（感）

Many companies work towards improving customer **satisfaction**.
多くの会社は顧客の満足度を向上させようと努力している。
- **satisfy** 動 ～を満足させる
- **satisfactory** 形 満足のいく、申し分のない

### 0581 commute [kəmjúːt]
**動** 通勤する、通学する

Mr. Miller **commutes** between Philadelphia and Atlantic City by subway.
ミラー氏は、地下鉄でフィラデルフィアとアトランティック・シティーの間を通勤している。

**commuter** 名 通勤者、通学者

### 0582 scheme [skíːm]
**名** 計画、施策、陰謀

The new mayor administered the **scheme** to build a second runway.
新市長は、第二滑走路を建設するという事業計画を執行した。

### 0583 route [rúːt]
**名** 道筋、経路、路線

The paperboy has a **route** of one hundred subscribers.
その新聞配達人の配達担当区域には百名の購読者がいる。

### 0584 secondhand [sékəndhænd]
**形** 中古の、間接の

The antique shop has a wide range of **secondhand** goods for sale.
そのアンティーク店には、幅広い売り物の中古品があります。

**firsthand** 反 直接の

### 0585 serial [síəriəl]
**形** 通しの、連続した
**名** 続き物、連載物

The pharmaceutical company traced the date of the eyedrops using the **serial** number.
その製薬会社は、製造番号を用いてその目薬の製造日を追跡した。

## 0586 recommend
[rèkəménd] 動 ~を推薦する、推奨する

You are strongly **recommended** to seek professional tips.
あなたには専門的な助言を求めるよう強くお勧めします。

recommendation 名推薦（状）、忠告、アドバイス

## 0587 shortage
[ʃɔ́ːrtidʒ] 名不足、欠乏

Many hospitals face a **shortage** of skilled nurses and doctors.
多くの病院が熟練した看護婦や医師不足に直面している。

short 形不足した、足りない《of》

## 0588 ship
[ʃíp] 動 ~を出荷する、輸送する
名船

We can **ship** a replacement to you within a day.
当社は本日中に貴社に代用品をお送りすることができます。

shipment 名出荷、船積み

## 0589 skyscraper
[skáiskrèipər] 名超高層ビル、摩天楼

Our main office is in one of the **skyscrapers** towering over Manhattan.
弊社の本部オフィスは、マンハッタンに高くそびえる超高層ビルのひとつの中にあります。

## 0590 scenic
[síːnik] 形眺めのよい、景色の

The commuter railway takes the **scenic** route.
この路線は眺めのよい場所を通っている。

scenery 名景色、景観

## 0591 souvenir
[súːvəníər]
名 記念品、土産、形見

The hotel gift shop sells **souvenirs** and local food.
ホテルのギフトショップでは、記念品と地元の食べ物を売っている。

## 0592 spectator
[spékteitər]
名 見物人、（スポーツの試合の）観客

The exhibition of new cars was packed with **spectators**.
新車展示会は、見物人でいっぱいだった。
□ **spectate** 動 〜を観覧する、見物する

## 0593 superior
[səpíəriər]
形 優れた、上級の、高品質の

Mr. Denby has a **superior** record of achievement in sales.
デンビー氏は、セールスで優れた実績を持っている。
□ **superiority** 名 優越、優位性
□ **inferior** 反 劣った、下級の、粗悪な

## 0594 review
[rivjúː]
動 〜を再調査する、再吟味する
名 再検討、見直し

The organization's think tank is **reviewing** the economic situation of the area.
その組織のシンクタンクは、その地域の経済状況を再検討している。

## 0595 reward
[riwɔ́ːrd]
名 報酬、報い
動 〜に報酬を与える

Our team expects no **reward**, but will be content with the acceptance of our opinion.
我々のチームは報酬を求めませんが、我々の意見を認めてもらえば満足です。
□ **rewarding** 形 やり甲斐のある

## 0596 ☐ **sole** [sóul]　形 唯一の、単独の

Our **sole** goal is to please our customers.
我が社の唯一の目標は、お客さんを喜ばせることだ。

## 0597 ☐ **standpoint** [stǽndpɔ̀int]　名 見地、観点、見方（= viewpoint）

You might be able to solve the problem by viewing it from another **standpoint**.
あなたは別の観点から見ると、その問題を解決できるかもしれません。

## 0598 ☐ **splendid** [spléndid]　形 素晴らしい、立派な、壮麗な

Our hotel recommends rice pudding as a dessert to this **splendid** dinner.
当ホテルは、この素晴らしい夕食のデザートとしてライスプディングをお勧め致します。

☐ **splendor**　名 豪華さ、素晴らしさ、輝き

## 0599 ☐ **fragile** [frǽdʒəl]　形 壊れやすい、もろい、か弱い

Limiting gas emissions is necessary since the environment is so **fragile**.
環境はとても壊れやすいものなので、排出ガスを規制することは必要だ。

☐ **fragility**　名 もろさ、壊れやすさ

## 0600 ☐ **strategy** [strǽtədʒi]　名 戦略、計画、政策

The new kerosene heater project team is looking for cheaper **strategies** to reduce carbon dioxide emissions.
新しい石油ストーブのプロジェクト・チームは、二酸化炭素の排出を減らすのに、より安価な方法を探している。

☐ **strategic**（= **strategical**）　形 戦略の

## Partテスト

Part 4 のおさらいです。下記の単語の意味を答えましょう。

1. invent （　　　　　　　）
2. auditorium （　　　　　　　）
3. dispute （　　　　　　　）
4. friction （　　　　　　　）
5. absorb （　　　　　　　）
6. inventory （　　　　　　　）
7. obligation （　　　　　　　）
8. plumber （　　　　　　　）
9. rural （　　　　　　　）
10. scenic （　　　　　　　）

*しっかり覚えよう!*

## ジャンル別重要語句④［オフィス］

- ☐ **office supply** [ɔ́:fis səplài] 名 事務用品
- ☐ **supply room** [səplái rù:m] 名 備品室（= storage room）
- ☐ **document** [dákjumənt] 名 書類
- ☐ **clerical work** [klérikəl wə̀:rk] 名 事務仕事（= office work）
- ☐ **paperwork** [péipərwə̀:rk] 名 文書業務
- ☐ **drawer** [drɔ́:r] 名 引き出し
- ☐ **file** [fáil] 名 ファイル、書類とじ 動 ～をファイルする
- ☐ **folder** [fóuldər] 名 フォルダー、書類ばさみ
- ☐ **shredder** [ʃrédər] 名 シュレッダー、書類寸断機
- ☐ **photocopier** [fóutoukàpiər] 名 コピー機（= copier）
- ☐ **memorandum** [mèmərǽndəm] 名 覚え書き、メモ（= memo）
- ☐ **brochure** [brouʃúər] 名 パンフレット（= pamphlet）
- ☐ **invoice** [ínvɔis] 名 請求明細書、送り状
- ☐ **regulation** [règjuléiʃən] 名 規則、規定
- ☐ **business card** [bíznis kà:rd] 名 名刺

［Partテスト解答］1. ～を発明する、考案する　2. 講堂、公会堂　3. 争議、議論　4. 摩擦、軋轢　5. ～を吸収する、受容する　6. 在庫品、品目一覧表　7. 義務、責務　8. 配管工　9. 田舎の、田園の　10. 眺めのよい、景色の

# 必ず覚える！基礎熟語
# 1〜150

**Part 5**

TOEIC最頻出
基礎単語・熟語750語

## 1  □a number of ～  熟たくさんの～、いくつかの～

Introduction of unfamiliar machinery caused **a number of** accidents.
不慣れな機械の導入が、多くの事故を引き起こした。

## 2  □according to ～  熟～によると、～に従って

**According to** one survey, women buy more impulsively than men.
ある調査によると、女性の方が男性より衝動買いをするらしい。

## 3  □at the beginning of ～  熟～の初めに

The team will be coming over to Japan for research purposes **at the beginning of** next month.
そのチームは、来月の初めに調査目的で日本にやって来ることになっている。

## 4  □depend on ～  熟～に依存する、信頼する、～次第である

The magazine **depends on** advertisers for income.
その雑誌は、収入を広告主に依存している。

## 5  □before long  熟間もなく、やがて

**Before long**, Mr. Wade will succeed his father as head of the firm.
間もなくウェイド氏は、会社の社長として父を引き継ぐ。

## Part 5 必ず覚える！基礎熟語1～150

### 6 ☐ at the end of ～
**熟** ～の終わりに、～の端に

Ms. Kari Lane will deliver the speech at the concluding ceremonies **at the end of** the convention.
キャリー・レーンさんが、大会の最後に行なわれる締めの行事でスピーチをします。

### 7 ☐ for ages
**熟** 長い間、長期間

We have not seen each other **for ages**.
お互い長らく会っていませんでしたね。

### 8 ☐ in order to ～
**熟** ～するために

Mr. Woods is visiting universities **in order to** recruit students with superior records.
ウッズ氏は、優秀な成績の学生を募集するために大学訪問を実施している。

### 9 ☐ in time
**熟** 間に合って、時間内に

You should be back **in time** for the meeting.
あなたは、会議に間に合うように戻って来るべきです。

### 10 ☐ look forward to ～
**熟** ～を期待する、楽しみにして待つ

I am **looking forward to** seeing you soon.
すぐにお目にかかれることを楽しみにしております。

## 11 ☐ on business
**熟** 商用で、仕事で

Mr. Bender went to Japan via Hawaii **on business**.
ベンダー氏はハワイ経由で日本に商用で行った。

## 12 ☐ on time
**熟** 時間通りに、定刻に

We got there exactly **on time** for the beginning of the conference.
我々は、会議の始まりにちょうど間に合った。

## 13 ☐ stand for ~
**熟** ~を表す、象徴する、代表する

M & A **stands for** mergers and acquisitions.
M&Aとは、合併買収を表している。

## 14 ☐ work on ~
**熟** ~に取り組む、取り掛かる

Becky and Jenny **worked on** the same project.
ベッキーとジェニーは、同じプロジェクトに取り組んだ。

## 15 ☐ go through ~
**熟** ~を経験する、体験する、通過する

You will be **going through** culture shock in a foreign branch.
あなたは、海外支店でカルチャーショックを経験するだろう。

## 16 ☐ lean against ~
**熟** ～に寄り掛かる、もたれる

Ms. Lynch **leaned against** the wall in the corridor.
リンチさんは、廊下の壁に寄り掛かった。

## 17 ☐ all at once
**熟** 同時に、突然

After the TV commercial, the phones of the company began to ring **all at once**.
テレビコマーシャルの後、その会社のすべての電話が一度に鳴り始めた。

## 18 ☐ head for ~
**熟** ～に向う、～の方に進む

Let's try to remain calm even though our plan is **heading for** trouble.
我々の計画は前途多難だが、冷静にいきましょう。

## 19 ☐ from now on
**熟** 今後は、これからは

**From now on**, we will be on first-name terms with each other.
今後、我々はファーストネームで呼び合うことにします。

## 20 ☐ as for ~
**熟** ～はどうかと言えば、～に関しては

Mr. Stanley is good with computers. **As for** Mr. Fowler, he has more difficulty.
スタンレー氏はコンピュータが得意です。ファウラー氏はどうかと言えば、苦労しています。

### 21 ☐in terms of ～ 熟 ～の見地から、～に関して

The lecturer explained the facts and figures **in terms of** the sales promotion.
その講演者は販売促進の視点から、事実と数字を説明した。

### 22 ☐as scheduled 熟 予定通り（に）

We will continue with the work **as scheduled**.
我々は予定通り仕事を続けるつもりだ。

### 23 ☐at least 熟 少なくとも

There were **at least** two hundred people in the audience.
少なくとも聴衆は200人いた。

### 24 ☐figure out ～ 熟 ～を見積もる、理解する、解決する

The accounting section asked the project chief to **figure out** the expense.
会計部は、プロジェクト主任に経費を見積もるように依頼した。

### 25 ☐a variety of ～ 熟 様々な～

A market economy brings **a variety of** goods to consumers.
市場経済は、様々な品物を消費者にもたらす。

## 26 ☐ be aware of ~ 〜を承知している、〜に気づいている

Most people **are** now **aware of** the harmful effects of smoking.
ほとんどの人が今や喫煙の悪影響を心得ている。

## 27 ☐ be based on ~ 〜に基づいている

The report must **be based on** statistical data.
報告書は、統計上のデータに基づいたものでなければならない。

## 28 ☐ by the end of ~ 〜の終わりまでに

You have to file an income-tax return **by the end of** this month.
あなたは今月末までに納税申告を行なわなければなりません。

## 29 ☐ due to ~ 〜が原因で、〜のせいで

**Due to** the heavy traffic, car commuters in the office were late.
交通渋滞のために、その会社の自動車通勤者は遅刻した。

## 30 ☐ get together 会う、集まる

Members in the same project team should **get together** as often as possible to discuss their work.
同じプロジェクト・チームのメンバーは、仕事上の話をするためにできるだけ多く集まるべきだ。

## 31 ☐ next to ~
**熟** ~の隣に、ほとんど~

The fitness club is located **next to** the Italian restaurant.
そのフィットネスクラブは、イタリア料理のレストランの隣にある。

## 32 ☐ over the years
**熟** 長年にわたって、ここ何年も

The abilities of the staff members have improved steadily **over the years**.
スタッフの能力は、長年にわたって着実に向上してきた。

## 33 ☐ in other words
**熟** 換言すれば、すなわち

The progressive taxation system affects only people on incomes over $200,000 — **in other words**, the very rich.
累進課税制度は、20万ドル以上の収入のある人だけに影響がある。言い換えれば、金持ちだけにである。

## 34 ☐ participate in ~
**熟** ~に参加する、出場する

CCE Foreign Language Institute has decided to **participate in** the nationwide language school conference.
CCE外語学院は、全国語学学校機構に加盟する決心をした。

## 35 ☐ recover from ~
**熟** ~から回復する

The economy has not **recovered from** the recession yet.
経済はまだ景気後退から回復していない。

### 36 ☐ put off ～
**熟** ～を先延ばしにする、延期する

You shouldn't **put off** going to the doctor.
あなたは医者に行くのを先延ばしすべきではない。

### 37 ☐ on the market
**熟** 売りに出されて、市場に出回って

The cable-TV industry is putting its office building **on the market**.
そのケーブルテレビ事業は、自社ビルを売りに出している。

### 38 ☐ instead of ～
**熟** ～の代わりに、～どころでなく

The new network system used fiber-optic cable **instead of** the old copper wire.
新しいネットワークシステムは、旧来の銅線の代わりに光ファイバーケーブルを用いている。

### 39 ☐ break down
**熟** 故障する、壊れる

The old train often **breaks down**.
古い列車には故障が多い。

### 40 ☐ carry out ～
**熟** ～を成し遂げる、遂行する、達成する

It is easy to make a plan but difficult to **carry** it **out**.
計画を立てるのは簡単だが、成し遂げるのが難しい。

### 41 ☐ in particular
**熟** 特に、とりわけ

Allow me to talk about this **in particular**.
特に、このことを申し述べさせて頂きます。

### 42 ☐ stand out
**熟** 目立つ、卓越する

The billboard on our building roof really **stands out**.
当社ビルの屋上の広告板は、とても目立つ。

### 43 ☐ thanks to ~
**熟** ~のお陰で

**Thanks to** her skill, Ms. Murdoch rose to a high position in the organization.
技術のお陰で、マードックさんはその組織で高い地位に上り詰めた。

### 44 ☐ call for ~
**熟** ~を要求する、必要とする

The chairwoman **called for** our attention.
司会者は我々の注意を促した。

### 45 ☐ be involved in ~
**熟** ~に関わっている、携わっている、関与している

Ms. Cheng **is involved in** voluntary education and other community activities.
チェンさんは、教育活動やその他の地域活動に関わっている。

## 46 ☐ insist on ～
**熟** ～を強く主張する、要求する

The founder **insisted on** the hotel maintaining its high standards of service.
創業者は、ホテルが高いサービス水準を維持することを強く主張した。

## 47 ☐ be responsible for ～
**熟** ～に対して責任がある、～に関与している

Which section **is responsible for** planning decisions?
企画決定は、どの部署の責任ですか？

## 48 ☐ be satisfied with ～
**熟** ～に満足している

The president **is** very much **satisfied with** the increase in sales.
社長は、売上げの伸びに大変満足している。

## 49 ☐ count on ～
**熟** ～を当てにする、頼りにする

You should not **count on** others for help.
あなたは人の助けを当てにすべきではない。

## 50 ☐ consist of ～
**熟** ～から成る、～で構成される

The committee **consists of** employees from various departments.
その委員会は、様々な部署からの社員で成り立っている。

## 51 point out ~ 〜を指摘する、指し示す

This software **points out** all the spelling errors with a red wavy line.
このソフトウェアは、すべての綴りミスを赤い波線で指摘してくれる。

## 52 be tired from ~ 〜で疲れている

The manager **was tired from** frequent business trips.
部長は、度重なる出張で疲れていた。

## 53 be tired of ~ 〜うんざりしている、に飽き飽きしている

The secretary **is tired of** keying the information of the customers into a host computer.
秘書は、ホスト・コンピュータに顧客情報を入力するのにうんざりしている。

## 54 look up to ~ 〜を尊敬する、仰ぎ見る

Ms. Sullivan **looks up to** her supervisor as a person of taste and consideration.
サリヴァンさんは、上司を趣味のよい思慮深い人として尊敬している。

## 55 free of charge 無料で

At present many mail order companies send their catalog **free of charge**.
現在多くの通販会社は、カタログを無料で送付してくれる。

## 56 ☐ account for ~
**熟** ~の割合を占める、~の理由を説明する

The value of its land **accounts for** 60% of a house's price.
その地価は家の価格の60パーセントを占めている。

## 57 ☐ nothing but ~
**熟** ただ~のみ、~だけ

His report consisted of **nothing but** outdated statistics.
彼の報告書は、古い統計のみで構成されていた。

## 58 ☐ one after another
**熟** 次々と、後から後から

Orders for the new train engines are reaching us **one after another**.
新しい電車エンジンへの注文が、次々と当社に届いている。

## 59 ☐ pick up ~
**熟** ~を受け取る、持ち上げる、買う、~を車で迎えに行く

For further information, **pick up** a leaflet at your city office.
さらに情報が必要なときは、市役所でパンフレットを受け取ってください。

## 60 ☐ regardless of ~
**熟** ~にかかわらず、~を問わず

Please remember that there is a minimum charge of $3 **regardless of** the items you order.
ご注文の内容にかかわらず、少なくとも3ドルのご負担をいただきますので、お含みおきください。

### 61 ☐ take care of ~
熟 ~を管理する、処理する、~の世話をする

Mr. Frederic's secretary **takes care of** schedule details.
フレデリック氏の秘書は、スケジュールの詳細を管理している。

### 62 ☐ at a cost of ~
熟 ~の費用で、~を掛けて

The new office building is being built **at a cost of** $75 million.
新社屋は、7500万ドルの費用で建設中である。

### 63 ☐ hang up
熟 電話を切る

It is rude to **hang up** on someone.
相手に対して電話を切るのは失礼だ。

### 64 ☐ inform A of B
熟 AにBを知らせる、AにBを報告する

Mr. Schmidt sent an e-mail to **inform** his manager **of** their business success.
シュミット氏は、仕事の成功を上司に知らせるために電子メールを送った。

### 65 ☐ put out ~
熟 ~を消す、製造する、発行する

New employees **put out** a fire at the fire drill using an extinguisher.
新入社員は避難訓練の際、消火器で火を消した。

## 66 ☐ fall behind
**熟** 遅れる、後れを取る

The retailer **fell behind** in its payments.
その小売店は支払いに遅れた。

## 67 ☐ lock up ~
**熟** ~の戸締まりをする、~を固定する

The security guard **locks up** all the doors on each floor by himself.
その警備員は、1人で全フロアーのすべてのドアをロックする。

## 68 ☐ deal in ~
**熟** ~を商う、取り扱う

This shop **deals in** tin toys.
この店はブリキ製のおもちゃを販売している。

## 69 ☐ deal with ~
**熟** ~に対処する、対応する、~を処理する

All the employees in that section have enough academic background to **deal with** the problem.
あの部署のすべての従業員が、その問題に対処する十分な学問的素地を持っている。

## 70 ☐ look into ~
**熟** ~を調査する 詳しく調べる、検討する

The president **looked into** the problems in the shipping department.
社長は、船積み部門の問題点を調査した。

## 71 ☑ take ~ for granted　熟 ~を当然と考える

Personal computers are so common today that we **take** them **for granted**.
パソコンは今日あまりにも普及しているので、我々はそれを当然と思っている。

## 72 ☑ take place　熟 行なわれる、起こる

Some entrance ceremonies for a company **take place** in a ball park with a roof.
入社式の中には、屋根つきの球場で行なわれているものもある。

## 73 ☑ upside down　熟 逆さまに

The image on the display was reversed and turned **upside down**.
ディスプレイ上の画像は反転し、上下逆さまになった。

## 74 ☑ focus on ~　熟 ~に焦点を合わせる、集中する

The autoshow **focuses on** the newest models this year.
そのオートショーは、今年の最新モデルに焦点を当てている。

## 75 ☑ run into ~　熟 ~に偶然出会う、衝突する

Mr. Curtis **ran into** his schoolmate when he visited the office of his trading partner.
カーティス氏は取引先の事務所を訪問したとき、級友にばったり会った。

### 76 ☐ remind A of B
**熟** AにBのことを思い出させる

A memo went around the office **reminding** staff **of** the president's visit.
職員に社長の訪問を思い出させるために、会社内でメモが回覧された。

### 77 ☐ run out of ～
**熟** ～を使い果たす、切らす

The project team is starting to **run out of** ideas.
そのプロジェクト・チームは、考えが枯渇し始めている。

### 78 ☐ come by ～
**熟** ～を手に入れる、入手する

It was difficult to **come by** such a rare material.
そのような珍しい原料を手に入れるのは困難だった。

### 79 ☐ part with ～
**熟** ～を手放す、放棄する、～に別れを告げる

The chairman had to **part with** his office building.
会長は、自社ビルを手放さなければならなかった。

### 80 ☐ rob A of B
**熟** AからBを奪う

The hectic schedule **robbed** the employees **of** their normal leisure time.
そのハードスケジュールは、従業員から普段のゆとりの時間を奪った。

### 81 ☐ show off ~
**熟** ~をひけらかす、見せびらかす、誇示する

At morning assembly, the vice-president **shows off** his eloquence.
朝礼で副社長は、自分の雄弁さをひけらかす。

### 82 ☐ turn in ~
**熟** ~を提出する、差し出す

You will be dismissed if you do not **turn in** a letter of apology by tomorrow.
あなたは、明日までに始末書を出さなければ解雇されるだろう。

### 83 ☐ turn up
**熟** 現れる、到着する、上向く

As soon as he **turned up** in the office, Mr. Jack Robinson went out to do the legwork.
ジャック・ロビンソン氏は、会社に姿を見せたらすぐに外回りの仕事に出かけた。

### 84 ☐ cope with ~
**熟** ~に対処する、立ち向かう

The governor of California is designing a way to **cope with** water shortages.
カリフォルニアの知事は、水不足の対処法を考えている。

### 85 ☐ regard A as B
**熟** AをBと見なす

Ms. Hollingsworth **regards** her boss **as** her superior in business judgment.
ホリングスワースさんは、事業上の判断にかけては上司の方が一枚上だと思っている。

## 86 call off ~ 熟 ~を中止する、取り消す

The auction was suddenly **called off**.
オークションは突然中止となった。

## 87 put away ~ 熟 ~を平らげる、片づける

The new manager, who is a little overweight, really **puts away** his lunch.
少し太めの新部長は、昼食を本当によく食べる。

## 88 long for ~ 熟 ~を待ちこがれる、切望する、懐かしむ

The staff members **long for** Ms. Peren to come back to the headquarters.
スタッフは、ペレンさんが本社に戻ってくるのを待ち望んでいる。

## 89 protect A from B 熟 AをBから守る

The smoking area with ventilators **protects** non-smokers **from** passive smoke.
換気扇のある喫煙場所は、非喫煙者を受動喫煙から守っている。

## 90 work out ~ 熟 ~を考え出す、考案する、解決する、実現する

The Information Management Division **worked out** a policy.
情報管理課は、ひとつの方式を考え出した。

## 91 ☑ be designed for ~
**熟** ~向けに設計されている、~を目的に作られている

This electric bicycle **is designed for** elderly people.
この電気自転車は、高齢者向けにデザインされている。

## 92 ☑ in service
**熟** 使用されて、運転されて

The number you have called is no longer **in service**.
おかけになった電話番号は現在使われておりません。

## 93 ☑ one another
**熟** お互い

The two agents shook hands with **one another**.
2人の外交員は、互いに握手を交わした。

## 94 ☑ apply for ~
**熟** ~に申し込む、志願する

Mr. Edison **applied for** a patent.
エジソン氏は特許を申請した。

## 95 ☑ approve of ~
**熟** ~に賛成する

Do you **approve of** the proposal?
あなたはその提案に賛成ですか?

## 96 ☐ be sure to ~ 熟 必ず〜する

J & B pharmaceuticals will **be sure to** extend its business to Asian countries.
J&B製薬は、必ずアジア各国にビジネスを拡大するだろう。

## 97 ☐ draw up ~ 熟 〜を作成する、練る

The sales team has **drawn up** a new sales promotion plan.
販売チームは、新しい売り上げ推進計画を策定した。

## 98 ☐ in a hurry 熟 急いで、慌てて

I'm sorry that I can't talk now. I'm kind of **in a hurry**.
すみません、今お話しできないんです。ちょっと急いでおりますので。

## 99 ☐ in case of ~ 熟 もし〜の場合、〜に備えて

You can withdraw the money any time **in case of** emergency.
万一の場合には、いつでもそのお金を引き出すことができます。

## 100 ☐ in advance 熟 前もって、予め

You should inform your immediate supervisor of any schedule change **in advance**.
あなたは前もってスケジュールの変更を、直属の上司に告げるべきです。

## 101 prefer A to B
**熟** BよりAを好む

Our president **prefers** coffee **to** black tea.
我々の社長は、紅茶よりもコーヒーが好きだ。

## 102 result in ~
**熟** ~に終わる

Talks between the two marine products companies **resulted in** great success.
海産物会社2社の話し合いは、大成功に終わった。

## 103 throw away ~
**熟** ~を投げ捨てる、浪費する

You should not **throw away** confidential documents but shred them with a shredder.
機密書類は捨てずに、シュレッダーにかけるべきです。

## 104 turn down ~
**熟** ~を断る、却下する、辞退する

Mr. Major was so busy that he had to **turn down** the invitation.
メィジャー氏はあまりにも多忙だったので、その招待を断わらなければならなかった。

## 105 without notice
**熟** 予告なしに、事前通知なしで

We might change the design **without notice**.
当社では、予告なくデザインを変更することがございます。

## Part 5 必ず覚える! 基礎熟語1〜150

### 106 ☐find fault with 〜
熟 〜にけちをつける、〜のあら探しをする

Our boss **finds fault with** everything and everybody.
我々の課長は、何に対しても誰に対しても文句をつける。

### 107 ☐give in
熟 折れる、譲歩する、屈する

The CEOs decided to **give in** to the demands of the union.
最高経営責任者たちは、組合の要求に応じることを決定した。

### 108 ☐live on 〜
熟 〜で生活を立てる

Mr. Watts, a former business consultant, **lives on** the royalties of his writing.
以前ビジネスコンサルタントをしていたワッツ氏は、著書の印税で食べている。

### 109 ☐take charge of 〜
熟 〜を担当する、〜に責任を持つ、〜を預かっている

Ms. Henry **takes charge of** this area.
ヘンリーさんが、この地域を担当しています。

### 110 ☐in charge of 〜
熟 〜を担当して、管理して

The manager **in charge of** this matter is on another line.
本件を担当している課長は、他の電話に出ています。

## 111 ☐ set aside ~
**熟** ~を取っておく、蓄えておく

The steel company **set aside** $200 million for bonus payments.
その製鉄会社は、2億ドルをボーナスの支払いに取っておいた。

## 112 ☐ owe A to B
**熟** BにAの借金がある、AについてはBのお陰である

At that time South Africa **owed** millions of dollars **to** the World Bank.
その当時、南アフリカは世界銀行に何百万ドルも負債があった。

## 113 ☐ in spite of ~
**熟** ~にもかかわらず

Our eighty-year-old chairman is still active **in spite of** her age.
我が社の80歳になる会長は、年齢にかかわらず今もなお活動的だ。

## 114 ☐ prevent A from B
**熟** AがBするのを予防する、AがBするのを邪魔する

The engine needs antifreeze to **prevent** it **from** freezing.
エンジンが凍るのを防ぐためには、不凍液が必要だ。

## 115 ☐ in the long run
**熟** 長い目で見れば、結局は

**In the long run** it might be cheaper to replace the copier than to pay for repairs.
長い目で見れば、修理のために金を払うよりコピー機を買い換える方が安上がりかもしれない。

## 116 ☐ in accordance with ～ 熟 ～に従って、基づいて

The local bank invests its customers' money **in accordance with** the law.
その地元銀行は、法律に則り顧客の金を投資している。

## 117 ☐ contribute to ～ 熟 ～の一因となる、～に貢献する、寄付する

Lower prices on cellular phones have **contributed to** their growing popularity.
携帯電話は、値段が下がったために人気が出た。

## 118 ☐ be used to ～ 熟 ～に慣れている

The staff members **are** not **used to** the new photocopier.
スタッフは、新しいコピー機に慣れていない。

## 119 ☐ be superior to ～ 熟 ～よりも優れている

The new boss **is superior to** the previous one in administrative ability.
新しい上司は、前の上司よりも管理能力が優れている。

## 120 ☐ amount to ～ 熟 ～に達する、結局～ということになる

The number of unemployed will **amount to** 400 thousand this year.
失業者数は、今年40万人に達するだろう。

### 121 ☐ get over ~ 　　熟 ~を克服する、乗り越える

The more difficulties new employees **get over**, the more efficient they will be.
新入社員はより多くの困難を克服すればするほど、ますます熟練していく。

### 122 ☐ in detail 　　熟 詳しく、つぶさに

The chief of R & D described the process **in detail**.
研究開発部門の主任は、その過程を詳細に説明した。

### 123 ☐ take advantage of ~ 　　熟 ~をうまく利用する、活用する

Good entrepreneurs **take advantage of** every opportunity that comes along.
優れた企業家は、どんな機会でも巡ってきたら逃さず利用する。

### 124 ☐ take over ~ 　　熟 ~を引き継ぐ

Mr. Soto is the prime candidate to **take over** the position of the general accounting division chief.
ソトー氏は、経理部長の地位を引き継ぐ第一候補者だ。

### 125 ☐ adjust to ~ 　　熟 ~に慣れる、適応する

It will take you a while to **adjust to** this section.
あなたがこの部署に慣れるまでには、しばらくかかるでしょう。

## 126 ☐ at the rate of ~ 熟 ~の割合で

The bank lends money **at the rate of** four percent.
その銀行は、4%の金利でお金を貸す。

## 127 ☐ for repairs 熟 修理のため

What was the exact amount **for repairs**?
正確な修理費はいくらでしたか？

## 128 ☐ in search of ~ 熟 ~を探し求めて

The research department collected lots of economic data **in search of** clues to the market's next move.
調査部は市場の次の動きを知る手がかりを探して、多くの経済データを収集した。

## 129 ☐ in the black 熟 黒字で、利益があって

The export division is **in the black**.
輸出部門は黒字だ。

## 130 ☐ in appearance 熟 見かけは、外見は

The office block is a very modern building **in appearance**.
その雑居ビルは、見かけはとても現代的な建物だ。

### 131 ☐ result from ~ 熟 ~に起因する、由来する

This new insurance covers fire **resulting from** earthquakes as well.
この新しい保険は、地震による火事も補償する。

### 132 ☐ rule out ~ 熟 ~を除外する、排除する、無視する

The manager's suggestions were **ruled out** by the board of directors.
部長の提案は、取締役員会で除外された。

### 133 ☐ run for ~ 熟 ~に立候補する

The secretary general of the Federation of Private Railway Unions is going to **run for** Parliament.
私鉄総連の書記長は、国会議員に立候補するつもりだ。

### 134 ☐ wear out ~ 熟 ~を疲れさせる、すり減らす

Since the elevator was broken and the office workers had to use the stairs, they were soon **worn out**.
エレベーターが故障したため、会社従業員は階段を使用せばならず、彼らはすぐに疲れ果てた。

### 135 ☐ all but ~ 熟 ほとんど、~の他はすべて

The company is **all but** bankrupt.
その会社はほとんど倒産したも同然だ。

### 136 ☐ get down to ~
**熟** ~に取り掛かる、~を始める

The builder has **gotten down to** the construction of the 100-story building.
その建築業者は、100階建てのビルの建設に取り掛かった。

### 137 ☐ hit on ~
**熟** ~をふと思いつく、~がふと心に浮かぶ

The employees **hit on** the idea of a special party for the retirees.
従業員たちは、退職者のために特別パーティーの考えを思いついた。

### 138 ☐ settle down to ~
**熟** ~に落ち着く、~を始める

It would take some time to **settle down to** a new business.
新しい業務に慣れて落ち着くまで、しばらくかかるだろう。

### 139 ☐ take after ~
**熟** (肉親の誰か) に似ている、そっくりである

Ms. Williamson **takes after** her mother.
ウイリアムソンさんは、母親に似ている。

### 140 ☐ on second thought
**熟** 考え直した結果、やっぱり

**On second thought**, the research team decided to change the area where they were planning to do a telephone survey.
考え直して、調査チームは電話アンケートを行なう地域を変更した。

### 141 ☑in addition to ~ 熟 ~に加えて

**In addition to** your regular salary, you will be paid overtime this month.
いつもの給与に加えて、あなたは今月超過勤務分が支払われます。

### 142 ☑in the event of ~ 熟 ~の場合には

Each floor of the building is equipped with a fire extinguisher **in the event of** fire.
そのビルの各階に、火災に備えて消火器が設置してある。

### 143 ☑put up with ~ 熟 ~に耐える、我慢する

Residents have **put up with** the noise from the airport for many years.
住人は何年もの間、空港からの騒音に耐えてきた。

### 144 ☑refrain from ~ 熟 ~を控える、遠慮する

Please **refrain from** smoking here.
ここでは喫煙をご遠慮ください。

### 145 ☑adapt to ~ 熟 ~に適応する、順応する

You should **adapt to** the demands of the environment within which you find yourself.
あなたは、自分が置かれている環境の要請に適応すべきです。

## 146 ☐ as long as ~

**熟** ～である限りは、～さえすれば

**As long as** you abide by the dress code, you can wear anything you like.
服装規定に従う限り、好きな服を着て構いません。

## 147 ☐ catch up with ~

**熟** ～に追いつく、～と肩を並べる

There is a long way to go before the supply of temporary housing **catches up with** the demand.
仮設住宅の供給が需要に追いつくまでに、長い時間がかかる。

## 148 ☐ consult with ~

**熟** ～に相談する、～と話し合う、協議する

Intel Freight **consulted** privately **with** its lawyer.
インテル貨物は、顧問弁護士に密かに相談した。

## 149 ☐ get in touch with ~

**熟** ～に連絡する、～と連絡を取る

**Get in touch with** us if you have any difficulty in purchasing supplies from your local dealer.
地元の販売店から物品を購入するのが困難な場合には、当社にご連絡ください。

## 150 ☐ get rid of ~

**熟** ～を取り除く、排除する

These automatic packing machines can **get rid of** the need for manual workers.
この自動パッキング機は、手作業をする人の必要性を省いてくれる。

### Partテスト

Part 5 のおさらいです。下記の熟語の意味を答えましょう。

1. as for ~           (                    )
2. call for ~         (                    )
3. account for ~      (                    )
4. hang up            (                    )
5. run into ~         (                    )
6. call off ~         (                    )
7. give in            (                    )
8. in the black       (                    )
9. run for ~          (                    )
10. put up with ~     (                    )

*しっかり覚えよう!*

### ジャンル別重要語句⑤【IT関連】

- **browse** [bráuz] 動 ~をブラウズする、閲覧する
- **access** [ǽkses] 動 ~にアクセスする
- **upgrade** [ʌ́pgreid] 動 ~をアップグレードする
- **download** [dáunlòud] 動 ~をダウンロードする
- **install** [instɔ́ːl] 動 ~をインストールする
- **virtual** [və́ːrtʃuəl] 形 バーチャルの、仮想の
- **online** [ɑ́nlàin] 形 オンラインの　副 オンラインで
- **compatible** [kəmpǽtəbl] 形 互換性のある
- **blog** [blɔ́g] 名 ブログ（weblog の略）
- **attachment** [ətǽtʃmənt] 名 添付ファイル（= attached file）
- **spam** [spǽm] 名 スパム、迷惑メール
- **virus** [váiərəs] 名 ウイルス
- **fiber optics** [fáibər ɑ́ptiks] 名 光ファイバー
- **e-commerce** [íːkɑ́məːrs] 名 電子商取引（e = electronic）
- **digital divide** [dídʒətl diváid] 名 情報格差

---

[Partテスト解答] 1. ~はどうかと言えば　2. ~を要求する、必要とする　3. ~の割合を占める、~の理由を説明する　4. 電話を切る　5. ~に偶然出会う、衝突する　6. ~を中止する　7. 折れる、譲歩する　8. 黒字で　9. ~に立候補する　10. ~に耐える

# 第II部
## TOEIC最頻出 標準単語・熟語 750語

601〜750
751〜300
901〜1050
1051〜1200
151〜300

**CD** 付属のCDに見出し語の発音と例文が収録されています。

| Part 6 | 標準単語 | 601~750 | …… CD2 | Track1~15 | 〔英音〕 |
| Part 7 | 標準単語 | 751~900 | …… CD2 | Track16~30 | 〔米音〕 |
| Part 8 | 標準単語 | 901~1050 | …… CD2 | Track31~45 | 〔英音〕 |
| Part 9 | 標準単語 | 1051~1200 | … CD2 | Track46~60 | 〔米音〕 |
| Part 10 | 標準熟語 | 151~300 | …… CD2 | Track61~75 | 〔英音〕 |

本書の発音記号は、読者の学習しやすさを考慮して代表的な米音のみを表記していますが、CDには、TOEICテストの多様な英語に慣れることに配慮して、米音・英音を採用しています。

# Part 6

TOEIC最頻出
標準単語・熟語750語

## よく出る！標準単語
## 601〜750

601〜750

751〜900

901〜1050

1051〜1200

150〜300

## 0601 struggle
[strʌ́gl]
**動** もがく、戦う
**名** 戦い、苦しみ

Since she became a manager, Ms. Moreno has been **struggling** to gain the respect of her employees.
モレノさんは管理職になって以来、部下の尊敬を集めようと努力している。

## 0602 strengthen
[stréŋkθən]
**動** ~を強化する、補強する

We are looking for measures to **strengthen** our sales team.
当社はセールスチームを強化する方策を模索している。

**strength** **名** 力、強さ、強度

## 0603 substantial
[səbstǽnʃəl]
**形** 相当な、かなりの、本質的な、丈夫な

The broadcasting companies are paying a **substantial** amount in taxes.
放送会社は相当な金額の税金を払っている。

**substantially** **副** 相当に、実質的に

## 0604 subtle
[sʌ́tl]
**形** 微妙な、かすかな、敏感な

The new sport beverage has a **subtle** flavor.
新しいスポーツ飲料は微妙な風味がある。

**subtlety** **名** 微妙、繊細さ

## 0605 subtract
[səbtrǽkt]
**動** ~を控除する、引く

You can **subtract** that amount from the total.
あなたは総額からその額を差し引くことができます。

**subtraction** **名** 控除、引き算
**add** **反** ~を加える

## 0606 ☐ **parallel**
[pǽrəlèl]
形 類似の、平行の
副 並行して　名 類似点、共通点

Some physicists suggest the possibility of **parallel** universes.
物理学者の中には、酷似した宇宙の可能性を示唆している者もいる。

## 0607 ☐ **successor**
[səksésər]
名 後任者、継承者

The committee will select a **successor** for Mr. Price.
委員会がプライス氏の後継者を選ぶだろう。
☐ **succeed**　動 〜の後を継ぐ

## 0608 ☐ **superb**
[supə́:rb]
形 素晴らしい、見事な、豪華な

Mr. Russell has come up with a **superb** idea.
ラッセル氏は、素晴らしい考えを思いついた。
☐ **superbly**　副 素晴らしく、見事に

## 0609 ☐ **surplus**
[sə́:rplʌs]
名 黒字、余剰
形 余分な

Australia has a large **surplus** in its balance of trade with Japan.
オーストラリアは、日本との貿易収支で大幅黒字である。
☐ **deficit**　反 赤字、不足

## 0610 ☐ **temporary**
[témpərèri]
形 一時的な、臨時の

After a **temporary** absence from his office, the president first plays back the messages on the answering machine.
社長は会社を一時留守にした後、まず留守番電話のメッセージを再生する。
☐ **temporarily**　副 一時的に、仮に
☐ **permanent**　反 永久の、一生消えない

## 0611 textile
[tékstail]
形 織物の 名 織物

The **textile** industry is now competing in the world market.
繊維産業は、今世界市場で競争している。

## 0612 transfer
[trænsfə́ːr / trǽnsfər]
動 ～を転勤させる、移す、振り込む
名 移転、振り込み

Mr. Allen is being **transferred** from New York to Washington next month.
アレン氏は、来月ニューヨークからワシントンに転勤する。

## 0613 toxic
[táksik]
形 有毒の、中毒性の

New medicines have to be strictly tested for any **toxic** side effects.
新薬は、有毒な副作用がないか厳格にテストされなければならない。

□ **toxicity** 名 毒性
□ **toxin** 名 毒素

## 0614 transport
[trænspɔ́ːrt / trǽnspɔːrt]
動 ～を輸送する
名 輸送機関、輸送手段

The company **transports** frozen food across the country in freezing containers.
その会社は、冷凍コンテナで国中の冷凍食品を輸送している。

□ **transportation** 名 輸送、輸送機関、輸送手段

## 0615 unpack
[ʌ̀npǽk]
動 （包み、荷物など）を解く、あける

The security guard asked each passenger to **unpack** their luggage.
警備員は、すべての乗客に荷物をあけるように要求した。

□ **pack** 反 ～を包装する、荷造りする

## 0616 ☑upcoming
[ʌ́pkʌ̀miŋ]
形 来るべき、近く起こる

Each member of the planning committee has to make the final plan during the **upcoming** week.
立案委員会の各メンバーは、今度の週の間に最終案を作らなければならない。

## 0617 ☑update
[ʌ̀pdéit / ʌ́pdèit]
動 〜を最新のものにする、改訂する
名 最新情報

The computer leasing company **updates** our computer software year by year.
そのコンピュータ・リース会社は、当社のコンピュータ・ソフトを毎年最新版にしている。

## 0618 ☑valid
[vǽlid]
形 有効な、公式の、妥当な

The ticket is **valid** for the day of issue only.
チケットは発売当日限り有効だ。

☑validate　動 〜を有効にする
☑validity　名 正当性、妥当性

## 0619 ☑via
[váiə]
前 〜経由で、〜を通って、〜によって

Mr. Osaki came to New York **via** Los Angeles.
大崎氏は、ロサンゼルス経由でニューヨークにやって来た。

## 0620 ☑vicious
[víʃəs]
形 悪しき、卑劣な、凶暴な、不完全の

The steel industry has got caught in the **vicious** circle of taking out more loans to cover its repayments.
その鉄鋼業は借金返済にあてるために、さらにローンを借りるという悪循環に陥った。

### 0621 ☐ **voucher**
[váutʃər]
名 クーポン券、サービス券、引換券

The shop awards a cash **voucher** to customers who buy goods valued over 500 dollars.
その店は500ドル以上の商品を買えば、金券を顧客にくれる。

### 0622 ☐ **warehouse**
[wéərhàus]
名 倉庫

The **warehouses** along this street hold goods for export.
この通りの倉庫には、輸出品が保管されている。

### 0623 ☐ **wholesaler**
[hóulsèilər]
名 卸売業者

Many discount shop owners get a cut in price from a **wholesaler**.
多くのディスカウントショップの店主は、卸売業者に値引きさせている。
☐ **wholesale** 形 卸売りの 名 卸売り
☐ **retailer** 反 小売業者

### 0624 ☐ **widespread**
[wáidspréd]
形 広範囲にわたる、普及している

There is a **widespread** belief that computers are not user-friendly.
コンピュータは使用者に優しくないという、広く行きわたった考えがある。

### 0625 ☐ **worthwhile**
[wə́:rθhwáil]
形 やり甲斐のある、価値のある

Programs like this one get new recruits involved in **worthwhile** activities.
このようなプログラムは、新入社員にやり甲斐のある活動に関わりを持たせる。

Part 6 よく出る！標準単語601〜750

## 0626 abundant
[əbʌ́ndənt]
形 豊富な、ありあまる《in》

Southeast Asian countries are **abundant** in natural resources.
東南アジアの国々は、天然資源が豊富にある。
- abundance 名 豊富、多量
- abundantly 副 十分に、豊富に

## 0627 objective
[əbdʒéktiv]
名 目的、目標　形 客観的な

Mr. Carlson has achieved all the **objectives** he had in mind.
カールソン氏は、頭にあったすべての目的を達成した。
- objectively 副 客観的に

## 0628 acquire
[əkwáiər]
動 〜を習得する、獲得する

Mr. Ellis **acquired** a working knowledge of the field through on-the-job training.
エリス氏は実地訓練を通して、その分野で実際に使える知識を習得した。
- acquired 形 身につけた、後天的な
- acquisition 名 買収、獲得

## 0629 aggressive
[əgrésiv]
形 積極的な、攻撃的な

Gibson Group wants to hire **aggressive** sales managers.
ギブソン・グループは、積極的なセールスマネージャーの採用を望んでいる。
- aggression 名 攻撃性、侵略

## 0630 alternately
[ɔ́:ltərnətli]
副 交互に、1つおきに

Mr. Perry's new boss is so often happy and depressed **alternately** that he is difficult to understand.
ペリー氏の新しい上司は、交互に嬉しくなったり気持ちが沈んだりすることがよくあるので、理解するのが難しい。

**0631** **ambiguous** [æmbígjuəs] 形 曖昧な、不確かな

In the business world, you had better avoid an **ambiguous** answer and attitude.
ビジネス界では、曖昧な返事や態度は避けたほうがよい。
☐ **ambiguity** 名 曖昧さ、多義性

**0632** **analyze** [ǽnəlàiz] 動 〜を分析する

A lot of evidence has to be **analyzed** in order to tell a donation from a bribe.
寄付と収賄を区別するために、多くの証拠が分析されなければならない。
☐ **analysis**（複 -ses） 名 分析、分解
☐ **analytical**（= analytic） 形 分析の、分析的な

**0633** **anniversary** [æ̀nəvə́:rsəri] 名 記念日、記念祭

Our organization has reached its twentieth **anniversary**.
我々の組織は、創設20周年を迎えた。

**0634** **accomplish** [əkámpliʃ] 動 〜を成し遂げる、達成する

It took many years of work to **accomplish** his objective.
彼の目的を達成するためには、何年もの作業を要した。
☐ **accomplished** 形 完成した、熟練している
☐ **accomplishment** 名 達成、業績

**0635** **alternative** [ɔ:ltə́:rnətiv] 形 代わりの、補助的な
名 代替案、選択肢

Good businessmen usually have many **alternative** plans to be on the safe side.
有能なビジネスマンは、念のため多くの代替案を大抵持っている。

## Part 6 よく出る！標準単語601〜750

### 0636 assure
[əʃúər]
動 〜を保証する、確保する

We **assure** you that you will not lose any money.
当社は貴社にお金の損失がないことを保証致します。
- **assurance** 名 保証、確信
- **assured** 形 保証された、自信のある

### 0637 astonish
[əstániʃ]
動 〜をひどく驚かす、びっくり仰天させる

Ms. Edwards often **astonishes** us with her strange ideas.
エドワーズさんは、しばしば突拍子もないアイディアで私たちを驚かせる。
- **astonishment** 名 大きな驚き

### 0638 bankrupt
[bǽŋkrʌpt]
形 倒産した、破綻した

Our local bank has recently gone **bankrupt**.
我々の地元銀行は最近倒産してしまった。
- **bankruptcy** 名 破産、倒産

### 0639 banquet
[bǽŋkwit]
名 大宴会、晩餐会、祝宴

The project team gave their leader a farewell **banquet**.
プロジェクト・チームのメンバーは、リーダーのために送別会を催した。

### 0640 bid
[bíd]
名 入札、提案、試み、申し込み
動 入札する

**Bids** for construction of the new steel tower were invited from local firms.
新しい鉄塔の建設は、地元の会社から入札を募った。
- **bidder** 名 入札者

## 0641 calculate
[kǽlkjulèit]
動 ～を計算する、算出する、予想する

This computer **calculates** automatically and exactly how much money was spent.
このコンピュータは、いくらお金が使われたのか自動的にまた正確に計算してくれる。
- **calculation** 名計算（法）、算定、予測
- **calculator** 名計算機、電卓

## 0642 cancel
[kǽnsəl]
動 ～を取り消す、中止する

Mr. Mason's visit to our firm was **canceled** at the last minute.
メーソン氏の我が社への訪問は、土壇場でキャンセルされた。
- **cancellation** 名取り消し、キャンセル

## 0643 compensation
[kàmpənséiʃən]
名賠償金、埋め合わせ

People living in that area are going to take an action for **compensation** for damages.
あの地域に住む人たちは損害賠償を求める訴訟を起こそうとしている。
- **compensate for ～** 熟～を補償する、埋め合わせる

## 0644 competent
[kámpətənt]
形有能な、適任の

Ms. Paton quickly proved to be a **competent** accountant.
パトンさんは、すぐに有能な会計士とわかった。
- **competence** 名能力
- **incompetent** 反無能な

## 0645 complimentary
[kàmləméntəri]
形無料の、賞賛の

You will receive a **complimentary** hotel dinner with your packaged tour.
あなたは、パックツアーでは無料のホテルディナーが受けられます。
- **compliment** 動賛辞を言う 名賛辞

## 0646 component [kəmpóunənt]
名 部品、パーツ

An important **component** of Ms. Woronoff's computer failed to work.
ウォロノフさんのコンピュータの重要な部品が動かなくなった。

## 0647 consecutive [kənsékjutiv]
形 連続した

The computer training will be held on three **consecutive** Tuesdays.
コンピュータ研修は、3週続けて火曜日に行なわれる。

☐ **consecutively** 副 連続して

## 0648 consent [kənsént]
動 同意する、応じる〈to〉
名 同意、承諾

It is improbable that the vice president will **consent** to the proposal.
副社長が、その提案に同意することはありそうにない。

## 0649 consequently [kánsəkwèntli]
前 その結果、従って

Ms. Johnston's planning team was well prepared. **Consequently**, their presentation went smoothly.
ジョンストンズさんの立案チームは十分な準備をしていた。その結果、彼女たちのプレゼンテーションはスムーズに流れた。

## 0650 conventional [kənvénʃənl]
形 従来型の、型にはまった

Our main building was constructed along **conventional** lines.
我が社のメインビルは、従来のやり方に沿って建設された。

☐ **conventionally** 副 慣習的に、月並みに

### 0651 decline
[dikláin]
動 ～を丁寧に断る、減少する、衰退する
名 低下、衰退

Although he is an able businessman, Mr. Simpson **declined** the higher post.
シンプソン氏は有能なビジネスマンだが、上のポストへの着任を断った。
☐ **on the decline**（= in decline） 熟 減少して、衰えて

### 0652 decorative
[dékərətiv]
形 装飾（用）の、装飾的な

Every bathroom in the new hotel is equipped with **decorative** mirrors.
新しいホテルのすべてのトイレに、装飾を施した鏡が備えつけてある。
☐ **decorate** 動 ～を装飾する
☐ **decoration** 名 装飾、飾り

### 0653 defective
[diféktiv]
形 欠陥のある、不完全な

The automaker has been selling **defective** trucks for many years.
その自動車メーカーは、欠陥のあるトラックを長年売り続けてきた。
☐ **defect** 名 欠陥、欠点

### 0654 deficit
[défəsit]
名 赤字、不足（額）

There is a budget **deficit** of 300 dollars.
予算上300ドルの赤字がある。

### 0655 deliberately
[dilíbərətli]
副 わざと、故意に

Ms. Smith **deliberately** kept her voice low.
スミスさんは、わざと声を低くして話した。
☐ **deliberate** 形 故意の、慎重な 動 熟考する、審議する
☐ **deliberation** 名 熟考、審議、慎重

## 0656 deserve
[dizə́:rv]
動 ~に値する、価値がある

You **deserve** a bonus for the work you have done.
あなたの成し遂げたことは、ボーナスを受けるに値する。

## 0657 designate
[dézignèit]
動 ~を指名する、任命する

Mr. Jordan was **designated** as the new president of the automaker.
ジョーダン氏は、自動車会社の新社長に指名された。
☐ **designation** 名 指名、任命

## 0658 desperately
[déspərətli]
副 必死になって、やけになって

Ms. Nelson worked **desperately** trying to meet the deadline.
ネルソンさんは、締め切りに間に合わせるために必死に働いた。
☐ **desperate** 形 必死の、欲しくてたまらない

## 0659 dissolve
[dizálv]
動 ~を溶かす、解散する

The research team succeeded in **dissolving** titanium in water.
その研究チームは、チタンを水に溶かすことに成功した。
☐ **dissolution** 名 溶解、解散

## 0660 charge
[tʃá:rdʒ]
動 ~を請求する、課する
名 料金、責任

How much do you **charge** for a single room?
シングルルームはいくらですか？
☐ **free of charge** 熟 無料で

## 0661 distinguished [distíŋgwiʃt]
形 有名な、著名な、高名な

Kentucky Fried Chicken is a food company **distinguished** for its public service.
ケンタッキー・フライドチキン社は、社会への貢献によって有名な食品会社だ。
**distinguish** 動 ～を区別する、識別する

## 0662 enormous [inɔ́:rməs]
形 非常に大きい、巨大な

Mr. Parker told me that he had an **enormous** admiration for your skills.
パーカー氏は、あなたの技術に非常に大きな賞賛の気持ちを抱いていると私に話した。
**enormity** 名 巨大さ、深刻さ

## 0663 enthusiastic [inθù:ziǽstik]
形 熱狂的な、熱心な

There was an **enthusiastic** round of applause for Ms. Powell's presentation.
パウエル氏のプレゼンテーションに熱烈な拍手が起こった。
**enthusiasm** 名 熱狂、熱中、熱意

## 0664 entrepreneur [à:ntrəprəné:r]
名 起業家

Mr. Phillips is an **entrepreneur** in the field of advanced technology.
フィリップス氏は、先進科学技術分野の起業家です。

## 0665 entrust [intrʌ́st]
動 ～を託す、任せる

Mr. Williams **entrusted** the matter to his workers.
ウィリアムズ氏は、その件を社員に任せた。

## 0666 expand
[ikspǽnd]
動 〜を拡大する、発展する

The cosmetic company is **expanding** its business into different fields.
その化粧品会社は、違った分野に業務を拡大している。
- **expansion** 名拡大、発展
- **expansive** 形発展する、広範囲の

## 0667 expenditure
[ikspénditʃər]
名経費、支出額、消費高

Every firm has to put a cap on **expenditures**.
すべての会社は、経費の上限を決めておくべきだ。
- **expend** 動〜を費やす
- **revenue** 反歳入、収益

## 0668 expire
[ikspáiər]
動満期になる、満了する

The agreement **expires** at the end of March.
その協約は、3月末で切れる。
- **expiration**（= expiry）名満期、終結

## 0669 extensive
[iksténsiv]
形広範囲の、広い

Mr. Hamilton operates an **extensive** business overseas.
ハミルトン氏は、海外で手広く商売をしている。
- **extensively** 副広範囲にわたって

## 0670 extinguish
[ikstíŋgwiʃ]
動〜を消す、絶やす

Many companies actually **extinguish** a fire with a fire extinguisher at their fire drill.
多くの会社では火災避難訓練の際、実際に消火器で火を消している。
- **extinguisher** 名消化器

## 0671 ☐ **fatal** [féitl]
形 致命的な、命にかかわる

The recent fall in the yen will be a **fatal** blow to the bank.
最近の円安は、その銀行にとって致命的な打撃となるだろう。
☐ **fatality** 名 死亡者（数）、致死性
☐ **fatally** 副 致命的に

## 0672 ☐ **faucet** [fɔ́:sit]
名 蛇口、注ぎ口

We will help you attach the water purifier to the **faucet** free of charge.
当社は、浄水器の蛇口への取り付けを無料にてお手伝い致します。

## 0673 ☐ **feasible** [fí:zəbl]
形 実行可能な、見込みのある

Is it **feasible** for you to do the work by next week?
来週までにこの仕事をおできになりますか？
☐ **feasibility** 名 実行可能性

## 0674 ☐ **feature** [fí:tʃər]
動 ～を大きく取り上げる、売り物にする
名 特徴、特集記事

Seven Eleven Group was **featured** in a special program on CNN.
セブン-イレブン・グループは、CNNの特別番組で大きく取り上げられた。

## 0675 ☐ **refund** [rifʌ́nd]
名 払い戻し（金）
動 ～を払い戻す

We will give you a **refund** if there is something wrong with the product.
商品に何か異常があれば、金を返金します。

## 0676 ☐ **fierce**
[fíərs]
形 激しい、荒々しい

Much **fierce** competition is going on among Internet enterprises.
インターネット企業の間で、多くの熾烈な競争が起こっている。
☐ **fiercely** 副 激しく、猛烈に

## 0677 ☐ **exaggerate**
[igzǽdʒərèit]
動 ～を誇張する、大げさに言う

The electronics company's claims for its product were highly **exaggerated**.
その電気会社の製品についての主張は、大変誇張されたものだった。
☐ **exaggeration** 名 誇張

## 0678 ☐ **excel**
[iksél]
動 優れている、秀でている

Mr. Baxter **excels** in using a computer.
バクスター氏は、コンピュータを使うことで優れている。
☐ **excellence** 名 優秀、卓越
☐ **excellent** 形 優秀な、卓越した

## 0679 ☐ **excessive**
[iksésiv]
形 過度の、法外の

Our boss wastes **excessive** attention on minor details.
我々の部長は、取るに足らない細部に対して過度に注意を浪費している。
☐ **exceed** 動 ～を越える
☐ **excess** 名 過剰、超過

## 0680 ☐ **fixed**
[fíkst]
形 固定の、変動しない

The common carrier will carry small parcels for a **fixed** charge.
その一般運送業者は、定額料金で小荷物を運んでくれます。
☐ **fix** 動 ～を固定する
☐ **fixation** 名 固定、固執

### 0681 genetic
[dʒənétik]
形 遺伝子の、遺伝学的な

**Genetic** engineering has enabled some plants to survive even in winter.
遺伝子工学のおかげで、植物の中には冬でも乗り切ることができるようになったものもある。
- genetically　副 遺伝子（学）的に
- genetics　名 遺伝学

### 0682 genuine
[dʒénjuin]
形 本物の、正真正銘の

This series of shoes has the appearance of **genuine** leather.
この靴のシリーズは、見たところ本物の革と変わりがない。

### 0683 guarantee
[gæ̀rəntíː]
動 ～を保障する、確約する
名 保証、保証書

We will **guarantee** this product for twelve months.
当社は、本製品を12カ月間保証致します。

### 0684 hail
[héil]
動 ～を呼び止める、合図する

When the president needs a taxi, one of his secretaries **hails** it for him.
社長がタクシーが必要なときは、秘書の1人が呼び止めます。

### 0685 faulty
[fɔ́ːlti]
形 欠点のある、不完全な

Wal-Mart Group refunds your money on **faulty** products.
ウォルマート・グループは、買った物が欠陥品であれば返金致します。
- fault　名 欠陥、故障、責任

## Part 6 よく出る！標準単語601〜750

**0686** ☐ **flexible**
[fléksəbl]
形 柔軟な、曲げやすい

The corporate culture of IBM is **flexible** about work schedules.
IBMの企業文化は、仕事のスケジュールに柔軟である。
☐ **flexibility** 名 柔軟性、融通性

**0687** ☐ **forbid**
[fərbíd]
動 〜を禁じる、差し止める

Regulations in the company **forbid** us from smoking on the premises.
会社内での規則で、私たちは構内での喫煙が禁止されている。
☐ **forbidden** 形 禁じられた、禁断の
☐ **forbidding** 形 厳しい、近寄り難い

**0688** ☐ **exclaim**
[ikskléim]
動 突然大声で叫ぶ、声を大にして言う

Every union member in the automakers industry **exclaimed** in disbelief on hearing about the pay cuts.
自動車産業の全組合員が賃金カットについて聞いて信じられないと叫んだ。
☐ **exclamation** 名 叫ぶこと、叫び声

**0689** ☐ **exclusively**
[iksklú:sivli]
副 もっぱら、独占的に

The company **exclusively** produces this type of product.
その会社は、この種の製品だけを製造している。
☐ **exclude** 動 〜を排除する、締め出す
☐ **exclusive** 形 独占的な、排他的な

**0690** ☐ **executive**
[igzékjutiv]
名 役員、幹部、重役

Mr. Carter is a broadcasting network **executive**.
カーター氏は、テレビ放送網の役員だ。
☐ **execute** 動 〜を実行する、遂行する
☐ **execution** 名 実行、達成

## 0691 memorize
[méməràiz]  動 ～を暗記する、記憶する

Please **memorize** the information in the training manual by Monday.
月曜までに訓練用マニュアルの情報を暗記しておいてください。
**memorization** 名暗記、記憶

## 0692 merchandise
[mə́:rtʃəndàiz]  名商品、製品 / 動～を売り出す

Every shop tries to clear old **merchandise** at the end of a season.
すべての店は、季節の終わりに商品を売り払おうとする。
**merchandising** 名販売促進、商品化計画

## 0693 merge
[mə́:rdʒ]  動合併する、結合する

The local bank plans to **merge** with another bank in the same district.
その地方銀行は同じ地域内のもうひとつの銀行と合併を計画している。
**merger** 名合併、合同

## 0694 motive
[móutiv]  名動機、理由、誘因

What **motives** lay behind his suggestion?
彼の提案の背後にはどんな動機があったのですか？

## 0695 multinational
[mʌltinǽʃənl]  形多国籍の、多国籍からなる

One small factory in Detroit has developed into a large **multinational** company.
デトロイトの小さな工場は、発展して巨大な多国籍企業になった。

## 0696 annual
[ǽnjuəl]
形 1年間の、例年の

The Department of the Treasury makes an **annual** budget.
財務省が、年間の予算案を作成する。
□ **annually** 副 毎年、年1回

## 0697 omit
[oumít]
動 〜を除外する、省く

Ms. Stewart carelessly **omitted** one item from the list.
スチュワートさんは、不注意にもリストから一項目抜かしてしまった。
□ **omission** 名 省略、欠落

## 0698 opt
[ápt]
動 選択する、決める《for》

More than half of the workers here **opted** for job security rather than pay increases.
ここの半分以上の社員は、昇級よりもむしろ仕事の保証を選んだ。
□ **option** 名 選択、選択肢
□ **optional** 形 自由選択の

## 0699 census
[sénsəs]
名 (複 -es) 人口調査、国勢調査

The research institute is taking a **census** of the population in Fayetteville, Arkansas.
そのリサーチ機関はアーカンソー州のフェーエットビルの人口調査を行なっている。

## 0700 outstanding
[àutstǽndiŋ]
形 未払いの、目立った

The steel company has an **outstanding** debt of ten thousand dollars.
その鉄鋼会社は、1万ドルの未払負債を抱えている。

## 0701 ☐ estimate
[éstəmèit / éstəmət]
動 ～を見積もる、評価する
名 見積もり、概算

The population of this city was **estimated** at 300,000 before the census.
人口調査以前は、この市の人口は30万人だと見積もられていた。

☐ estimation 名 見積もり、評価

## 0702 ☐ outlook
[áutlùk]
名 見通し、見方

Rising oil prices have worsened the **outlook** for the economy.
原油価格の上昇は、経済の見通しを悪化させた。

## 0703 ☐ output
[áutpùt]
名 生産高、出力

Porsche plans to increase its car **output** this month.
ポルシェは今月、自動車の生産高を増やす予定だ。

## 0704 ☐ optimistic
[àptəmístik]
形 楽観的な、楽天主義の

The following estimate seems to be too **optimistic**.
以下の見積もりは楽観的すぎるようだ。

☐ optimism 名 楽観主義、楽天主義
☐ pessimistic 反 悲観的な、厭世的な

## 0705 ☐ portfolio
[pɔːrtfóuliòu]
名 ポートフォリオ、有価証券一覧表、大きい薄型のケース

A **portfolio** is a collection of stocks owned by a particular person or company.
ポートフォリオとは、特定の人や会社によって所有された株の集まりのことである。

## 0706 portion
[pɔ́:rʃən]

名 一部、部分

A **portion** of the profits were used in the reform of the organization.
利潤の一部が組織改革に用いられた。

## 0707 positive
[pázətiv]

形 肯定的な、積極的な、プラスの

Good business people can take everything happening around them in a **positive** way.
有能なビジネスマンは周りで起こる出来事を肯定的にとらえることができる。

☐ **positively** 副 肯定的に、積極的に
☐ **negative** 反 否定的な、消極的な、マイナスの

## 0708 advocate
[ǽdvəkèit/ǽdvəkət]

動 〜を主張する、提唱する
名 提唱者

The Republican party **advocated** a tax reform.
共和党は、税制改革を主張した。

☐ **advocacy** 名 主張、支持

## 0709 possess
[pəzés]

動 〜を所有する

Taiwan **possesses** a great advantage in the production of CPU chips.
台湾はCPUチップ生産に大きな利点を持っている。

☐ **possession** 名 所有、所有物
☐ **possessive** 形 所有の、独占欲の強い

## 0710 postpone
[poustpóun]

動 〜を延期する

We see no advantage in **postponing** our decision.
我々には決定を先延ばしにする利点が見出せない。

☐ **postponement** 名 延期

## 0711 ☐ **provided** [prəváidid]

接 〜という条件で、もし〜ならば

You don't have to pay the annual fee **provided** that you use the credit card three times a year.
年に3回クレジットカードを使えば、年会費を払う必要はありません。

☐ **provide** 動 〜を提供する、供給する
☐ **provision** 名 供給、用意

## 0712 ☐ **realtor** [rí:əltər]

名 不動産業者（= real estate agent）

Most of the real estate agencies in the US belong to the National Association of **Realtors**.
アメリカのほとんどの不動産業者は、全米不動産業者協会に属している。

## 0713 ☐ **reasonable** [rí:zənəbl]

形 手頃な、道理に適った

The transportation company offers faster service at a more **reasonable** price.
その運送業者は、より手頃な値段でより敏速なサービスを提供している。

☐ **reason** 名 理由、理性、道理

## 0714 ☐ **recession** [riséʃən]

名 景気後退、不景気

High oil prices often produce a **recession**.
石油の高値は景気後退を生み出すことが多い。

☐ **recede** 動 後退する、弱まる
☐ **recessionary** 形 景気後退の

## 0715 ☐ **revise** [riváiz]

動 〜を改正する、改訂する

The agreement reached ten years ago needs **revising**.
10年前に合意に達したその協定は、改正を要する。

☐ **revision** 名 修正、改正

## Part 6 よく出る！標準単語601〜750

### 0716 revive
[riváiv]
動 〜を復活させる、蘇らせる

Lower interest rates would help to **revive** the economy.
低金利は経済を復興させるだろう。
- revival　名 復活、蘇生

### 0717 ridiculous
[ridíkjuləs]
形 滑稽な、ばかげた

Mr. Medina's many mistakes do not make him appear **ridiculous**.
メディナ氏は多くの間違えをしても滑稽には見えない。
- ridicule　動 〜をあざける　名 あざけり
- ridiculously　副 ばかばかしいほど、この上なく

### 0718 rigid
[rídʒid]
形 厳格な、厳しい

The older companies become, the more **rigid** arrangements they are bound by.
会社は古ければ古いほど、厳格な取り決めにより縛られている。
- rigidly　副 堅く、厳格に

### 0719 sanitary
[sǽnətèri]
形 （公衆）衛生の、衛生的な

The pizza delivery service improved **sanitary** conditions in its kitchen.
そのピザ宅配サービスは、調理場の衛生状態を向上させた。
- sanitation　名 （公衆）衛生
- unsanitary (= insanitary)　形 非衛生的な、不潔な

### 0720 sarcastic
[sɑːrkǽstik]
形 嫌みな、皮肉な、当てこすりの

Ms. Rose made a **sarcastic** comment on the presentation.
ローズさんは、そのプレゼンテーションに嫌みなコメントをした。
- sarcasm　名 皮肉、いやみ

## 0721 scan [skǽn]
動 ～にさっと目を通す、～を走査する

Mr. Beck **scanned** the want ads.
ベック氏は、求人欄にさっと目を通した。
- scanner 名 スキャナー、走査機

## 0722 scarce [skέərs]
形 乏しい、不足している

Things become expensive when they are **scarce**.
品物は不足すると高値がつく。
- scarcity 名 不足、欠乏

## 0723 sculpture [skʌ́lptʃər]
名 彫刻（作品）

The wall of the president's room is decorated with first-class paintings and **sculptures**.
社長室の壁は、第一級の絵と彫刻で飾られている。
- sculptor 名 彫刻家
- sculptural 形 彫刻の

## 0724 seemingly [síːmiŋli]
副 見たところでは、表面上は、おそらく

The satellite TV service provides a **seemingly** endless choice of TV channels.
衛星テレビのサービスは、見たところでは無数のチャンネルを選べるようだ。
- seeming 形 見せかけの、うわべだけの

## 0725 sensible [sénsəbl]
形 分別がある、賢明である

We help clients make financially **sensible** choices.
当社は、クライアントが財政的に分別のある選択をできるように手助けをしています。
- sensibly 副 賢明にも

## 0726 sequence
[síːkwəns]
名 順序、配列、連続

The names on this list are arranged in alphabetic **sequence**.
このリストの名前は、アルファベット順に並んでいる。
☐ **sequential** 形 順次的な、連続して起こる

## 0727 shortcoming
[ʃɔ́ːrtkʌ̀miŋ]
名 欠点、短所、不足

If you want to keep up a good relationship with Mr. Andrews, you have to accept his **shortcomings**.
もしあなたがアンドリューズ氏との良い関係を保ちたいのであれば、彼の短所を受け入れなければなりません。

## 0728 shred
[ʃréd]
動 〜をシュレッダーにかける、細かく切る

You must **shred** official documents for security purposes.
あなたは安全保護のために、公文書を断裁しなければならない。
☐ **shredder** 名 シュレッダー、書類寸断機

## 0729 intensive
[inténsiv]
形 集中的な、徹底的な、集約的な

Each firm offers all their trainees an **intensive** preparation course after graduation.
それぞれの会社は、卒業後すべての研修生に集中的な準備教育を施す。
☐ **intensify** 動 〜を増強する
☐ **intensively** 副 集中的に、厳しく

## 0730 prospective
[prəspéktiv]
形 将来の、予期された、見込みのある

Mr. Gray spent a lot of time and money dining **prospective** clients.
グレイ氏は、将来顧客になりそうな人との食事に多くの時間と金をかけた。
☐ **prospect** 名 見込み、期待

## 0731 ☐ **sloppy** [slápi]
形 杜撰な、だらしない

**Sloppy** management was discussed at a general meeting of stockholders.
杜撰な経営が、株主総会で議論された。

## 0732 ☐ **sober** [sóubər]
形 思慮深い、真面目な、酔っていない
動 ～を真面目にさせる、落ち着く

Ms. Thomas is a person of **sober** judgment.
トーマスさんは、理にかなった判断のできる人だ。
☐ **soberness** 名 冷静さ、しらふ

## 0733 ☐ **sophisticated** [səfístəkèitid]
形 精巧な、最新式の、洗練された

**Sophisticated** software now requires more and more memory.
高度化したソフトウェアは、現在ますますメモリーを必要としている。
☐ **sophistication** 名 精巧さ、洗練

## 0734 ☐ **significant** [signífikənt]
形 大きな、重要な、意味のある

After the summer intensive business course, your skills will improve to a **significant** degree.
夏期集中のビジネス講座の後、あなたの技能はかなり向上するでしょう。
☐ **significance** 名 重要性、意義

## 0735 ☐ **spacious** [spéiʃəs]
形 広々した

The shipbuilder mainly builds liners with **spacious** cabins.
その造船所は、広々としたキャビンのある客船を主に造っている。
☐ **space** 名 空間、場所

## 0736 ☐ **specific**
[spisífik]

形 具体的な、特定の、明確な

In the brainstorming, you had better get away from general cases and give **specific** examples to support your ideas.
ブレインストーミングでは、一般的な例から離れてあなたの考えをサポートするような具体的な例を挙げる方がよい。

☐ **specifically** 副 明確に、特に  ☐ **specify** 動 ～を明細に記す

## 0737 ☐ **spiral**
[spáiərəl]

名 悪循環、螺旋
形 螺旋状の

The continuing rise in wages and prices causes an inflationary **spiral**.
賃金と価格の継続的上昇が、悪性インフレを引き起こす。

## 0738 ☐ **stable**
[stéibl]

形 安定した、固定した
名 馬小屋

During these last ten years, San Francisco has maintained **stable** employment levels.
ここ10年間、サンフランシスコは雇用率が安定している。

☐ **stability** 名 安定、固定
☐ **stabilize** 動 ～を安定させる、固定する

## 0739 ☐ **stale**
[stéil]

形 新鮮でない、不快な、陳腐な

This Vegemite has gone **stale**.
このベジマイト（食パンなどに塗る野菜エキスのペースト）は古くなった。

## 0740 ☐ **appoint**
[əpóint]

動 ～を任命する、指名する

One of the vice presidents is supposed to **appoint** the members of the board.
副社長の1人が、理事会のメンバーを任命することになっている。

☐ **appointment** 名 予約、任命

## 0741 striking
[stráikiŋ]
形 目立つ、印象的な、すばらしい

The design change of the notebook computer was not **striking** enough for buyers to pay attention.
そのノートパソコンのデザイン変更は、顧客が注意を払うほど目立つものではなかった。

☐ **strikingly** 副 著しく、目立って

## 0742 appreciate
[əpríːʃièit]
動 ～を正しく評価する、鑑賞する、～に感謝する

Kinleith Oil Company **appreciated** Mr. Taylor's ability and hired him.
キンリース石油会社は、テイラー氏の能力を正しく評価し雇用した。

☐ **appreciation** 名 正しい評価、感謝、鑑賞
☐ **appreciative** 形 識別できる、感謝している

## 0743 stunning
[stʌ́niŋ]
形 驚くべき、素晴らしい

Mr. Jacobs and his team reported **stunning** sales growth.
ジェイコブズ氏と彼のチームは驚くべき売上げの伸びを報告した。

☐ **stun** 動 ～をびっくりさせる、気絶させる

## 0744 inaugurate
[inɔ́ːgjurèit]
動 ～を正式に開始する、就任させる

The Southeastern Pennsylvania Transportation Authority will **inaugurate** a new trolley line this April.
東南部ペンシルベニア交通局は、今年の4月より新しい路面電車を開始する。

☐ **inaugural** 形 就任の、落成の
☐ **inauguration** 名 就任（式）、開業

## 0745 suspend
[səspénd]
動 ～を停止する、保留にする

The seafood restaurant must **suspend** its business for three days because of food poisoning.
そのシーフードレストランは、食中毒のため3日間営業を停止しなければならない。

☐ **suspension** 名 停止、中止

## 0746 sustain
[səstéin]
動 ～を支える、維持する

More public works construction would help the country **sustain** job growth.
もっと公共事業があればその国の仕事の数を増やす助けとなるだろう。
- **sustainable** 形 支えうる、維持できる
- **sustenance** 名 維持、支持

## 0747 sway
[swéi]
動 ～を動かす、揺れる

Fashion is always **swayed** by magazine advertisements.
流行は常に雑誌広告によって左右される。

## 0748 terminate
[tə́:rmənèit]
動 ～を終わらせる、終結する

The management consultant advised the president to **terminate** the negotiation.
経営コンサルタントは、社長にその交渉を打ち切るように助言した。
- **termination** 名 終了、終結

## 0749 toll
[tóul]
名 使用料、通行料、犠牲（者）、損害

The **toll** for the airport will go up next month.
空港の使用料が来月から上がる予定だ。

## 0750 stumble
[stʌ́mbl]
動 つかえる、つまずく

The new president **stumbled** through the recitation of his inaugural address.
新社長は、つかえながら就任演説を暗誦した。

## Partテスト

Part 6 のおさらいです。下記の単語の意味を答えましょう。

1. successor （　　　　　　　）
2. valid （　　　　　　　）
3. alternately （　　　　　　　）
4. compensation （　　　　　　　）
5. deficit （　　　　　　　）
6. faucet （　　　　　　　）
7. hail （　　　　　　　）
8. merge （　　　　　　　）
9. possess （　　　　　　　）
10. stale （　　　　　　　）

## ジャンル別重要語句⑥[政治経済]

- **politician** [pàlətíʃən] 名 政治家
- **prime minister** [pràim mínəstər] 名 首相、総理大臣
- **ambassador** [æmbǽsədər] 名 大使
- **diplomat** [dípləmæt] 名 外交官
- **governor** [gʌ́vərnər] 名 知事
- **mayor** [méiər] 名 市長
- **election campaign** [ilékʃən kæmpéin] 名 選挙運動
- **bill** [bíl] 名 法案、議案
- **revenue** [révənjù:] 名 歳入、収入
- **recession** [riséʃən] 名 景気後退、不景気
- **inflation rate** [infléiʃən réit] 名 インフレ率
- **official discount rate** [əfíʃəl dískaunt rèit] 名 公定歩合
- **trade friction** [tréid fríkʃən] 名 貿易摩擦
- **trade surplus** [tréid sə̀:rplʌs] 名 貿易黒字
- **trade deficit** [tréid dèfəsit] 名 貿易赤字

[Partテスト解答] 1. 後任者、継承者　2. 有効な、公式の、妥当な　3. 交互に、1つおきに　4. 賠償金、埋め合わせ　5. 赤字、不足（額）　6. 蛇口、注ぎ口　7. 〜を呼び止める、合図する　8. 合併する、結合する　9. 〜を所有する　10. 新鮮でない、不快な、陳腐な

**TOEIC最頻出
標準単語・熟語750語**

Part **7**

## よく出る！標準単語
## 751〜900

601〜750

751〜900

901〜1050

1051〜1200

150〜300

## 0751 ☐ tow
[tóu]
動 ～を牽引する、引っ張る
名 引っ張ること

The police **towed** away every car in the towaway zone.
警察は、駐車違反撤去区域からすべての車をレッカー移動した。

## 0752 ☐ steep
[stíːp]
形 急激な、法外な、険しい

The trade imbalance is causing a **steep** appreciation of the yen.
貿易の不均衡が急激な円高をもたらしている。

## 0753 ☐ thoroughly
[θə́ːrouli]
副 徹底的に、完全に、全く

The secretaries briefed the president **thoroughly** before the meeting.
秘書たちは会合前、社長に徹底的にブリーフィングを行なった。
☐ thorough　形 徹底的な、完全な

## 0754 ☐ withdraw
[wiðdrɔ́ː]
動 ～を回収する、引き出す、退却する

The chemical company was ordered to **withdraw** its drug from the market.
その製薬会社は、市場からその薬を回収するように命じられた。
☐ withdrawal　名 中止、撤退、引き出し、回収

## 0755 ☐ workforce
[wə́ːrkfɔ̀ːrs]
名 労働人口、労働力

The union opposed the notion that the **workforce** should be reduced.
組合は、人員整理が必要だという考えに抵抗した。

## 0756 honorable
[ánərəbl]
形 尊敬すべき、立派な、名誉の

Large companies are expected to do something **honorable** for society.
大企業は、社会に何か尊敬に値することを行なうことを期待されている。

**honor** 動 光栄に思う、〜を尊敬する 名 敬意、名誉

## 0757 minute
[mainjú:t/minət]
形 些細な、詳細な録
名 《-s》議事

Our new boss sticks to **minute** details.
我々の新しい課長は、些細な詳細にこだわる。

## 0758 amazing
[əméiziŋ]
形 驚くほどの、素晴らしい

The data of Mr. Rice's study were **amazing** to his colleagues.
ライス氏の研究データは、彼の同僚には驚きです。

- **amaze** 動 〜を驚かせる、仰天させる
- **amazement** 名 驚嘆、仰天

## 0759 anticipate
[æntísəpèit]
動 〜を予想する、期待する

A management consultant **anticipates** ups and downs in stock market activity.
経営コンサルタントは、株式相場の上昇や下降を予測している。

- **anticipated** 形 期待された、待ち望んでいた
- **anticipation** 名 期待、予想

## 0760 approximately
[əpráksəmətli]
副 およそ、約、ほぼ

The airplane will be landing in **approximately** 20 minutes.
当機は、約20分で着陸態勢に入ります。

- **approximate** 形 おおよその 動 〜に似ている

### 0761 architect [ɑ́:rkətèkt]
名 建築家、設計者

The **architect** built the domed baseball stadium without using any pillars.
その建築家は、柱を全く用いずにドーム型球場を建設した。
- **architectural** 形 建築(学)の、建築上の
- **architecture** 名 建築(学)、建築様式、構造

### 0762 arrogant [ǽrəgənt]
形 傲慢な、横柄な

Some people fresh out of college are likely to be **arrogant**.
大学を出たばかりの人の中には、横柄になりがちな人がいる。
- **arrogance** 名 傲慢さ、尊大さ

### 0763 artificial [à:rtəfíʃəl]
形 人工の、合成の、人為的な

Many housewives try not to buy food with **artificial** coloring in it.
多くの主婦が、人工着色料を含む食品を買わないようにしている。
- **artificially** 副 人工的に、不自然に

### 0764 authentic [ɔ:θéntik]
形 本物の、真正の

Politicians tend to throw in some **authentic** details to make their stories seem true.
政治家は自分の話を本当らしく思わせるために、細かい確かなことをいくつか混ぜる傾向がある。
- **authenticate** 動 ～を証明する、認証する
- **authenticity** 名 信憑性、確実性、真実味

### 0765 authorize [ɔ́:θəràiz]
動 ～に権限を与える、～を正式に認可する

Though she is young, Ms. Green is **authorized** to go ahead with the plan.
グリーンさんは若いが、その計画を推し進める権限を与えられている。
- **authorization** 名 許可、承認

## 0766 barely
[béərli]
副 辛うじて（〜する）、ほとんど〜ない

The food supplies in Alaska are **barely** enough for the winter.
アラスカの食料供給は、冬に備えて辛うじて足りるだけである。
□ **bare** 形 ぎりぎりの、剥き出しの

## 0767 bargain
[báːrgən]
動 〜取り引きする、交渉する
名 取り引き、交渉、特売品

Basco Foods decided to **bargain** with the food company in North Carolina.
バスコ食料は、ノース・カロライナの食料品会社と取り引きすることを決めた。

## 0768 brief
[bríːf]
動 〜に概要を説明する
形 短時間の、簡潔な　名 指示、職務

Our chief **briefs** us fully before the meeting.
我々の主任は、会議の前に十分にブリーフィングを行なう。
□ **briefly** 副 簡潔に、一時的に
□ **in brief** 熟 要するに、手短に

## 0769 bewildered
[biwíldərd]
形 当惑した、困惑した

Mr. Hicks was listening to the news with a **bewildered** look on his face.
ヒックス氏は、当惑した表情を浮かべてその知らせを聞いていた。
□ **bewilderment** 名 当惑、混乱

## 0770 bilateral
[bailǽtərəl]
形 二者間の、双方の

A **bilateral** discussion at the foreign-minister level was held at Quebec City in Canada.
外相レベルの二国間協議がカナダのケベック市で開催された。
□ **multilateral** 参 多国間の、多面的な
□ **unilateral** 参 一方的な

## 0771 blunt
[blʌ́nt]
形 ぶっきらぼうな、無愛想な、鈍い

The female staff members decided to be **blunt** with their boss about his sexist words.
女性従業員は、上司の性差別的な言葉について彼に遠慮なく言ってやろうと決意した。

**bluntness** 名 無愛想さ、鈍さ

## 0772 boundary
[báundəri]
名 境界（線）、限界

Good business people keep a strict **boundary** between the public and private areas of their lives.
有能なビジネスマンは、公的生活と私的生活の領域の境界線をはっきりさせている。

## 0773 demonstrate
[démənstrèit]
動 ～を実演する、証明する

The IT expert **demonstrated** his company's new software.
情報技術の専門家は、自社の新しいソフトウェアのデモを行なった。

**demonstration** 名 実演、実証、デモ

## 0774 stationery
[stéiʃənèri]
名 文房具、事務用品

Mr. Shaw's desk is always cluttered with a lot of books and **stationery**.
ショー氏の机はいつも多くの本や文房具で散らかっている。

## 0775 beforehand
[bifɔ́:rhænd]
副 前もって、予め

The president was given a briefing **beforehand**.
社長は、前もって簡単な状況説明を受けた。

## 0776 statistical
[stətístikəl]
形 統計の、統計学上の

Ms. Murphy entered **statistical** data into the computer.
マーフィーさんは統計データをコンピュータに入力した。
□ statistics  名 統計（学）

## 0777 breakthrough
[bréikθrù:]
名 躍進、突破、打開

The invention of blue LED produced a **breakthrough** in illumination.
青色発光ダイオードの発明は、照明に大きな進展をもたらした。

## 0778 brochure
[brouʃúər]
名 小冊子、パンフレット

Many local governments now offer a free **brochure** about local events.
多くの地方自治体が、地元のイベントに関する無料冊子を現在配布している。

## 0779 carton
[ká:rtn]
名 カートン、大箱、運送用のボール紙箱

Ms. Dunn smokes one **carton** of cigarettes a week.
ダンさんは、週に1カートンのタバコを吸う。

## 0780 cease
[sí:s]
動 ～を止める、終わる

The in-house newsletter was suddenly ordered to **cease** publication by the manager.
突然、部長から社内報の発行を差し止めるように命じられた。

## 0781 circulation [sə̀:rkjuléiʃən]
名 発行部数、流通、循環

*The New Yorker* enjoys a wide **circulation** since its cartoons are famously humorous.
『ニューヨーカー』は掲載されている漫画が大変面白いので、発行部数が多い。
☐ **circular** 形 循環性の、円形の
☐ **circulate** 動 広まる、循環する

## 0782 commence [kəméns]
動 ～を開始する、始める

Ms. Franklin will **commence** her work as an editor this coming spring.
フランクリンさんは、編集者としての仕事を今年の春から始める。
☐ **commencement** 名 開始、卒業式

## 0783 commitment [kəmítmənt]
名 献身、約束、契約

The labor union demonstrates their **commitment** to the party by giving it a large amount of money.
労働組合は、多額の金をその政党に献金することで献身を示す。
☐ **commit** 動 ～を委ねる、～に関わる、～を犯す

## 0784 competitive [kəmpétətiv]
形 競合できる

This product will sell at a very **competitive** price even in European markets.
この商品は、ヨーロッパの市場でさえも十分競合できる価格で売れるであろう。
☐ **compete** 動 ～と争う
☐ **competition** 名 競争

## 0785 complement [kámpləmènt]
動 ～を完全にする、補足する

On the job experience **complements** business school training.
実務経験で、ビジネススクールでの訓練の完成だ。
☐ **complementary** 形 補足的な

## 0786 compromise
[kámprəmàiz]
動 妥協する
名 妥協

The mining industry **compromised** with the union.
鉱業は、組合と妥協した。
□ **compromising** 形 名誉を傷つけるような

## 0787 concise
[kənsáis]
形 簡潔な、簡明な

Mr. Hart wants **concise** and accurate information.
ハート氏は、簡潔で正確な情報を欲しがっている。
□ **conciseness** 名 簡潔さ

## 0788 confine
[kənfáin]
動 〜を限定する、制限する

The sale of this drug is **confined** to licensed pharmacies.
この薬の販売は、認可された薬剤師に限定されている。
□ **confinement** 名 制限、監禁

## 0789 considerate
[kənsídərət]
形 思いやりのある、優しい

Our firm needs people who are **considerate** of others.
我が社には、他人に思いやりのある人材が必要だ。
□ **consider** 動 〜を考慮する、熟考する
□ **consideration** 名 思いやり、熟慮

## 0790 constitute
[kánstətjù:t]
動 〜を構成する

This evidence will **constitute** a clear proof of Keynes' economic theory.
この証拠はケインズの経済理論の明らかな証拠となるであろう。
□ **constituent** 形 構成している 名 選挙区民
□ **constitution** 名 構成、体質、憲法

## 0791 ☐ **previous** [príːviəs] 形 先の、前の

The secretary said that the president could not see visitors because he had a **previous** appointment.
秘書は、社長は先約があるので訪問者と会えないと言った。
☐ **following** 反 次の、後に続く

## 0792 ☐ **contradict** [kàntrədíkt] 動 〜と矛盾する、〜を否定する

What Mr. Hudson is doing now **contradicts** what he usually does.
ハドソン氏が今行なっていることは、普段彼がしていることと矛盾している。
☐ **contradiction** 名 矛盾、否定
☐ **contradictory** 形 矛盾している、反対の

## 0793 ☐ **counterpart** [káuntərpàːrt] 名 対応する人・者、相対物

Ms. Oliver called her **counterpart** in another company.
オリヴァーさんは、他の会社で働く同職位の人に電話した。

## 0794 ☐ **coverage** [kʌ́vəridʒ] 名 報道、補償範囲

The Nixon scandal received front-page **coverage** in the Washington Post.
ニクソンのスキャンダルは、ワシントンポスト紙の第一面に載った。
☐ **cover** 動 〜を報道する、覆う

## 0795 ☐ **criterion** [kraitíəriən] 名 基準、尺度（複数形は criteria または criterions）

Greenleaf Shipping established new **criteria** for hiring part-time workers.
グリーンリーフ運送は、パート従業員の新しい採用基準を定めた。

## 0796 crucial
[krúːʃəl]
形 極めて重大な、決定的な

Good manners are **crucial** for success in business.
良いマナーは、事業成功のためにきわめて重要だ。

## 0797 cultivate
[kʌ́ltəvèit]
動 ～を養う、耕す

It's important to **cultivate** a relaxed manner in public speaking.
人前で話す際には、リラックスした雰囲気を作り出すことが大切だ。
□ **cultivation** 名 耕作、育成

## 0798 customize
[kʌ́stəmàiz]
動 ～をカスタマイズする、注文通りに作る

You can **customize** the personal tool bar and then open your favorite web pages quickly.
パーソナル・ツールバーの設定を変えて、お気に入りのウエブサイトを素早く開くことができます。
□ **customization** 名 カスタマイゼーション、特注生産

## 0799 correspond
[kɔ̀ːrəspɑ́nd]
動 通信する、一致する

Ms. Porter continued to **correspond** with her previous boss through e-mail.
ポーターさんは、以前の上司と電子メールのやりとりを継続した。
□ **correspondence** 名 通信、一致
□ **correspondent** 名 通信員、特派員

## 0800 dedicate
[dédikèit]
動 ～を捧げる、専念する

The retired chairman of Sebastian Securities **dedicated** the rest of his life to helping the poor.
セバスチャン警備会社を退職した会長は、残りの人生を貧しい人々の救済に捧げた。
□ **dedicated** 形 献身的な、熱心な
□ **dedication** 名 献身、専心

## 0801 deficiency
[difíʃənsi]
名 不足、欠如、欠乏

Mr. Richards commented on a **deficiency** in the report's conclusion.
リチャーズ氏は、報告書の結論の不足点についてコメントした。

**deficient** 形 不足した、不十分な

## 0802 definitely
[défənitli]
副 明確に、確かに

The plan has not yet been **definitely** decided.
その計画は未だはっきりとは決まっていない。

**definite** 形 明確な、はっきりとした

## 0803 delegate
[déligət]
名 代表者、代理人

F-Mobile sent three **delegates** to the conference in Chicago.
Fモービルは、シカゴでの会議に3人の代表者を派遣した。

**delegation** 名 代表団、派遣団

## 0804 deputy
[dépjuti]
形 副の、代理の　名 代理人

Mr. Knight is the **deputy** mayor of New York City.
ナイト氏は、ニューヨーク市の助役です。

**by deputy** 熟 代理で

## 0805 detach
[ditǽtʃ]
動 ～を切り離す、分離する

At Atlanta Station, workers **detached** a locomotive from the train.
アトランタ駅で、作業員達は列車から機関車を切り離した。

**detachment** 名 分離、孤立
**attach** 反 ～を取り付ける、添付する

## 0806 despise
[dispáiz]
動 ～を軽蔑する、ひどく嫌う

Many of Mr. Palmer's co-workers began to **despise** him after his promotion.
パーマー氏の同僚の多くは彼の昇進後、彼を軽蔑し始めた。

## 0807 detour
[díːtuər]
名 迂回、遠回り

The taxi made a short **detour** to avoid the busy traffic.
タクシーは、交通の混雑を避けてちょっとした回り道をした。

## 0808 devastate
[dévəstèit]
動 ～を荒らす、破壊する

The whole area was **devastated** by the earthquake.
その地域全体が地震で破壊された。
☐ **devastation** 名 破壊、廃墟

## 0809 discharge
[distʃáːrdʒ]
動 ～を解雇する、解放する、免除する

The furniture company suddenly **discharged** many of its employees.
その家具会社は、従業員の多くを突然解雇した。

## 0810 disclose
[disklóuz]
動 ～を明らかにする、発表する、暴く

Mr. Hoffman **disclosed** his intentions to his boss at their second meeting.
ホフマン氏は、2回目の会議で上司に自分の気持ちを打ち明けた。
☐ **disclosure** 名 暴露、開示

## 0811 directory
[diréktəri] 名人名簿、住所録、〜帳

Mr. Foster's address doesn't appear in the telephone **directory**.
フォスター氏の住所は電話帳に載っていない。
- direct 動〜を指示する 名直接の
- direction 名指示、方向

## 0812 distribution
[distrəbjúːʃən] 名流通、分配、配給

Mr. West is the agent of the company for **distribution** in Oceania.
ウエスト氏は、オセアニア地方での流通を行なう会社の代理人だ。
- distribute 動〜を分配する、配給する

## 0813 diverse
[divə́ːrs] 形多様な、種々の

Cosmos Pharmacy sells a **diverse** range of goods.
コスモス薬局は、多様な範囲の商品を売っている。
- diversify 動〜を多様化する
- diversity 名多様性、種々

## 0814 diminish
[dimíniʃ] 動減少する

We will have to pay more taxes because the birthrate is **diminishing**.
出生率が低下しているので、我々はさらに税を納めなければならないだろう。
- diminishment 名縮小、衰退

## 0815 downturn
[dáuntə̀ːrn] 名（景気の）下向き、沈滞

It's high time we thought about this **downturn** seriously.
まさに我々は、この不景気を真剣に考えなくてはならない時期だ。
- upturn 反上昇、好転

## 0816 drought
[dráut]
名 干ばつ、日照り

During the severe **drought**, citizens were asked not to wash their cars in order to save water.
ひどい干ばつの間、市民は節水するために洗車をしないよう求められた。

## 0817 due
[djú:]
形 (〜する) 予定で、払われるべき、相応の

You are **due** for promotion this spring.
あなたはこの春に昇進の見込みです。

## 0818 duplicate
[djú:plikéit]
動 〜の複製を作る、〜を複写する

We can **duplicate** keys in five minutes.
当店では5分で合鍵ができます。
☐ duplication 名 複製、複写

## 0819 dwindle
[dwíndl]
動 だんだん減少する、弱まる

Our profits have **dwindled** for the past year.
この1年間、我が社の収益は減少してきている。

## 0820 efficient
[ifíʃənt]
形 効率のよい、能率的な

Engineers are working to design a more **efficient** solar car.
技師たちは、さらに効率的なソーラー・カーを設計しようと取り組んでいる。
☐ efficiency 名 効率、能率
☐ inefficient 反 非効率的な、能率の悪い

**0821** ☐ **abrupt**
[əbrʌ́pt]
形 突然の、不意の

The economy of South American countries is taking an **abrupt** downward turn.
南アメリカの国々の経済は、急に下降気味になってきている。
☐ **abruptly** 副 突然に、急に

**0822** ☐ **inflation**
[infléiʃən]
名 インフレーション、(物価の)高騰、膨張

Higher wages have caused **inflation**.
賃上げはインフレを招いた。
☐ **inflate** 動 ～を膨らませる、インフレになる
☐ **deflation** 反 デフレーション、通貨収縮

**0823** ☐ **eliminate**
[ilímənèit]
動 ～を削除する、排除する

This software can **eliminate** all spelling mistakes by correcting them.
このソフトウェアは、訂正しスペルミスをなくすことができる。
☐ **elimination** 名 除去、排除

**0824** ☐ **embarrass**
[imbǽrəs]
動 ～に恥ずかしい思いをさせる

My boss advised me to try not to **embarrass** myself at tomorrow's meeting.
私の上司は、明日の会合で自分の恥をさらさないよう助言してくれた。
☐ **embarrassment** 名 恥ずかしさ、困惑

**0825** ☐ **emergency**
[imə́ːrdʒənsi]
名 緊急(事態)、危機状態

Push this button in an **emergency**.
緊急の際には、このボタンを押してください。
☐ **emergent** 形 緊急の

## 0826 endeavor
[indévər]
動 一生懸命努力する、熱心に試みる

We will **endeavor** to listen to customers' opinions.
私どもは、お客様のご意見に耳を傾けるよう努力致します。

## 0827 elaborate
[ilǽbərət]
形 込み入った、念入りな

Mr. Austin often comes up with **elaborate** plans.
オースティン氏は、凝った計画を思いつくことが多い。
☐ **elaboration** 名 精巧、推敲

## 0828 elevate
[éləvèit]
動 ～を高くする、昇進させる

Production costs were **elevated** because of inflation.
生産コストがインフレのために高くなった。
☐ **elevation** 名 上昇、昇進、高度

## 0829 equivalent
[ikwívələnt]
形 同等の、等しい
名 同等のもの、相当するもの

Mr. Chomsky's rank in this firm is roughly **equivalent** to Mr. Jespersen's.
社内でのチョムスキー氏の地位は、おおよそエスペルセン氏の地位と同じだ。

## 0830 ethical
[éθikəl]
形 倫理の、道徳上の

Field Motor Co., Ltd. works towards high **ethical** standards in the conduct of its business.
フィールド技研工業社では、ビジネス活動における高い倫理基準に向けて努力している。
☐ **ethic** 名 道徳、規範
☐ **ethics** 名 倫理学

## 0831 improper [imprápər]
形 ふさわしくない、不道徳な、不正な

Mr. Thatcher's opinion was **improper** for the seriousness of the occasion.
サッチャー氏の意見は、その場の真剣さを考えるとふさわしくなかった。
- improperly 副 不適切に、誤って
- proper 反 適切な、ふさわしい

## 0832 eventually [ivéntʃuəli]
副 遂には、結局

Profits will **eventually** get better.
収益は、結局は改善の方向へ向かうだろう。
- eventual 形 最終的な

## 0833 expertise [èkspərtí:z]
名 専門知識、専門的技術

Mr. Elliott sells his **expertise** as a management consultant.
エリオット氏は、経営コンサルタントとしての専門知識を売り物にしている。
- expert 名 専門家、熟練者

## 0834 exploit [iksplɔ́it]
動 ～を（不当に）利用する、～を開発する

Ms. Dixson **exploited** her family contacts with the company.
ディクソンさんは、その会社との親類縁者のコネを利用した。
- exploitation 名 開発、搾取

## 0835 extract [ikstrǽkt]
動 ～を抜き出す、抽出する

This machine can **extract** good copper from scrap metal.
このロボットは、スクラップ金属から良質な銅を抜き取ることができる。
- extraction 名 抽出、抜粋、エキス

## 0836 facility
[fəsíləti]
名《-ties》設備、施設

The University of Pennsylvania has expanded its research **facilities**.
ペンシルベニア大学は、研究施設を拡大した。
☐ **facilitate** 動～を促進する、容易にする

## 0837 endure
[indjúər]
動～に耐える、持ちこたえる

Some senior managers say that they need alcohol in order to help **endure** day-to-day stress.
上級管理職の中には、日々のストレスに耐える助けとしてアルコールが必要だと言う人がいる。
☐ **endurance** 名忍耐、我慢

## 0838 fragment
[frǽgmənt]
名破片、断片

Because of the soundproof wall, we cannot overhear even **fragments** of others' conversations.
防音壁になっているため、我々は他人の会話をとぎれとぎれに聞くことさえできない。
☐ **fragmentary** 形断片的な、ばらばらの

## 0839 fruitful
[frúːtfəl]
形実りある、有益な、多作の

Our conversation turned out to be **fruitful**.
私たちの話し合いは、実りの多いものとなった。
☐ **fruition** 名実現、成就、結実

## 0840 fundamental
[fʌ̀ndəméntl]
形基礎の、基本の、必須の

There is no **fundamental** change in the plan.
計画には基本的な変更はない。
☐ **fundamentally** 副根本的に、本質的に

## 0841 furnished
[fə́ːrniʃt]
形 家具つきの

Every room we offer to new employees is **furnished**.
当社が新入社員に提供するすべての部屋は、家具つきです。

**furnishings** 名 （備えつけ）家具、設備
**unfurnished** 反 家具つきでない

## 0842 garment
[gɑ́ːrmənt]
名 服、衣服

The tailor will mend the **garment** for an additional charge.
その洋服屋は追加料金を出せば、その服を修繕してくれます。

## 0843 gathering
[gǽðəriŋ]
名 会合、集会

A large **gathering** of the trading firms was held at the Sheraton Hotel last week.
商社の大きな会合が、先週シェラトンホテルで開かれた。

**gather** 動 〜を集める

## 0844 grant
[grǽnt]
動 〜を認める、与える
名 助成金、補助金

I **grant** you that this system has some problems, but it is generally good.
このシステムにはいくつか問題点があることは認めますが、一般的によくできています。

## 0845 greasy
[gríːsi]
形 油で汚れた、油脂分の高い

The cleaners can get a **greasy** spot off your clothes.
クリーニング店は、服から油のしみを取ることができます。

**grease** 名 機械油、動物の脂肪分

Part 7 よく出る! 標準単語751～900

## 0846 halt
[hɔ́:lt]
動 止まる、〜を止める
名 停止、中断

The assembly line **halted** suddenly because of a blackout.
組み立てラインは、停電のために突然停止した。

□ **come to a halt** 熟 停止する

## 0847 evaluate
[ivǽljuèit]
動 〜を判断評価する、見極める

Successful industries **evaluate** students' abilities properly and employ good graduates.
成功している産業は適切に学生の能力を評価し、優秀な大卒者を採用する。

□ **evaluation** 名 評価、判定

## 0848 hamper
[hǽmpər]
動 〜を阻止する、〜の邪魔をする

Our overseas business trip was **hampered** by heavy snow.
私たちの海外出張は大雪によって妨げられた。

## 0849 harass
[hərǽs]
動 〜を困らせる、悩ませる

The policy of this company is that male staff will not sexually **harass** female staff.
この会社の方針は、男性スタッフが女性スタッフにセクハラをしないということだ。

□ **harassment** 名 嫌がらせ

## 0850 hardship
[há:rdʃip]
名 苦難、苦痛

These days more people suffer the **hardship** of unemployment.
最近では、より多くの人たちが失業の苦しみを味わっている。

**0851** **hasty** [héisti] 形 軽率な、迅速な

Young workers tend to jump to **hasty** conclusions.
若い従業員は、軽率な結論を出す傾向がある。
☐ **haste** 名 迅速、性急

**0852** **hectic** [héktik] 形 大忙しの、てんてこ舞いの

Ms. Peterson managed to complete her **hectic** schedule.
ピーターソンさんは、忙しいスケジュールを何とか全部こなした。

**0853** **hesitate** [hézətèit] 動 ～をためらう、躊躇する

Our previous boss often **hesitated** to express his opinion but the new boss does not.
我々の以前の課長は自分の意見を言うのをためらうことが多かったが、新しい課長はそうではない。
☐ **hesitant** 形 躊躇する、消極的な
☐ **hesitation** 名 ためらい、躊躇

**0854** **hike** [háik] 名 引き上げ、ハイキング
動 ～を引き上げる、ハイキングをする

After talks with the union, the steel company gave its employees a 10 percent **hike** in wages.
組合との交渉後、その金属会社は従業員に10パーセントの賃上げをした。

**0855** **humble** [hʌ́mbl] 形 謙虚な、控えめな、慎ましい

The president of the Prince Paper Mill Ltd. makes a silent and **humble** bow even to part-time workers.
プリンス製紙工場株式会社の社長は、パート従業員にさえ黙って慎ましく頭を下げる。
☐ **humbly** 副 謙遜して

## 0856 incidentally
[ìnsədéntəli]
副 ついでに言えば、ところで

We might **incidentally** mention that the area where this product will be sold on trial is only New York.
ついでながら、この品物が試しに販売される地域はニューヨークのみであると述べておきます。

☐ incidental 形 付随する、偶発的な

## 0857 imply
[implái]
動 ～を暗に意味する、ほのめかす

The president **implied** that we will be rewarded with a bonus if sales increase.
社長は、もし売上げが伸びれば我々は賞金を与えられることを暗にほのめかした。

☐ implication 名 含意、示唆

## 0858 inhibit
[inhíbit]
動 ～を妨げる、抑制する

The campaign by inhabitants of the area **inhibited** expansion of business.
その地域の住民運動が、ビジネスの拡大を妨げた。

☐ inhibition 名 抑制、抑圧

## 0859 initiative
[iníʃiətiv]
名 主導権、率先、イニシアティブ

The chairman always takes the **initiative** in meetings.
議長が、会議の主導権を常に取っている。

☐ initiate 動 ～を始める、起こす
☐ initiation 名 開始、入会式

## 0860 inspection
[inspékʃən]
名 検査、調査

The mayor of Los Angeles made an **inspection** of our factory.
ロサンゼルス市長が、当社の工場を視察されました。

☐ inspect 動 ～を調べる、視察する

## 0861 ☐ **install** [instɔ́:l]
動 ～をインストールする、設置する

The IT department **installed** the newest copies of "Word" and "Excel" in every computer.
情報技術部は、すべてのコンピュータに「ワード」と「エクセル」の最新版をインストールした。

☐ **installation** 名設置、取り付け

## 0862 ☐ **reduction** [ridʌ́kʃən]
名値引き、縮小、削減、還元

A **reduction** is made on orders of 10 cakes of soap or more.
10個以上の石鹸をご注文頂きますと、値引き致します。

☐ **reduce** 動～を減らす、緩和する

## 0863 ☐ **itinerary** [aitínərèri]
名旅行日程、旅程表

The Maher travel agency prepared **itineraries** for side trips.
マー旅行代理店は、途中で寄り道をするための旅行日程を作成した。

## 0864 ☐ **voluntary** [váləntèri]
形自発的な、任意の

Attendance at the union meeting is **voluntary**.
組合の会議出席は自発的なものだ。

## 0865 ☐ **intermission** [intərmíʃən]
名休憩時間、休止

There will be a short **intermission** halfway through the program.
そのプログラムは半ばで短い休憩があります。

☐ **intermittent** 形断続的な

## 0866 interrupt
[ìntərʌ́pt]
動 ～を中断する、邪魔する

Mr. Miles' speech was often **interrupted** by questions from his team members.
マイルズ氏の話は、チームのメンバーからの質問でしばしば中断された。
□ **interruption** 名 妨害、中断

## 0867 interview
[íntərvjùː]
動 ～を面接する、インタビューする
名 面接、インタビュー

You will be **interviewed** by our CEOs if you pass this written examination.
今回の筆記試験に合格すれば、弊社の最高経営責任者による面接があります。

## 0868 mobile
[móubəl]
形 可動の、移動しやすい、すぐ変わる

Alpha Housing is going to market a **mobile** home.
アルファ住宅産業は、可動式の家を売り出そうとしている。
□ **mobility** 名 可動性、流動性

## 0869 monetary
[mánətèri]
形 金融の、財政の、通貨の

A looser **monetary** policy by the government has increased the sales of foreign products.
より緩和された政府の金融政策のおかげで、外国製品の売上げは増えた。
□ **monetarily** 副 財政的に、金銭上

## 0870 jammed
[dʒæmd]
形 混雑した、渋滞した《with》

The corridor of the office was **jammed** with workers who wanted to hear the announcement of staff transfers.
その会社の廊下は、人事異動の発表を聞きたい社員で一杯だった。
□ **jam** 動 ～を詰め込む

## 0871 launch
[lɔ́:ntʃ]
動 ～を開始する、売り出す

Mr. Stanley **launched** his first company with capital of one million dollars.
スタンレー氏は、最初の会社を100万ドルの資本金で起こした。

## 0872 layoff
[léiɔ̀:f]
名 一時解雇、レイオフ

The board decided to order a **layoff** of 1,000 part-time workers in the outlets.
重役会は、販売店の1000人のパート従業員に一時解雇を命じる決定を下した。

## 0873 infer
[infə́:r]
動 ～を推測する、推論する

Since our boss uses many ambiguous words in his pep talks, we have to **infer** what he means from the context.
我々の上司は叱咤激励する際、多くのあいまいな言葉を用いるので、我々は彼の真意を文脈から推測しなければならない。

**inference** 名 推論、推測

## 0874 legitimate
[lidʒítəmət]
形 正当な、合法的な

The most important role of a company is to meet the **legitimate** interests of its shareholders.
会社の最も重要な役割は、株主の正当な利益をかなえることだ。

**illegitimat** 反 非合法の、違法の

## 0875 literally
[lítərəli]
副 文字通りに、逐語的に

You should not take the figures on this chart **literally**.
あなたは、この図の数字を文字通りに受け取るべきではない。

**literal** 形 文字通りの、逐語的な

## 0876 livestock
[láivstàk]
名 家畜

The food industry gives **livestock** organic foods.
その食品産業は、自然食を家畜に与えている。

## 0877 luxurious
[lʌgzúəriəs]
形 贅沢な、豪華な

We are allowed to use a **luxurious** villa owned by the company on the condition that we reserve ten days in advance before we use it.
使用する10日前に予約すれば、会社所有の贅沢な別荘を使うことを許されている。

☐ **luxury** 名 贅沢、豪華さ

## 0878 maintenance
[méintənəns]
名 維持、整備、管理

The cleaning company has the **maintenance** contract for most large office buildings in this area.
その清掃会社は、この地域にあるほとんどの大規模オフィスビルのメインテナンス契約を結んでいる。

☐ **maintain** 動 ～を維持する、保つ

## 0879 welfare
[wélfèər]
名 福祉、福利、幸福

Monetary donations for social **welfare** by large corporations are taken as a matter of course in the US.
社会福祉に対する大企業の金銭寄付は、アメリカでは当然のことと見なされている。

## 0880 malfunction
[mælfʌ́ŋkʃən]
名 機能不全、誤動作

Many computer **malfunctions** were expected when the year 2000 began.
西暦2000年が始まる時、多くのコンピュータ誤動作が予想された。

## 0881 ☐ **fiscal**
[fískəl]
形 財政上の、財務の、会計の

The investment company needs to come up with a sound **fiscal** policy.
その投資会社は、健全な財政政策を提案しなければならない。
☐ **fiscally** 副 財政的に

## 0882 ☐ **manipulate**
[mənípjulèit]
動 〜を操る、操作する

Mr. Welch was **manipulated** into signing the contract by a visiting salesman.
ウェルチ氏は訪問販売の男に巧みに言いくるめられ、契約書にサインした。
☐ **manipulation** 動 巧みな操作、巧みな扱い
☐ **manipulative** 形 巧みな扱う、操る

## 0883 ☐ **margin**
[má:rdʒin]
名 利幅、余白

Trading with Japan will greatly increase our profit **margins**.
日本との貿易は、当社の利幅を大いに増やすだろう。
☐ **marginal** 形 ごくわずかな、欄外の

## 0884 ☐ **misplace**
[mispléis]
動 〜を置き忘れる、置き間違える

The products you requested arrived but they were **misplaced** in the mailroom.
あなたが請求した商品は届いていますが、郵便室に置き去りになっていました。
☐ **misplacement** 名 置き違え

## 0885 ☐ **moderate**
[mádərət]
形 適度の、穏健な

After 5 o'clock, many business people go to a gym to do **moderate** exercise.
5時の後、多くのビジネス人は適度な運動をするためにスポーツジムへ行く。
☐ **moderately** 副 控えめに、程良く
☐ **moderation** 名 適度、穏健

## 0886 momentary
[móumentèri]
形 臨時の、つかの間の、一時的な

Ms. Thompson took a **momentary** rest after the long meeting.
トンプソンさんは長い会議の後、一時休んだ。
**momentarily** 副 一時的に、直ちに

## 0887 integrate
[íntəgrèit]
動 ～を統合する、一本化する

Fillip Oil will become fully **integrated** into Global Oil by next year.
フィリップ・オイル社は、来年までにグローバル・オイル社に完全統合される。
**integration** 名 統合、一本化

## 0888 monotonous
[mənátənəs]
形 単調な、退屈な

The new freeway runs alongside a **monotonous** landscape.
新しい高速道路は単調な景色の中を走っている。
**monotony** 名 単調さ、一本調子

## 0889 morale
[mərǽl]
名 士気、意気込み

Mr. Jensen's business success has raised **morale** in his section.
ジェンセン氏のビジネスでの成功は、彼の部署内の士気を高めた。

## 0890 mutual
[mjúːtʃuəl]
形 相互の、双方による

**Mutual** understanding is essential among staff members.
スタッフの間では、相互理解が不可欠だ。
**mutually** 副 双方に、相互に

## 0891 negative
[négətiv]
**形** 負の、否定の、消極的な

We closed the fiscal year recording **negative** growth.
当社は、マイナス成長を記録し会計年度を終えた。
- **negatively** 副 否定的に、消極的に
- **positive** 反 プラスの、肯定的な、積極的な

## 0892 nevertheless
[nèvərðəlés]
**副** それにもかかわらず、やはり

You seem to hate your new boss. **Nevertheless**, you ought to try to hide your uneasiness in front of her.
あなたは新しい部長を嫌いなようですね。それでも、彼女の前では不快感を隠すように努めるべきです。

## 0893 noble
[nóubl]
**形** 高潔な、気高い

There is something **noble** about our chairman.
我が社の会長には何かしら高潔なところがある。
- **nobleness** 名 高潔、気高さ

## 0894 notable
[nóutəbl]
**形** 注目すべき、著名な

The project team will make a **notable** achievement.
そのプロジェクト・チームは注目に値する業績を上げるだろう。
- **notably** 副 顕著に、目立って

## 0895 nuisance
[njúːsns]
**名** 迷惑な事・人、厄介な状況

Parking on the street is a public **nuisance**.
路上駐車は公共の迷惑である。

## 0896 numerous
[njúːmərəs] 形 多数の

Mr. Butler helps his employees with his **numerous** suggestions.
バトラー氏は、多数の提言で部下を手助けする。

☐ **numerously** 副 多く

## 0897 obsolete
[àbsəlíːt] 形 旧式の、廃れた

Some ironworks are still using **obsolete** machines.
製鉄所の中には未だ旧式の機械を用いているところがある。

## 0898 obstacle
[ábstəkl] 名 障害（物）、邪魔

We will get enough money to continue in this line of business if we clear this **obstacle**.
我々はこの障害を取り除けば、この仕事を続けるだけの金を得られるだろう。

## 0899 ornament
[ɔ́ːrnəmənt] 名 装飾品、装飾具、置物

In the office, you must not wear any colorful personal **ornaments**.
社内では、派手な個人の装飾品を身につけてはいけません。

☐ **ornamental** 形 装飾用の

## 0900 outfit
[áutfit] 名 衣類一式、衣装

Our new boss surprised us because she came to the office wearing an everyday **outfit** of jeans, boots and a sweater on her first day.
我々の新しい上司は、初日にジーンズ、ブーツ、セーターといった普段着を着て出社してきたので、私たちを驚かせた。

## Partテスト

Part 7 のおさらいです。下記の単語の意味を答えましょう。

1. steep　　　　（　　　　　　　　）
2. authentic　（　　　　　　　　）
3. confine　　（　　　　　　　　）
4. detour　　　（　　　　　　　　）
5. drought　　（　　　　　　　　）
6. endure　　　（　　　　　　　　）
7. garment　　（　　　　　　　　）
8. inhibit　　　（　　　　　　　　）
9. legitimate　（　　　　　　　　）
10. moderate　（　　　　　　　　）

## ジャンル別重要語句⑦【新聞・雑誌】

- **headline** [hédlàin] 名 大見出し
- **article** [ɑ́:rtikl] 名 記事
- **editorial** [èdətɔ́:riəl] 名 社説
- **classified ad** [klǽsəfaid ǽd] 名 広告欄
- **press conference** [prés kὰnfərəns] 名 記者会見
- **reporter** [ripɔ́:rtər] 名 取材記者
- **coverage** [kʌ́vəridʒ] 名 報道、取材
- **publisher** [pʌ́bliʃər] 名 出版社
- **editor** [édətər] 名 編集者
- **manuscript** [mǽnjuskrìpt] 名 原稿
- **subscription** [səbskrípʃən] 名 定期購読
- **periodical** [pìəriɑ́dikəl] 名 定期刊行物
- **magazine** [mǽgəzí:n] 名 雑誌
- **feature** [fí:tʃər] 名 特集記事
- **quarterly** [kwɔ́:tərli] 名 季刊誌

[Partテスト解答] 1. 急激な、法外な、険しい　2. 本物の、真正の　3. 〜を限定する　4. 迂回、遠回り　5. 干ばつ　6. 〜に耐える、持ちこたえる　7. 服、衣服　8. 〜を妨げる、抑制する　9. 正当な、合法的な　10. 適度の、穏健な

## Part 8

**TOEIC最頻出
標準単語・熟語750語**

# よく出る！標準単語
## 901〜1050

601〜750
751〜900
901〜1050
1051〜1200
150〜300

## 0901 oversee
[òuvərsíː]
動 ～を監督する、監視する

Mr. Shelton **oversees** 100 workers.
シェルトン氏は100人の従業員を監督している。

□ **overseer** 名 監督者、班長

## 0902 overtake
[òuvərtéik]
動 ～を追い越す、追いつく

The LCD company has **overtaken** other companies in production.
その液晶会社は、生産で他の会社を追い抜いた。

## 0903 overtime
[óuvərtàim]
副 時間外に 形 時間外の
名 超過勤務、残業

Mr. Howell often works **overtime** on weekends.
ハウエル氏は、週末にしばしば残業する。

## 0904 obscure
[əbskjúər]
形 はっきりしない、曖昧な
動 ～を分かり難くする

The connection between figures and facts is somewhat **obscure**.
数字と事実の間の関係が、幾分はっきりしない。

□ **obscurity** 名 不明、曖昧さ

## 0905 overview
[óuvərvjùː]
名 概要、概観、全体像

The planning team gave an **overview** of the new project.
そのプランニング・チームは、新しいプロジェクトの概要を提示した。

## 0906 overwhelming
[òuvərhwélmiŋ]

形 圧倒的な、非常に強い

An **overwhelming** majority of the members are men.
メンバーの圧倒的多数は、男性である。

- overwhelm 動〜を圧倒する、唖然とさせる

## 0907 partial
[pá:rʃəl]

形 不公平な、部分的な

Mr. Cooper is **partial** in his judgment.
クーパー氏は、判断が公平ではない。

- partiality 名不公平さ、不完全さ
- impartial 反公平な、偏らない

## 0908 pastime
[pǽstàim]

名 娯楽、気晴らし

Baseball is a national **pastime** in both the US and Japan.
野球は、アメリカと日本では国民的な娯楽だ。

## 0909 pending
[péndiŋ]

形 未決定の、懸案の

The matter is still **pending**.
その件は未だ決まっていない。

## 0910 pension
[pénʃən]

名 年金、手当

Mr. Bennett will start to draw his **pension** next year.
ベネット氏は、来年年金を受け取るだろう。

- pensioner 名年金受給者

## 0911 perceive
[pərsíːv] 動 ～に気づく、～を理解する

We **perceived** a difficulty in his suggestion immediately.
我々は、彼の提案の難点にすぐ気づいた。

**perception** 名 知覚、認識、理解

## 0912 relevant
[réləvənt] 形 関係のある《to》、適切な

The data presented by your department is **relevant** to the subject under discussion.
あなたの部署が示したデータは、検討中の問題と関係がある。

**relevance** 名 関連（性）、適切さ
**irrelevant** 反 無関係な、不適切な

## 0913 persistent
[pərsístənt] 形 しつこい、固執している

Mr. Gordon is fed up with the **persistent** telephone calls.
ゴードン氏は、しつこい電話に嫌気がさしている。

**persist** 動 固執する、持続する
**persistence** 反 固執、粘り強さ、持続性

## 0914 perspective
[pərspéktiv] 名 物の見方、視点

Mr. Fleming's presentation helped other staff members gain a new **perspective**.
フレミング氏のプレゼンテーションは、他のスタッフに新しい物の見方を与える手助けとなった。

## 0915 pessimistic
[pèsəmístik] 形 悲観的な、厭世的な

Mr. Wells does not feel **pessimistic** about anything at any time.
ウェルズ氏は、いかなる時も何事にも悲観的にならない。

**pessimism** 名 悲観主義、厭世主義
**optimistic** 反 楽観的な、楽天的な

## Part 8 よく出る！標準単語901～1050

**0916** ☐ **physician**
[fizíʃən]
名 医師、内科医

Our office **physician** gives every worker a medical examination in May.
我々の会社の医師は5月にすべての社員に検診を行なう。

**0917** ☐ **pile**
[páil]
名 積み重ね、山
動 ～を積み重ねる

Our boss is doing his job surrounded by a mountainous **pile** of computer printouts.
我々の課長は山なすようなコンピュータのプリントアウトに囲まれて仕事をしている。

**0918** ☐ **pledge**
[plédʒ]
動 ～を誓約する、公約する
名 誓約、公約

The president has **pledged** a 100 dollar bonus to each of us if we succeed in the project.
もし我々がプロジェクトに成功したら、社長は一人ひとりに百ドルのボーナスを出すと約束した。

**0919** ☐ **praise**
[préiz]
動 ～を賞賛する、誉める
名 賞賛、崇拝

The new railway plan has been **praised** by local business leaders.
新たな鉄道計画は地元のビジネスリーダーから賞賛されている。
☐ **praiseworthy** 形 賞賛に値する

**0920** ☐ **precaution**
[prikɔ́ːʃən]
名 用心、警戒、予防策

The office guard takes special **precautions** to prevent fire.
会社の警備員は火の元に特に注意する。
☐ **precautionary** 形 用心の、予防的な

**0921** ☐ **precisely**
[prisáisli]
副 正確に、精密に、ちょうど

The diameter of the pipes must be calculated **precisely**.
パイプの直径は正確に計算されなければならない。
☐ **precise** 形 正確な、精密な
☐ **precision** 名 正確さ、精度

**0922** ☐ **preliminary**
[prilímənèri]
形 予備の、準備の、前置きの

The two companies held **preliminary** talks.
その2社は予備会談を行なった。

**0923** ☐ **premature**
[prìːmətʃúər]
形 時期尚早の、早まった

It is **premature** to make conclusions like that.
そのように結論づけるのは時期尚早だ。
☐ **mature** 反 成熟した

**0924** ☐ **prescription**
[priskrípʃən]
名 処方箋、処方

Dr. Black told me to have this **prescription** filled at my pharmacy.
ブラック医師は私に行きつけの薬局でこの処方を調剤して貰うように言った。
☐ **prescribe** 動 〜を処方する

**0925** ☐ **preserve**
[prizə́ːrv]
動 〜を保存する、維持する

This is how you can **preserve** fruit in liquor.
このようにして果物をリッカーに保存することができる。
☐ **preservation** 名 保存、維持

## 0926 prestigious
[prestídʒiəs] 形 名声のある、有名な、一流の

*The US News and World Report* is one of the most **prestigious** magazines in the US.
『USニューズ・アンド・ワールドレポート』はアメリカで最も威厳のある雑誌のひとつである。

- prestige 名 名声、威信、信望

## 0927 prevalent
[prévələnt] 形 一般的な、広く行きわたっている

This new style of clothes will become more and more **prevalent**, even fashionable.
この新しいタイプの服はますます一般的になり、流行にさえなるだろう。

- prevail 動 普及する、打ち勝つ
- prevalence 名 普及、蔓延

## 0928 principal
[prínsəpəl] 形 最も重要な、主要な、資本金の
名 元金、校長

Airplanes are a **principal** domestic product in the USA.
飛行機は、アメリカでは主な国産品だ。

- principally 副 主に

## 0929 procedure
[prəsí:dʒər] 名 手続き、手順

There is a different **procedure** with part-time workers.
パート従業員には違う手続きがあります。

## 0930 proclaim
[proukléim] 動 公言する、宣言する

The new president **proclaimed** his support for the policy of the ex-president.
新しい社長は、前社長の政策の支持をはっきりと打ち出した。

- proclamation 名 宣言、布告

## 0931 profound
[prəfáund] 形 心からの、深い、深刻な

We owe you a **profound** apology.
当社は、貴社に深くお詫びしなければなりません。
**profoundly** 副 大いに、心から、深く

## 0932 progress
[prəgrés / prágrəs] 動 進展する、進歩する
名 進展、進歩

The negotiation is **progressing** successfully.
交渉は、うまく進んでいる。
**progressive** 形 進歩的な、漸進的な

## 0933 prolong
[prəlɔ́ːŋ] 動 ～を延長する、引き延ばす

Developments in medical science have helped **prolong** life expectancy.
医学の進歩により、我々の寿命は延びてきている。
**prolonged** 形 長引く

## 0934 prompt
[prámpt] 形 即座の、素早い
動 ～を促す、誘発する

A **prompt** reply about the matter would be appreciated.
この件について迅速な回答をいただけますと幸いに存じます。
**promptly** 副 迅速に、きっかり

## 0935 property
[prápərti] 名 不動産、所有物、財産

The computer software company owns **property** near Beverly Hills.
そのコンピュータ・ソフト会社は、ビバリーヒルズの近くに土地を所有している。

## 0936 warranty
[wɔ́:rənti] 名保証、保証書

This DVD player has a 12-month **warranty**.
このDVDプレーヤーには12カ月の保証がついている。
**warrant** 動~を保証する 名保証、令状

## 0937 unveil
[ʌnvéil] 動~を発表する、明かす、公にする

The governor in Mississippi **unveiled** plans for a $1 billion general hospital.
ミシシッピー州の知事は、10億ドルの総合病院の計画を発表した。

## 0938 suppress
[səprés] 動~を抑制する、規制する

Mr. Jenkins managed to **suppress** a cough during his presentation.
ジェンキンズ氏は、プレゼンテーション中に、何とか咳を我慢して抑えることができた。
**suppression** 名抑圧、抑制
**suppressive** 形抑える、抑圧する

## 0939 tablet
[tǽblit] 名錠剤

Take two **tablets** half an hour before eating.
食前の30分前に2錠を飲みなさい。

## 0940 tackle
[tǽkl] 動~に取り組む、タックルする
名タックル、用具

The group is now **tackling** the problem seriously.
現在、そのグループが問題に取り組んでいる。

### 0941 quota
[kwóutə]
名 割り当て、ノルマ

The government may cut the **quota** of beef that can be imported next fiscal year.
政府は、来年度輸入できる牛肉の割当数を削減するかもしれない。

### 0942 proportion
[prəpɔ́:rʃən]
名 割合、比率、均衡

The **proportion** of workers supporting the new president is on the rise.
新社長を支持する社員の割合は増えている。
- **proportional** 形 比例した

### 0943 provoke
[prəvóuk]
動 ～を怒らせる、引き起こす

George's way of speaking **provoked** his coworkers to anger.
ジョージの話し方は同僚を怒らせた。
- **provocation** 名 挑発、煽動
- **provocative** 形 人を怒らせる、挑発的な

### 0944 purchase
[pə́:rtʃəs]
動 ～を購入する 名 購入、購入品

Our company has entered into an agreement to **purchase** that building lot.
当社はあの建設用地を買うことに同意しました。

### 0945 radical
[rǽdikəl]
形 根本的な、徹底的な、過激な

Mr. Cole made **radical** changes to the organization.
コール氏は組織の根本的な改革を行なった。

## 0946 rational
[rǽʃnl]
形 理にかなった、合理的な、理性のある

The committee reached what they felt was a **rational** conclusion.
その委員会は理にかなったと感じ得る結論に達した。

- **rationalize** 動 〜を合理化する、正当化する
- **irrational** 反 不合理な、無分別な

## 0947 recipient
[risípiənt]
名 受取人、受賞者、受給者

This business is a **recipient** of federal aid.
このビジネスは連邦政府の助成を受けている。

## 0948 recognize
[rékəgnàiz]
動 〜を認める、認識する、評価する

Good managers can **recognize** ability when they see it.
優れた経営者は能力を目にしたらそれと認めることができる。

- **recognition** 名 認識、評価

## 0949 regain
[rigéin]
動 〜を回復する、取り戻す

Bryony's success in the presentation helped her **regain** confidence.
ブライオニーのプレゼンテーションの成功は、再び彼女の自信を回復させる手助けとなった。

## 0950 register
[rédʒistər]
動 〜を登録する、登記する
名 記録（表）、登記（表）

Title to this building is **registered** in the president's name.
この建物の所有者は社長の名義になっている。

- **registered** 形 登録された、公認の
- **registration** 名 登録、登記

### 0951 violate
[váiəlèit] 動 ~を侵害する、妨害する、~に違反する

The labor union insists that the company should not **violate** the freedom of speech even in the office.
その労働組合は、社内であっても企業は言論の自由を侵害すべきでないと強く主張する。
☐ **violation** 名 侵害、違反

### 0952 reject
[ridʒékt] 動 ~を断る、却下する

Mr. Bishop has repeatedly **rejected** his staff members' advice.
ビショップ氏は、自分の部下の助言を繰り返し断った。
☐ **rejection** 名 拒否、却下

### 0953 reliable
[riláiəbl] 形 信頼できる、頼りになる

This cooker is produced by a **reliable** maker.
この調理器は信頼の置けるメーカーが製造している。
☐ **reliance** 名 依存、信頼 《on》
☐ **reliant** 形 頼る、当てにする 《on》

### 0954 reluctant
[rilʌ́ktənt] 形 気が進まない、不承不承の

In his youth, Mr. Horton was **reluctant** to admit his mistakes.
ホートン氏は若いとき、自分の過ちを認めたがらなかった。
☐ **reluctance** 名 気が進まないこと、不本意

### 0955 remarkable
[rimáːrkəbl] 形 注目すべき、素晴らしい

Ms. Sanchez has a **remarkable** career in politics.
サンチェスさんは政治の世界で優れた経歴がある。
☐ **remarkably** 副 目立って、非常に

## 0956 render
[réndər]
動 ～を（ある状態に）する、与える、差し出す

Digital technology will **render** today's televisions useless.
デジタル技術は、今日のテレビを役に立たない物にするだろう。
- **rendering** 名 翻訳、解釈、演奏

## 0957 replace
[ripléis]
動 ～に取って代わる

The typewriter has been **replaced** by the computer.
タイプライターはコンピュータに取って代わられた。
- **replacement** 名 取り替え、交代、後任者

## 0958 regulation
[règjuléiʃən]
名 規則、統制、調整

Some tenants of the building violated a number of fire station **regulations**.
そのビルのテナントの中には消防の規則に違反している者が何人かいた。
- **regulate** 動 ～を規制する、調整する
- **regulatory** 形 取り締まる、調整する

## 0959 representative
[règprizéntətiv]
名 販売員、代表者
形 代表する、典型的な

Ms. Walters works as a sales **representative** traveling round the US to sell her company's products.
ウォルターズさんは彼女の会社の製品を売るために、アメリカ中を移動して回っている販売員の仕事をしている。
- **represent** 動 ～を代表する、象徴する

## 0960 reproach
[ripróutʃ]
動 ～を非難する、叱責する
名 非難

The TV commercial maker has been **reproached** for showing violence.
そのテレビコマーシャル・メーカーは、暴力を放映したことで非難された。
- **reproachful** 形 非難の、とがめるような

## 0961 resign [rizáin]
動 辞任する、辞職する《from》

Ms. Neal **resigned** from being the director.
ニールさんは、理事を辞任した。
- **resignation** 名 辞任、辞職

## 0962 respectfully [rispéktfəli]
副 丁重に、謹んで、うやうやしく

You are **respectfully** requested not to smoke in this waiting room.
この待合室ではどうか喫煙をご遠慮頂きますようお願い申し上げます。
- **respectful** 形 敬意を表す、丁重な

## 0963 remit [rimít]
動 ～を送る

Many people **remit** money through a bank, not by registered mail.
多くの人々は書留ではなく、銀行で金を送金する。
- **remittance** 名 送金、送金額

## 0964 respectively [rispéktivli]
副 それぞれ、各々

In terms of home sales, Mr. King and Mr. May rank first and second **respectively**.
訪問販売の売上げでは、キング氏とメイ氏がそれぞれ1位と2位だ。
- **respective** 形 それぞれの、各自の

## 0965 restrict [ristríkt]
動 ～を制限する、規制する

The new law might **restrict** the development of business in this area.
新しい法律は、この地域のビジネスの発展を制限するかもしれない。
- **restriction** 名 制限、規制
- **restrictive** 形 制限する、限定する

## 0966 résumé
[rézumèi] 名 履歴書

Ted and Victor prepared and sent about twenty **résumés** to large and small firms.
テッドとビクターは大小約20の企業に履歴書を準備して郵送した。

## 0967 subsequent
[sʌ́bsikwənt] 形 その後の、次の

The **subsequent** development of the situation was unfortunate for you.
事態のその後の進展は、あなた方にとって不利だった。
□ **subsequently** 副 後で、後に

## 0968 skeptical
[sképtikəl] 形 懐疑的な、疑い深い

I was initially **skeptical** about the prospects for our business success in Myanmar.
私は当初ミャンマーでの当社のビジネスの成功の見込みについて懐疑的であった。
□ **skepticism** 名 懐疑主義

## 0969 retain
[ritéin] 動 ~を保持する、記憶する

Vacuum packaging enables the coffee to **retain** its flavor longer.
真空パックのおかげでコーヒーは長く風味を保つことができる。
□ **retention** 名 保持、記憶（力）

## 0970 revenue
[révənjù:] 名 収益、収入、歳入

The invention of a new cellular phone continues to produce **revenues** for the company.
新しい携帯電話の発明のおかげで、その会社には収益が入り続けている。
□ **expenditure** 反 支出、歳出

**0971** □**routine**
[ruːtíːn]
名決まり切った仕事、日課

Personnel follows the regular **routine** for hiring new workers.
人事部は新入社員を雇うのに決まった手順に従っている。
□**routinely** 副日常的に、規定通りに

**0972** □**rustic**
[rʌ́stik]
形田舎風の、田舎の、素朴な

Our company owns a **rustic** old lodge in Perth, Australia.
我々の会社はオーストラリアのパースに、田舎風の古いロッジを所有している。

**0973** □**substitute**
[sʌ́bstətjùːt]
名代用品、代理人　形代理の、代用の
動代理を務める《for》

Mr. Little says that there is no **substitute** for a smile in customer relations.
リトル氏は、顧客との関係でスマイルに代わる物はないと言っている。
□**substitution** 名代理（人）、代用（品）

**0974** □**supervise**
[súːpərvàiz]
動〜を監督する、管理する、指揮する

New employees need to be closely **supervised**.
新入社員はよく監督しないといけない。
□**supervision** 名監督、管理、指揮
□**supervisory** 形監督の、管理上の

**0975** □**sue**
[súː]
動〜を告訴する

The citizen group **sued** a company for damages.
市民グループは、ある会社を相手取り損害賠償の訴訟を起こした。
□**suit** 名民事訴訟

## Part 8 よく出る! 標準単語901〜1050

**0976** ☐ **surpass**
[sərpǽs]
動 〜をしのぐ、〜よりまさっている

This new electric bicycle **surpasses** all previous achievements in bicycle design.
この新しい電動自転車は、自転車のデザイン上、空前の業績だ。

**0977** ☐ **tariff**
[tǽrif]
名 関税（率）
動 〜に関税をかける

What is the **tariff** on Japanese automobiles?
日本車の関税率はどのくらいですか？

**0978** ☐ **taxation**
[tækséiʃən]
名 課税、税金

The Canadian government is planning a change from indirect to direct **taxation**.
カナダ政府は、間接税から直接税への変更を計画している。

**0979** ☐ **teller**
[télər]
名 銀行窓口係、金銭出納係

Ms. Day is a **teller**, so she receives and pays out money in the bank.
デイさんは銀行の窓口係なので、銀行で金の受け渡しを行なっている。

**0980** ☐ **tedious**
[tíːdiəs]
形 退屈な、うんざりする

The new recruits must go through **tedious** lectures for the first month.
新入社員は最初の1カ月間、退屈な講義を受けなければならない。
☐ **tediousness** 名 退屈さ

### 0981 ☑**transaction** [trænsǽkʃən]
名 取り引き、処理

All the meetings for the **transaction** of public works are open to the citizens.
公共事業の取り引きに関するすべての会議が市民に公開されている。
☑**transact** 動 (商取引) を行う、(業務) を処理する

### 0982 ☑**trim** [trím]
動 〜を削減する、刈り込む
名 刈り込み、手入れ

The steel company is planning job cuts to **trim** costs.
その鉄鋼会社は経費を削減するために、人員削減を計画している。

### 0983 ☑**undergo** [ʌ̀ndərgóu]
動 〜を受ける、経験する

All the workers are to **undergo** periodic medical examinations.
従業員全員が定期検診を受けなければならない。

### 0984 ☑**undertake** [ʌ̀ndərtéik]
動 〜を引き受ける、〜に着手する

We have **undertaken** a contract for building a new city office.
当社は、新しい市庁舎を建設する契約を引き受けた。
☑**undertaking** 名 引き受け、仕事、事業

### 0985 ☑**upright** [ʌ́pràit]
形 直立した、垂直の、正直な

Ladies and gentlemen, please put your seat back in an **upright** position.
皆様、座席の背もたれを直立の位置にお戻しください。

Part 8 よく出る！ 標準単語901～1050

## 0986 urgent
[ə́:rdʒənt]
形 緊急の、急を要する

The branch chief had an **urgent** call from the head office.
支店長は本店から緊急電話をもらった。
□ **urgency** 名 緊急、切迫

## 0987 vertical
[və́:rtikəl]
形 垂直の、縦の

The piston in the cylinder produces energy by a **vertical** motion.
シリンダーの中のピストンは、垂直運動によりエネルギーを起こす。
□ **horizontal** 反 水平の、地平線の、横の

## 0988 virtually
[və́:rtʃuəli]
副 事実上は、実質的には

**Virtually** every major US TV station has found its way onto the Internet.
事実上すべての主要なアメリカのテレビ局は、インターネットに進出している。
□ **virtual** 形 実質上の、事実上の、仮想上の

## 0989 accountable
[əkáuntəbl]
形 説明する義務がある

Company employees are officially **accountable** for their actions.
会社員は、自分の行動に公務上説明責任がある。
□ **accountability** 名 説明責任

## 0990 asset
[ǽset]
名 《-s》資産、利点

The divorce court divided the **assets** of the couple.
離婚裁判所は、その夫婦の資産を分割した。

### 0991 ☐ **boom** [búːm]
名 ブーム、にわか景気、大流行

Information technology is having a **boom** today.
情報技術が今日ブームである。

### 0992 ☐ **yell** [jél]
動 大声で叫ぶ、怒鳴る
名 叫び声

Mr. Loud **yells** at us when he calls us to his desk.
ラウド氏は、私たち自分の机に呼びつけるとき大声で叫ぶ。

### 0993 ☐ **curiosity** [kjùəriásəti]
名 好奇心、詮索好き

Just out of **curiosity**, Ms. Barnett attended the seminar.
単なる好奇心から、バーネットさんはそのセミナーに参加した。

☐ **curios** 形 好奇心が強い、詮索好きな

### 0994 ☐ **loyal** [lɔ́iəl]
形 忠実な、忠義な、誠実な

Clever business people are absolutely **loyal** to their employer.
利口なビジネス人は、雇用主に100%忠実である。

☐ **loyalty** 名 忠実、誠実

### 0995 ☐ **contemporary** [kəntémpərèri]
形 現代の、同時代の

Our office building has a design in completely **contemporary** style.
当社のオフィスビルは、まったく現代風のデザインだ。

## 0996 critical
[krítikəl]  形 批判的な、重大な、危篤の

The old management is often **critical** of new ideas.
古い経営陣は、新しい考え方に対して批判的な場合が多い。
- critically 副 決定的に、批評的に
- criticize 動 ～を批判する、非難する

## 0997 demote
[dimóut]  動 ～を降格させる

Mr. Simmons was **demoted** for disobeying orders.
シモンズ氏は、命令に従わなかったので降格させられた。
- demotion 名 降格

## 0998 humiliate
[hju:mílièit]  動 ～に恥をかかせる、屈辱を与える

Mr. Willis **humiliated** himself in front of the large audience by his frequent mispronunciations.
ウィリス氏は、しばしば発音を間違えて多くの聴衆の前で恥をかいた。
- humiliation 名 屈辱

## 0999 determine
[ditə́:rmin]  動 ～を決定する、決心する

Cost will **determine** the ways of manufacturing.
原価が製造方法を決定します。
- determined 形 断固とした、堅く決意した
- determination 名 決意、決心

## 1000 untidy
[ʌntáidi]  形 散らかった、乱雑な、杜撰な

Ms. Barrie does not like to work at an **untidy** desk.
バリーさんは、散らかった机で働くのが好きではない。

## 1001 vulnerable
[vʌ́lnərəbl]
形 傷つきやすい、もろい、影響されやすい 《to》

Floppy disks are **vulnerable** to magnetic fields.
フロッピー・ディスクは磁気に弱い。
**vulnerability** 名 もろさ、脆弱性

## 1002 transmit
[trænsmít]
動 ～を送信する、伝達する、送り届ける

The optical fiber can **transmit** information quickly.
光ファイバーを用いると、情報を素早く送ることができる。
**transmission** 名 送信、伝達

## 1003 vendor
[véndər]
名 (街頭の) 物売り、売り主、納入業者

Mr. Caldwell started out working as a street **vendor**.
コールドウェル氏は、街頭の物売りとして仕事を始めた。

## 1004 extend
[iksténd]
動 ～を拡張する、広げる、延長する、与える、伝える

The publishing company **extended** its activities to Asia and Oceania.
その出版社は、アジアとオセアニアに事業を拡げた。
**extended** 形 拡大した、長期の

## 1005 rebate
[ríːbeit]
名 (合法的な) 払い戻し、手数料
動 ～にリベートを与える、…に払い戻す

Buyers are given a **rebate** of $20.
購入者は、20ドルの払い戻しを受けられます。

## 1006 □ **indifferent**
[indífərənt]
形 無関心の、冷淡な 《to》

Most workers in the electronics company were **indifferent** to the new project.
その電子工業会社のほとんどの従業員は新規プロジェクトに無関心だった。
□ **indifference** 名 無関心、冷淡 《to》

## 1007 □ **violation**
[vàiəléiʃən]
名 違反、妨害、侵害

Companies cannot be too careful about a patent **violation**.
会社は、特許違反に関して用心するに越したことはない。
□ **violate** 動 ～に違反する、妨害する、侵害する

## 1008 □ **vacant**
[véikənt]
形 空席の、空いている、欠員の

This new system shows you where the **vacant** seats are with an LED flasher.
この新しいシステムは、LEDの点滅でどこに空席があるかを教えてくれます。
□ **vacancy** 名 空室、空家、欠員

## 1009 □ **isolate**
[áisəlèit]
動 ～を孤立させる、分離する

The fast food chain has opened a market in a country that is **isolated** from the rest of the world.
そのファーストフード・チェーンは、世界から孤立している国に市場を開拓した。
□ **isolation** 名 孤立、分離

## 1010 □ **exceed**
[iksí:d]
動 ～を超える、～にまさる

Each line of this report cannot **exceed** 40 characters.
この報告書のそれぞれの行は、40字を超えてはいけません。
□ **exceeding** 形 非常な、極度の
□ **exceedingly** 副 非常に

## 1011 ☐ **fascinate**
[fǽsənèit]
動 ～を魅了する

The visitors were **fascinated** by the flowers in a courtyard.
来客は、中庭の花に魅了された。

☐ **fascinating** 形 魅力的な
☐ **fascination** 名 魅了、魅力

## 1012 ☐ **grasp**
[grǽsp]
動 ～を理解する、握る
名 把握、支配

Mr. McNair as a business consultant does not **grasp** the importance of the news.
ビジネスコンサルタントのマクネアー氏は、そのニュースの重要性を把握していない。

☐ **beyond** *one's* **grasp** 熟 ～の理解力を超えている

## 1013 ☐ **supportive**
[səpɔ́:rtiv]
形 支持する、助けになる、協力的な

Many members are generally **supportive** of the plan.
多くのメンバーが大体においてその計画を支持している。

☐ **support** 動 ～を支持する、応援する 名 支持、後押し

## 1014 ☐ **sweep**
[swí:p]
動 ～を掃く、掃除する
名 掃除

Every morning we first **sweep** the street at the gate with a broom.
毎朝我々は、まず玄関の通りをほうきで掃く。

## 1015 ☐ **lumber**
[lʌ́mbər]
名 木材、板材
動 ～を伐採する

**Lumber** must be dried before it is stored.
材木は貯蔵される前に、乾燥させなければならない。

## 1016 check
[tʃék]
名 小切手、勘定書、点検、抑制
動 ～を確認する、照合する

The customer wrote out a **check** for $100.
その顧客は、100ドルの小切手を書いた。

## 1017 reconsider
[rìkənsídər]
動 ～を考え直す、再検討する

Mr. Walker **reconsidered** his opinion and decided to change it.
ウォーカー氏は自分の意見を考え直し、変更する決心をした。
□ **reconsideration** 名 再考、再審議

## 1018 beware
[biwέər]
動 用心する、注意する 《of》

**Beware** of trusting people so eager to please others.
他人の機嫌を取ろうとしている人を信頼するのは用心しなさい。

## 1019 commit
[kəmít]
動 ～を委ねる、～に全力を傾ける、～を犯す

You might as well **commit** your valuables to the front desk for safekeeping.
あなたは貴重品はフロントに預けて保管してもらった方がよい。
□ **commitment** 名 献身、公約、約束、責務
□ **committed** 形 献身的な、約束した

## 1020 resolve
[rizálv]
動 ～を決議する、決定する、解決する

The committee **resolved** that all the part-time workers should be given a bonus.
委員会は、パート従業員全員が賞与を与えられるべきだと決めた。
□ **resolution** 名 決議（案）、解決（策）

### 1021 resist
[rizíst]
動 〜を我慢する、〜に抵抗する

No one who loves a bargain will be able to **resist** these goods.
バーゲン好きな人は誰でも、この商品に手を出さないわけにはいかない。
- resistance　名 抵抗、免疫力
- resistant　形 抵抗する、抵抗力のある

### 1022 submit
[səbmít]
動 〜を提出する、服従させる

The proposal will be **submitted** to the committee.
その提案は委員会に提出されます。
- submission　名 提出、服従

### 1023 precious
[préʃəs]
形 貴重な、大切な、高価な

It was so kind of you to spare your **precious** time.
貴重な時間を割いて頂き、大変ありがとうございました。

### 1024 compose
[kəmpóuz]
動 〜を組み立てる、構成する、作曲する

The restaurant serves 24 small dishes from which you can **compose** a meal during lunch.
そのレストランは、ランチ時間にあなたが食事を組み立てることができる24の料理を提供している。
- composition　名 組み立て、構成、作曲、作文

### 1025 compound
[kámpaund]
名 化合物、複合物　形 複合の、化合の
動 〜を混合する、妥協する

This health necklace is a **compound** of gold with germanium.
この健康ネックレスは、金とゲルマニウムの化合物です。

## 1026 conflict
[kánflikt] 名争い、紛争、摩擦、軋轢

The attitude of Ms. Bolton will only create **conflicts** among the staff members.
ボルトンさんの態度は、スタッフの間に対立を引き起こすだけだ。

## 1027 confront
[kənfrʌ́nt] 動〜に直面する、立ち向かう

The new system will be **confronted** with great problems when it starts.
新システムは発足時に大きな問題に直面するだろう。
- **confrontation** 名対決、直面
- **confrontational** 形対立的な

## 1028 describe
[diskráib] 動〜を述べる、描写する

The manager **described** her reaction to the decision calmly.
部長はその決定に対する反応を冷静に述べた。
- **description** 名記述、描写
- **descriptive** 形記述的な、説明的な

## 1029 disorder
[disɔ́:rdər] 名混乱、無秩序、不調、障害

The speech by the chairman ended the **disorder** in the assembly plant.
会長の演説が、組立工場の混乱に終止符を打った。

## 1030 entire
[intáiər] 形全体の、全くの、完全な

Mr. Sloan has taken the **entire** blame for it and left his post.
スローン氏はその全責任を取り、役職を辞した。
- **entirely** 副全く、完全に
- **entirety** 名全体、全部、全額

**1031** ☐ **alter** 動 ～を変える、仕立て直す
[ɔ́:ltər]

Mr. Ray **altered** his opinion suddenly.
レイ氏は、突然自説を変えた。
☐ **alternation** 名 変更、手直し

**1032** ☐ **upset** 動 ～を覆す、狂わす、動揺させる
[ʌpsét] 名 混乱、番狂わせ、不調　形 取り乱した

The latest sales figures have **upset** our calculations.
最新の売上値は、我々の計算を裏切った。

**1033** ☐ **assess** 動 ～を査定する、課する
[əsés]

The damage caused by the tsunami is **assessed** at ten million dollars.
津波による被害額は1000万ドルと査定されている。
☐ **assessment** 名 査定、評価（額）

**1034** ☐ **survive** 動 存続する、生き残る、生き延びる
[sərváiv]

The corporate identify will **survive** after the present president leaves.
現社長が辞しても、社風は残るであろう。
☐ **survival** 名 生き残り、生存者、遺物

**1035** ☐ **method** 名 方法、方式、手順、秩序
[méθəd]

The beverage company has discovered a **method** for dissolving gold in water.
その飲料会社は、金を水に溶かす方法を発見した。
☐ **methodical** 形 順序だった、几帳面な

## 1036 surgery
[sə́:rdʒəri] 名 手術、外科手術

Dr. Nicoll does **surgery** by laser.
ニコル医師は、レーザーを用いた手術を行なう。
- surgeon 名 外科医
- surgical 形 手術の、外科の

## 1037 persuade
[pərswéid] 動 ～を納得させる、説得する

Mr. Crawford's common-sense attitude **persuaded** people to support his ideas.
クロフォード氏の常識的な態度は、人々に彼の考えを支持することを納得させた。
- persuasion 名 説得、確信
- persuasive 形 説得力のある

## 1038 permanent
[pə́:rmənənt] 形 常任の、終身の、永遠の、耐久性のある

Mr. Barlow is engaged on a **permanent** basis.
バーロウ氏は、常勤として雇われている。
- permanently 副 永続的に、絶えず

## 1039 confuse
[kənfjú:z] 動 ～を困惑させる、まごつかせる、混乱させる

An employee fresh from college **confused** the manager with many questions.
大学を出たての従業員は、部長にやたらと質問して困らせた。
- confusion 名 混乱、当惑

## 1040 quote
[kwóut] 動 ～に値段をつける、引用する
名 引用文

If you reserve a hotel room through the Internet, you can get a rate lower than those **quoted** by travel agents.
インターネットでホテルの部屋を予約すれば、旅行代理店が見積もった値段よりも安い値段になります。
- quotation 名 見積額、引用

## 1041 □ **reference** [réfərəns]
名 参照、言及、出典、引用

The route to our office is easily understood by **reference** to the map at the station.
当社への道は駅の地図を参照すれば容易に理解できます。
□ **refer** 動 言及する、照会する《to》

## 1042 □ **disturb** [distə́:rb]
動 ～を妨げる、邪魔する、阻害する

Please don't **disturb** me while I'm sleeping.
私の睡眠中は邪魔しないでください。
□ **disturbance** 名 妨害、迷惑

## 1043 □ **duty** [djú:ti]
名 税、関税、義務、任務

The government decided to lay a duty on fresh food and lift the **duty** from processed products.
政府は生鮮食品に税をかけ、加工食品を課税対象からはずすことを決めた。

## 1044 □ **edge** [édʒ]
名 優位性、強み、先端、刃

The toiletries company has gained a slight **edge** in the production of toothpaste over others.
その化粧品会社は、歯磨き粉の生産で他社よりやや優位に立った。
□ **edgy** 形 鋭い、いらいらした

## 1045 □ **accommodate** [əkámədèit]
動 ～を収容できる、提供する

Amtrak decided to add more cars to **accommodate** extra passengers.
アムトラックは、すべての乗客を収容できるように車両を増やすことに決めた。
□ **accommodating** 形 協力的な、融通のきく
□ **accommodation** 名 収容能力、宿泊設備

## 1046 □ **seldom**
[séldəm]

副 めったに〜ない、ほとんど〜ない

This floor is **seldom** manned after five o'clock.
この階は5時を過ぎると、ほとんど人気がなくなります。

## 1047 □ **excessive**
[iksésiv]

形 過度の、過剰の、極端な

The mobile phone company must solve the problem of **excessive** personnel costs.
その携帯電話会社は、過度の人件費問題を解決しなければならない。

□ **excess** 名 超過、過剰、不品行
□ **excessively** 副 過度に、過剰に

## 1048 □ **warn**
[wɔ́:rn]

動 〜に警告する、注意する、通知する

Mr. Helm **warned** me not to be late for the meeting again.
ヘルム氏は、私に再び会議に遅れないように警告した。

□ **warning** 名 警告、通告、前兆

## 1049 □ **primary**
[práimeri]

形 根本の、主要な、最初の

The use of **primary** colors in clothing is getting more and more popular among youngsters.
衣服に原色を使うことが、若者の間でますます人気が出てきている。

□ **primarily** 副 主に、第一に

## 1050 □ **priority**
[praiɔ́:rəti]

名 優先事項、優先

The board agreed on their **priorities** for the next year.
委員会は、翌年の最優先事項について合意した。

## Partテスト

Part 8 のおさらいです。下記の単語の意味を答えましょう。

1. procedure (　　　　　　　　)
2. warranty (　　　　　　　　)
3. rational (　　　　　　　　)
4. remit (　　　　　　　　)
5. tedious (　　　　　　　　)
6. urgent (　　　　　　　　)
7. curiosity (　　　　　　　　)
8. fascinate (　　　　　　　　)
9. alter (　　　　　　　　)
10. accommodate (　　　　　　　　)

## ジャンル別重要語句⑧【交通・旅行】

□ **vehicle** [ví:ikl] 名 乗り物
□ **steering wheel** [stíəriŋ hwì:l] 名 ハンドル
□ **rear-view mirror** [ríərvju: mírər] 名 バックミラー
□ **freeway** [frí:wèi] 名 高速道路
□ **passenger** [pǽsəndʒər] 名 乗客
□ **window seat** [wíndou sì:t] 名 窓側の席
□ **aisle seat** [áil sì:t] 名 通路側の席
□ **fare** [féər] 名 運賃
□ **destination** [dèstənéiʃən] 名 目的地、行き先
□ **itinerary** [aitínərèri] 名 旅行計画(表)
□ **book** [búk] 動 〜を予約をする (= reserve)
□ **reconfirm** [rì:kənfə́:rm] 動 〜を再確認する
□ **boarding pass** [bɔ́:rdiŋ pǽs] 名 搭乗券
□ **customs officer** [kʌ́stəmz ɔ́:fisər] 名 税関職員
□ **immigration officer** [ìməgréiʃən ɔ́:fisər] 名 入国管理官

---

[Partテスト解答] 1. 手続き、手順　2. 保証、保証書　3. 理にかなった、合理的な　4. 〜を送る　5. 退屈な、うんざりする　6. 緊急の　7. 好奇心、詮索好き　8. 〜を魅了する　9. 〜を変える、仕立て直す　10. 〜を収容できる、提供する

# よく出る！標準単語
# 1051〜1200

TOEIC最頻出
標準単語・熟語750語

Part
9

601〜750
751〜900
901〜1050
1051〜1200
150〜300

## 1051 respond
[rispánd]
動 応じる、応答する、反応する《to》

The accessory company is **responding** excellently to increasing demand for the product.
そのアクセサリー会社は、その製品への高まる需要にうまく対応している。
- **response** 名 応答、応答《to》

## 1052 occupation
[àkjupéiʃən]
名 職業、業務、占有

These graphs show income by **occupation**.
これらのグラフは、職業別の収入を提示している。
- **occupational** 形 職業の、占領の

## 1053 offend
[əfénd]
動 ～の感情を害する、～を立腹させる

The secretary was somewhat **offended** by her superior's joke.
秘書は、上司の冗談に幾分気を悪くした。
- **offense** 名 犯罪、違反、攻撃、立腹
- **offensive** 形 攻撃的な、侮辱的な

## 1054 renew
[rinjú:]
動 ～を更新する、再開する

We have **renewed** the agreement for another two years.
我々は、その協定をもう2年間更新した。
- **renewal** 名 更新、書き換え

## 1055 remark
[rimá:rk]
名 発言、意見、注目
動 ～と述べる

Two delegates from both companies exchanged a few **remarks** in a low voice.
双方の会社の2人の代理人は、低い声で言葉を交わした。

## 1056 abandon
[əbǽndən]　動 〜を断念する、放棄する

Ill health caused him to **abandon** his travel plans.
健康を害したために、彼は旅行を断念した。
- **abandonment** 名放棄
- **abandoned** 形放棄された、見捨てられた

## 1057 reveal
[rivíːl]　動 〜を明らかにする、暴露する

Ms. Murray **revealed** her real intention only to her immediate superior.
マレーさんは、直属の上司だけに真意を明らかにした。
- **revelation** 名暴露、啓示

## 1058 term
[tə́ːrm]　名 言葉、用語、期間、項目、《-s》条件

The most popular **term** among manufacturers is "earth-friendly."
製造メーカーで最も人気のある言葉は、「地球に優しい」である。
- **in terms of 〜** 熟 〜に関して

## 1059 identify
[aidéntəfài]　動 〜の身元を確認する、〜を同一視する

You must wear a name tag around your neck to **identify** yourself in the office.
あなたは、身元をはっきりさせるためにオフィス内では名札を首からぶら下げていなければならない。
- **identification** 名身分証明（書）

## 1060 ventilate
[véntəlèit]　動 〜を換気する

Ms. Young **ventilates** the room by opening windows when she comes to her office.
ヤングさんは会社に来ると、窓を開けて部屋を換気する。
- **ventilation** 名換気、風通し

## 1061 adhere
[ædhíər]　動 ～を固守する、～に固執する《to》

The economist **adheres** to the notion that the 21st century still belongs to the USA.
その経済学者は、21世紀はまだアメリカの世紀であるという考えに捕らわれている。
- adherence　名 固執、付着
- adherent　形 固守する、付着性の

## 1062 verify
[vérəfài]　動 ～を証明する、確かめる、検証する

The data **verified** our conclusion.
そのデータは、我々の結論を証明した。
- verification　名 証明、確認、検証

## 1063 vacate
[véikeit]　動 ～を引き払う、立ち退く、無効にする

Snapple Beverage Inc. **vacated** its offices and moved to a new building.
スナップル飲料株式会社は、会社の事務所を引き払い新しいビルに移った。
- vacancy　名 空室、欠員
- vacant　形 空いている、からっぽの、欠員の

## 1064 impact
[ímpækt]　名 影響力

Mr. Harper's demonstration of the goods made much **impact** on housewives.
ハーパー氏の商品実演は、主婦に大きな効果があった。

## 1065 discard
[diská:rd]　動 ～を廃棄する、処分する

Please **discard** this notice if you have already paid.
もうすでにお支払いがお済みでしたら、この通知は破棄してください。

## 1066 multiple
[mʌ́ltəpl]
形 多重の、複合の、多角的な
名 倍数

This new printer enables us to do **multiple** printings on fine paper.
この新型プリンターのおかげで、上質紙への多重印刷が可能になった。
☐ **multiply** 動 ～を増加させる、掛ける

## 1067 sheer
[ʃíər]
形 全くの、完全なる

It was **sheer** carelessness on our side.
それは、当社側の全くの不注意でした。

## 1068 philosophy
[filásəfi]
名 考え方、信条、主義、哲学

This **philosophy** will also work in business.
この考え方は、ビジネスでもうまくいくだろう。
☐ **philosophical** 形 哲学の、冷静な

## 1069 rapid
[rǽpid]
形 速い、敏速な

These days many businessmen take a special course in **rapid** reading.
今日多くのビジネスマンが、速読の特別コースを取っている。
☐ **rapidity** 名 迅速さ、素早さ
☐ **rapidly** 副 迅速に、急速に

## 1070 rarely
[réərli]
副 めったに～しない

This is a case that is **rarely** encountered in the business world.
これは、ビジネス界ではめったに遭遇しない事例である。

### 1071 ☑ **traffic**
[trǽfik]
名 取引、商売、交通（量）、アクセス量

The firm does a large **traffic** in mineral water.
その会社は、ミネラルウォーターで大きな取引を行なっている。

### 1072 ☑ **translate**
[trænsléit]
動 ～を訳す、翻訳する、解釈する

Our president's speech was **translated** into English by her interpreter.
我が社の社長の演説は、お抱えの通訳が英訳した。
☑ **translation** 名 翻訳、訳文、変換

### 1073 ☑ **incapable**
[inkéipəbl]
形 (～) できない、(～する) 能力がない
《of》

Mr. McGill was **incapable** of realizing the situation.
マッギル氏は、状況を把握できなかった。

### 1074 ☑ **inconvenient**
[inkənvíːnjənt]
形 不便な、不都合な

Would it be very **inconvenient** to let us call you back in a few minutes?
数分後こちらから折り返しお電話を差し上げるのは、ご迷惑でしょうか？
☑ **inconvenience** 名 不便、迷惑

### 1075 ☑ **imperative**
[impérətiv]
形 絶対必要な、命令的な

It is **imperative** that Mr. Bailey's sales team finish the draft by the end of this month.
ベイリー氏の販売チームは月末までにその草案をまとめる必要がある。

## 1076 ☐ **immigrant** [ímigrənt]
名 (外国からの) 移民、移住者

The grocery chain hired lots of **immigrants** especially from Latin America.
その食料雑貨店チェーンは、ラテンアメリカからの移民を多く雇用した。
☐ **immigrate** 動 移住する
☐ **immigration** 名 移住

## 1077 ☐ **inadequate** [inǽdikwət]
形 不十分な、足りない、不適当な

Mr. Rosenberg is **inadequately** prepared for his next presentation.
ローゼンバーグ氏は、次回のプレゼンテーションへの準備が不十分である。
☐ **inadequately** 副 不十分に、不適当に
☐ **adequate** 反 十分な、適任の

## 1078 ☐ **lawsuit** [lɔ́:sù:t]
名 訴訟、告訴

Mr. Kemp has entered a **lawsuit** against his former company.
ケンプ氏は、以前働いていた会社に対して訴訟を起こした。

## 1079 ☐ **minimize** [mínəmàiz]
動 ～を最小限にする

You should try to **minimize** errors from the beginning.
最初から間違いを最小限にするように努めなさい。
☐ **minimum** 形 最小の、最低限の 名 最低限、最小量

## 1080 ☐ **majority** [mədʒɔ́:rəti]
名 大多数、過半数

The **majority** of the people in the poll preferred Hondas to Toyotas.
調査によると、人々の大多数がトヨタ車よりホンダ車を好んでいる。
☐ **minority** 反 少数、少数派、少数民族

### 1081 prime
[práim]
形 主要な、根本的な、一流の

Ms. Jorden's **prime** concern is how she obtains the expected earnings.
ジョーデンさんの第一の関心事は、どうやって期待されている売上げを得るかということだ。

□ **primary** 形 第一の、主要な

### 1082 view
[vjú:]
名 意見、景色、視界
動 ～を眺める、見なす

You will be given an opportunity to express your **views** on this issue later.
あなた方は、後ほどこの問題に対して意見を述べる機会を与えられます。

□ **in view of ～** 熟 ～を考慮して

### 1083 periodic
[pìəriádik]
形 定期的な、周期的な（= periodical）

**Periodic** checks are made to keep the high quality of this food supplement.
この栄養補助所食品の高い品質を保つために、定期的なチェックが行なわれている。

### 1084 shutdown
[ʃʌ́tdàun]
名 閉鎖、営業停止、運転停止

The **shutdown** of much of the automobile industry was suddenly announced.
自動車産業界で多くの閉鎖が突然発表された。

### 1085 symptom
[símptəm]
名 徴候、症状

These **symptoms** show the problems in the functioning of the system.
これらの徴候はシステムの機能の問題を示している。

□ **symptomatic** 形 徴候となる、症状を示す《of》

## 1086 terminal
[tə́:rmənl]
名 電極、端子、末端、終着駅
形 末期的な、最終的な

You should be careful about the negative and positive **terminals** of the battery.
あなたは、電池のマイナスとプラスの電極に注意すべきです。

## 1087 compel
[kəmpél]
動 (人に) 強制的に〜させる、強いる

The law **compels** employers to provide health insurance.
法律は、雇用者に健康保険に加入させるよう義務づけている。
□ **compelling** 形 強制的な、説得力のある

## 1088 astounding
[əstáundiŋ]
形 度肝を抜くような、びっくり仰天するような

It was **astounding** to us that no one had tried to improve the situation.
この事態を改善しようとした人がいなかったことは、我々には驚愕だった。
□ **astound** 動 〜をびっくり仰天させる

## 1089 weigh
[wéi]
動 〜を考察する、比較検討する、〜の重さを測る

You should **weigh** the facts and figures carefully before you make a final decision.
あなたは最終決定をする前に、事実と数字を注意深く考察すべきです。
□ **weight** 名 重量、負担

## 1090 deregulate
[di:régjulèit]
動 〜の規則を撤廃する

It might be dangerous to try to **deregulate** everything at one time.
一度に規制緩和を図ろうとするのは、危険かもしれない。
□ **deregulation** 名 規制撤廃、規制緩和
□ **regulate** 反 〜を規制する

## 1091 utensil
[juːténsəl]
名 道具、器具、台所用具

You are free to take writing **utensils** from the locker just behind Mr. Crystal.
あなたはクリスタル氏のすぐ後ろのロッカーから、自由に文房具を取っていいですよ。

## 1092 facilitate
[fəsílətèit]
動 ～を容易にする、促進する

Please keep the following information in mind to **facilitate** placing your order.
スムーズに注文が行なえるように、以下のお知らせにご留意ください。

## 1093 renovation
[rènəvéiʃən]
名 修理、修繕、革新、刷新

The department store is closed for **renovation**.
そのデパートは、改装のため閉店している。

□ **renovate** 動 ～を改造する、修復する

## 1094 abolish
[əbáliʃ]
動 ～を廃止する、撤廃する

The wage system based on seniority was **abolished** in the company last year.
昨年その会社では、年功賃金制度が廃止された。

□ **abolishment** 名 廃止、撤廃

## 1095 accelerate
[æksélərèit]
動 ～を加速化する、促進する

The great demand for cellular phones has **accelerated** their production.
携帯電話の需要が多いために、生産が加速化した。

□ **acceleration** 名 加速

### 1096 ☐ accompany [əkʌ́mpəni]
動 ～に同行する、～を伴う

The business manager **accompanied** the president on his tour of factories in Hokkaido.
事業部長は社長の北海道工場視察に同行した。
☐ **accompanying** 形 添付の、付随の

### 1097 ☐ coherent [kouhíərənt]
形 首尾一貫した、筋の通った

Mr. Freeman from Red Creek Wines managed to give a **coherent** explanation.
レッドクリーク・ワイン社のフリーマン氏は何とか首尾一貫した説明ができた。
☐ **coherence** 名 一貫性、結束

### 1098 ☐ collaborate [kəlǽbərèit]
動 協力する、共同で行なう

The two firms **collaborated** closely in developing the liquid crystal display.
その2社は、液晶ディスプレーを開発するのに緊密に連携した。
☐ **collaboration** 名 協力、共同制作

### 1099 ☐ emphasize [émfəsàiz]
動 ～を強調する

Mr. Newman, our senior manager, often **emphasizes** to us the great importance of the company's mission.
我々の上級管理者のニューマン氏は、しばしば会社の使命の大きな重要性を強調する。
☐ **emphasis** 名 強調、重点

### 1100 ☐ innovative [ínəvèitiv]
形 革新的な、進取的な

Placing the larger freezing compartment at the bottom of the refrigerator was an **innovative** idea.
より大きな冷凍室を冷蔵庫の底に持ってくることは、斬新なアイデアだった。
☐ **innovate** 動 ～を開発する、始める
☐ **innovation** 名 革新、発明

### 1101 inquiry
[ínkwáiəri] 名 問い合わせ、照会

Your **inquiries** will receive careful attention in our firm.
当社では、お客様のお問い合わせには注意を持ってお答え致します。
- inquire 動 〜を尋ねる、聞く
- inquiring 形 好奇心のある、詮索好きな

### 1102 quarterly
[kwɔ́ːrtərli] 名 季刊誌 形 年4回の 副 年4回

The research was published in a scientific **quarterly**.
その調査は科学の季刊誌に発表された。
- quarter 名 四分の一、15分、25セント

### 1103 questionnaire
[kwèstʃənéər] 名 アンケート、質問書

Please fill in this **questionnaire** in your spare time.
空き時間にこのアンケートを書き込んでおいてください。

### 1104 sluggish
[slʌ́giʃ] 形 活気のない、不景気な

Trading was **sluggish** on the stock exchange in the morning but picked up in the afternoon.
朝の株式取引は不振だったが、昼には持ち直した。

### 1105 soar
[sɔ́ːr] 動 暴騰する、急上昇する

The stocks of the radio station **soared** and many people profited.
そのラジオ局の株価は高騰し、多くの人が利益を得た。

## 1106 subsidiary
[səbsídièri]

形 子会社の、副次的な
名 子会社

Daihatsu is a **subsidiary** company of Toyota.
ダイハツはトヨタの子会社である。

## 1107 subsidy
[sʌ́bsədi]

名 補助金、助成金

A **subsidy** to farmers will be reduced next year.
来年、農業従事者への補助金は減らされるであろう。

□ **subsidize** 動 ～に助成金を支給する、～を補助する

## 1108 accumulate
[əkjúːmjulèit]

動 ～を蓄積する、積み上げる

Many young people tend to **accumulate** debts by the overuse of credit cards.
多くの若者たちは、クレジットカードの使いすぎで借金を重ねる傾向がある。

□ **accumulation** 名 蓄積

## 1109 acknowledge
[æknɑ́lidʒ]

動 ～を認める、～に感謝する

Mr. Bell **acknowledged** the greeting with a friendly smile.
ベル氏は、親しみのある笑顔で挨拶に応えた。

□ **acknowledgment** 名 承認、謝辞

## 1110 acute
[əkjúːt]

形 深刻な、鋭い

The food crisis in Africa has been getting more and more **acute**.
アフリカの食糧危機は、ますます深刻になってきている。

□ **acutely** 副 激しく、鋭く

### 1111 allegedly
[əlédʒidli]
**副** 伝えられるところでは

Every important decision is **allegedly** made by special interests in the US.
伝えられるところでは、アメリカでは重要な決定は特別な利害関係によってなされている。
- **allegation** 名 申し立て、主張
- **allege** 動 〜を主張する、断定する

### 1112 alliance
[əláiəns]
**名** 提携、協力関係、同盟

The business **alliance** gradually developed into friendship.
そのビジネス提携は、次第に友好関係へと進展した。

### 1113 assert
[əsə́:rt]
**動** 〜を断言する、明言する

Mr. Cook **asserted** that he had met his main goals.
クック氏は、主たる目的を達したと断言した。
- **assertion** 名 主張、名言
- **assertive** 形 断定的な、自己主張の強い

### 1114 assign
[əsáin]
**動** 〜を割り当てる、任命する

United Communications **assigned** Mr. Gardner to the job.
ユナイテッド・コミュニケーションズ社は、ガードナー氏にその仕事を担当させた。
- **assignment** 名 任務、割り当て、課題

### 1115 amid
[əmíd]
**前** 〜の最中に、真ん中に

We should create new business opportunities **amid** the ongoing economic recession.
継続する景気後退の最中に、我々は新たなビジネス機会を創出すべきだ。

## 1116 endow [indáu]
**動** ～を寄付する、授ける

This pharmaceutical company regularly **endows** a local hospital with money.
この製薬会社は定期的に地元の病院に基金を寄付している。

endowment **名** 寄付金、基金、能力

## 1117 endorse [indɔ́:rs]
**動** ～を承認する、～に裏書きする

The local government **endorsed** our development proposal.
地元自治体は、我々の開発計画を是認した。

endorsement **名** 支持、承認、裏書き

## 1118 audit [ɔ́:dit]
**動** ～を監査する、聴講する

The tax office can **audit** a small business's tax return.
税務署は、小企業家の所得申告書を監査することができる。

auditor **名** 会計検査官、監査役

## 1119 boost [bú:st]
**動** ～を高める、押し上げる
**名** 後押し、上昇

Success in the new business **boosted** their moods.
新規ビジネスでの成功は、彼らの気持ちを高揚させた。

## 1120 bulky [bʌ́lki]
**形** 大きい、分厚い、かさばった

This year's economic white paper will be the **bulkiest** so far.
今年の経済白書は、これまでで最も分厚いものになるだろう。

bulk **名** 大量、容積、大部分

## 1121 cater
[kéitər]
動 料理をまかなう、～に応じる、迎合する

Our hotel **caters** for weddings and parties at a low price.
当ホテルは格安料金にて結婚式・ご宴会を承ります。
- caterer 名 仕出し屋、宴会業者
- catering 名 食事の調達、ケータリング

## 1222 commission
[kəmíʃən]
名 委託、歩合、委員会
動 ～を委託する、任命する

Mr. Kennedy sells personal computers on **commission**.
ケネディー氏は、パソコンを委託販売している。

## 1123 compatible
[kəmpǽtəbl]
形 互換性がある、両立する

This printer is **compatible** with the newest Windows.
このプリンターは最新のウィンドウズと互換性がある。
- compatibility 名 互換性、適合性
- incompatible 反 互換性がない、矛盾する、両立しない

## 1124 subordinate
[səbɔ́ːrdənət]
名 部下、下位の人
形 下位の、二次的な

Our boss has no authority over his **subordinates**.
我々の部長は部下ににらみがきかない。
- subordination 名 従属、下位

## 1125 enact
[inǽkt]
動 ～を制定する、法律にする

Women in this state are waiting for equal opportunity policies to be **enacted**.
この州の女性は、機会均等政策が制定されるのを待っている。
- enactment 名 制定、法律

## 1126 comprehensive
[kàmprihénsiv]
形 包括的な、広範囲にわたる

We don't have a **comprehensive** explanation of what occurred in our company yet.
我々は、社内で何が起こったのかについて包括的な説明をまだ受けていない。
- comprehend　動 ～を包含する、理解する
- comprehension　名 包含、理解

## 1127 condemn
[kəndém]
動 ～を激しく非難する、責める

The management was **condemned** by the company's shareholders.
経営陣はその会社の株主から非難された。
- condemnation　名 非難

## 1128 consistent
[kənsístənt]
形 首尾一貫した、矛盾しない

Mr. Moore's behavior is usually **consistent** with what he says.
ムーア氏の行動は、言っていることと大抵一致している。
- consistency　名 一貫性
- inconsistent　反 矛盾した、一貫性のない

## 1129 contaminated
[kəntǽmənèitid]
形 汚染された

All the cows in the **contaminated** area must be killed.
汚染地域の牛はすべて処分されなければならない。
- contamination　名 汚染、汚染物

## 1130 convene
[kənví:n]
動 ～を召集する

The board decided to **convene** its final meeting on September 6th.
役員会は、9月6日に最終会議の召集を決めた。
- convention　名 会議、集会、慣習

**1131** ☐ **courtesy** 　　　图 礼儀正しさ、丁重さ
[kə́:rtəsi]

The law firm showed Mr. Morgan every **courtesy**.
その法律事務所は、モーガン氏に礼を尽くした。
☐ **courteous**　形 礼儀正しい、丁重な

**1132** ☐ **deduct** 　　　動 ～を控除する、差し引く
[didʌ́kt]

You can **deduct** expenses on your tax return.
あなたは確定申告で必要経費を控除できます。
☐ **deductible**　形 控除できる
☐ **deduction**　图 控除、演繹（法）

**1133** ☐ **demolish** 　　　動 ～を破壊する、打ち砕く
[dimáliʃ]

The construction company used dynamite to **demolish** the old building.
その建設会社は、古いビルを取り壊すのにダイナマイトを用いた。
☐ **demolition**　图 取り壊し、解体

**1134** ☐ **denounce** 　　　動 ～を非難する、責める
[dináuns]

Mr. Webb's article **denounces** Essen Gas's position on the issue.
ウェブ氏の記事は、その問題に対するエッセンガス社の態度を非難している。
☐ **denouncement**（= **denunciation**）　图 非難、弾劾

**1135** ☐ **deposit** 　　　图 手付け金、保証金、預金
[dipázit]　　　　　　動 ～を預金する、預ける

We require a five-percent **deposit**.
当社は、頭金5パーセントを要求致します。

### 1136 diagnose
[dàiəgnóus] 動 〜を診断する

Some cancers can be treated if they are **diagnosed** early enough.
癌の中には十分早く診断されれば、治療できるものもある。
- diagnosis 名診断、診察
- diagnostic 形診断の

### 1137 dominant
[dάmənənt] 形支配的な、有力な

Round Happiness Coffee from Brazil is a **dominant** brand in the coffee market.
ブラジル産のラウンド・ハピネス・コーヒーは、コーヒー市場で支配的な銘柄だ。
- dominate 動〜を支配する、占める
- dominance 名優勢、支配（力）

### 1138 durable
[djúərəbl] 形耐久性がある、長持ちする

Bear Footwear of Germany produces **durable** leather shoes.
ドイツのベアー靴社は、耐久性のある革靴を製造している。
- durability 名耐久性、永続性

### 1139 amend
[əménd] 動〜を修正する、訂正する

The US Congress **amended** the bill several times before it became the law.
アメリカ議会は、その議案を法律になる前に数回修正した。
- amendment 名修正（案）、変更

### 1140 enhance
[inhǽns] 動〜を高める

Using famous movie stars in a TV commercial can help **enhance** product recognition.
テレビコマーシャルへの有名映画スターの起用は、製品の認知度を高める手助けをしてくれる。
- enhancement 名向上、増進

### 1141 evade
[ivéid] 動 ～を避ける、かわす

Some licensed tax accountants help companies **evade** taxes.
税理士の中には企業に脱税を援助する人たちもいる。
- **evasion** 名 回避、逃避
- **evasive** 形 回避的な、責任逃れの

### 1142 exempt
[igzémpt] 動 ～を免除する

Some workers from foreign countries are **exempted** from tax.
外国人の従業員の中には、免税されるものがいる。
- **exemption** 名 免除

### 1143 fabric
[fǽbrik] 名 基本構造、繊維、布地

Even after the new president took his position, the basic **fabric** of this firm remained unchanged.
新社長が就任した後でさえ、この会社の基本構造は変わらなかった。

### 1144 freight
[fréit] 名 貨物、積み荷

This ship carries a **freight** of bananas.
この船は、バナナの貨物を運んでいる。
- **freighter** 名 運送業者、貨物船

### 1145 flourish
[flə́:riʃ] 動 繁栄する、繁茂する

Detroit **flourishes** as a car industry center.
デトロイトは、自動車産業の中心地として栄えている。

## 1146 gauge
[géidʒ]
動 ～を正確に測定する、算定する
名 測定器、規格

This product can **gauge** both temperature and humidity.
この商品は、温度と湿度の両方を正確に測定することができる。

## 1147 hazardous
[hǽzərdəs]
形 有害な、危険な

Cigarette smoking is **hazardous** to your health.
たばこはあなたの健康を害します。
☐ **hazard** 名 危険、危険性

## 1148 hinder
[híndər]
動 ～を妨げる、邪魔する

Once Ms. Pierce is determined, nothing can **hinder** her from accomplishing her tasks.
ピアースさんが一旦決心すると、何も彼女の仕事を妨げることはできない。
☐ **hindrance** 名 妨害、邪魔

## 1149 distort
[distɔ́:rt]
動 ～を歪める、歪曲する

Mr. Ryan **distorted** the facts and figures to support the argument.
ライアン氏は、議論の裏づけをするために事実と数字を曲げた。
☐ **distortion** 名 歪曲、曲解

## 1150 illegible
[ilédʒəbl]
形 読みにくい、判読できない

This machine can read the hand-written zip codes which were once **illegible**.
この機械は以前は判読できなかった手書きの郵便番号を読むことができる。
☐ **illegibility** 名 読みにくさ
☐ **legible** 反 読みやすい、判読可能な

## 1151 ☐ **incentive** 名 報奨金、刺激、動機
[inséntiv]

Some companies offer a small bonus as **incentive**.
会社の中には、報奨金として小額の現金を渡すところがある。

## 1152 ☐ **implement** 動 ～を実行する、実施する
[ímpləmènt]

Mr. Coleman **implemented** economic reform in his office section.
コールマン氏は、彼の社内部署の経済改革を実行した。
☐ **implementation** 名 実行、実施

## 1153 ☐ **incorporate** 動 ～を組み入れる《into》、取り入れる
[inkɔ́:rpərèit]

Ms. Lucas **incorporated** her user requirements into the design of the notebook computer.
ルーカスさんは、ノートパソコンのデザインに使用者の要求を組み入れた。
☐ **incorporated** 形 法人組織の、一体化した
☐ **incorporation** 名 法人会社、合併、結合

## 1154 ☐ **adjacent** 形 近くの、隣接した《to》
[ədʒéisnt]

The bank is located **adjacent** to the department store in the mall.
その銀行は、モールの中にあるデパートの近くにある。

## 1155 ☐ **infrastructure** 名 (社会的) 基礎設備、インフラ
[ínfrəstrʌ̀ktʃər]

The construction company will develop **infrastructure** in Siberia and then invite big factories to set up business there.
その建設業者はシベリアの社会基盤を開発して、そこで創業する工場を誘致するつもりだ。

## 1156 inherit
[inhérit]
動 ～を引き継ぐ、相続する

Mr. Richardson **inherited** his father's business and made it bigger.
リチャードソン氏は、父親の事業を引き継ぎ大きくした。

**inheritance** 名 遺産、相続

## 1157 interim
[íntərəm]
形 中間の、暫定的な、仮の

Every department in our firm is required to turn in an **interim** report by the end of this month.
我が社の全部署が、今月末までに中間報告書の提出を要求されている。

## 1158 intimidate
[intímədèit]
動 ～を脅かす、威圧する

Our boss often uses a low voice to **intimidate** us when he gives an order.
我々の部長は命令する時、威圧するように低い声をよく使う。

**intimidation** 名 脅迫、威嚇

## 1159 justify
[dʒʌ́stəfài]
動 ～を正当化する、弁明する

Your task cannot **justify** the amount of money spent during your latest business trip.
あなたの仕事は、最近の出張で使われた金額に見合わない。

**justification** 名 正当化、正当な理由

## 1160 mandatory
[mǽndətɔ̀ːri]
形 強制的な、必修の

It is **mandatory** to attend the meeting.
その会議には出席しなければならない。

**mandate** 動 ～を強制する、命令する　名 命令、権限

## 1161 ratify
[rǽtəfài] 動 ～を承認する、批准する

The president **ratified** the committee's decision.
社長は委員会の議決を承認した。
**ratification** 名 承認、批准

## 1162 modify
[mάdəfài] 動 ～を修正する、変更する

You must **modify** the design drastically.
あなたは、その設計を大幅に修正しなければならない。
**modification** 名 修正、変更、緩和

## 1163 mortgage
[mɔ́:rgidʒ] 名 住宅ローン、担保

It is almost impossible for most young people to get a **mortgage**.
若者のほとんどが住宅ローンを組むのはほぼ不可能だ。

## 1164 municipal
[mju:nísəpəl] 形 市の、地方自治の

The construction company entered a bid for the contract to construct **municipal** sewage treatment facilities.
その建設業者は、市営汚水処理施設に入札した。
**municipality** 名 自治体、市当局

## 1165 offset
[ɔ́:fsèt] 動 ～を相殺する、埋め合わせする

Fuel prices are higher for this model, but the difference is **offset** by lower maintenance fees.
このモデルの燃料費は高くつくが、その分は安い維持費で相殺される。

## 1166 ☐ **overdue**
[òuvərdjú:]
形 支払い期限を過ぎた、延滞の

The rent is two months **overdue**.
家賃が2カ月滞っている。
☐ **due** 形 支払い期限が来て、満期の

## 1167 ☐ **phase**
[féiz]
名 局面、段階
動 〜を段階的に計画する

Almost all the steel companies are entering into a **phase** of economic recovery.
ほとんどすべての鉄工業が経済復興の局面に入ろうとしている。
☐ **phase in 〜** 熟 〜を徐々に導入する
☐ **phase out 〜** 熟 〜を徐々に廃止する

## 1168 ☐ **payroll**
[péiròul]
名 従業員総数、給料支払名簿

The telecommunications company is increasing its **payrolls**.
その通信社は、従業員数を増やしている。

## 1169 ☐ **meteorological**
[mì:tiərəládʒikəl]
形 気象の、気象学上の

Mr. Diaz is the head of computer operations for the National **Meteorological** Center.
ディアズ氏は、国立気象センターのコンピュータ操作の主任だ。
☐ **meteorology** 名 気象学、気象

## 1170 ☐ **installment**
[instɔ́:lmənt]
名 分割払込金、1回分

You can pay for the motorcycle with **installments** of 20 dollars a month over four years.
そのオートバイは月20ドルの月賦で4年間のお支払いが可能です。

### 1171 ☐ **hypothesis** [haipάθəsis]
名 仮説、仮定

The data collected by the project team were in perfect agreement with their **hypothesis**.
プロジェクト・チームが集めたデータは、彼らの仮説と完全に一致していた。
☐ **hypothesize** 動 仮説を立てる
☐ **hypothetical** 形 仮説の、仮定の

### 1172 ☐ **embargo** [imbά:rgou]
名 通商停止、貿易禁止

The US government imposed an **embargo** on arms sales to the region.
アメリカ政府はその地域への武器の輸出を禁止した。

### 1173 ☐ **deteriorate** [ditíəriərèit]
動 悪化する、低下する

The economic condition of All Fields Foods has **deteriorated** further.
オール・フィールド食品の財政状況はさらに悪化した。
☐ **deterioration** 名 悪化、低下

### 1174 ☐ **consolidate** [kənsάlədèit]
動 〜を強化する、統合する

The new trade agreement will **consolidate** economic ties among the three countries.
新しい貿易協定は、その三カ国間の経済関係を強化するであろう。
☐ **consolidation** 名 強化、統合

### 1175 ☐ **presume** [prizú:m]
動 〜と推定する、考える

I **presume** from your words that you do not like my plan.
あなたの言葉から察すると、あなたは私の計画が好きではないようですね。
☐ **presumption** 名 仮定、推定、厚かましさ

## 1176 probe
[próub]

動 〜を徹底的に調査する、検査する
名 精査

The police are **probing** the cause of the truck's brake trouble.
警察は、そのトラックのブレーキトラブルの原因を徹底的に調査している。

## 1177 reminder
[rimáindər]

名 催促状、注意書

We sent a **reminder**, but have not received a reply yet.
当社は督促状を出しましたが、未だ返信を受けておりません。

☐ **remind** 動 〜に思い出させる、気づかせる

## 1178 resume
[rizú:m]

動 再び始まる

Stock market trading **resumed** this morning after the three-day holiday.
株式市場取引は3日連休明けで今朝再開された。

## 1179 premium
[prí:miəm]

名 保険料、プレミアム

**Premiums** for loss-of-profit insurance are high.
利益保険の保険料は高い。

## 1180 reinforced
[rì:infɔ́:rst]

形 強化された、補強された

Every window of this building is **reinforced** glass.
この建物のすべての窓は強化ガラスを採用している。

☐ **reinforce** 動 〜を強化する、補強する
☐ **reinforcement** 名 強化、補強

**1181** **restore** [ristɔ́:r] 動 ~を修復する、復帰させる

With this software, you can **restore** the damaged data in your computer files.
このソフトで、あなたはコンピュータ・ファイルの損傷を受けたデータを修復することができる。
**restoration** 名 修復、回復

**1182** **preceding** [prisí:diŋ] 形 先行する、上記の、前述の

The profit decreased 10% from the **preceding** year.
利益は前年より10パーセント減少した。
**precede** 動 ~に先行する
**following** 反 次に来る、以下の

**1183** **reimburse** [rì:imbə́:rs] 動 ~を払い戻す、弁償する

Our boss **reimbursed** me out of her own pocket.
我々の課長は自腹で私に払い戻してくれた。
**reimbursement** 名 返済、弁償

**1184** **robust** [roubʌ́st] 形 強い、こくのある

It is said that California's red wines have a **robust** flavor.
カリフォルニアの赤ワインは芳醇な香りがすると言われている。

**1185** **sanction** [sǽŋkʃən] 名 制裁（措置）、認可
動 ~を承認する、~に制裁措置を与える

The US government is discussing whether to maintain or relax trade **sanctions** against Cuba.
アメリカ政府はキューバに対する貿易制裁を維持するか緩和するかを検討中である。

## 1186 prosper
[práspər] 動繁栄する、成功する

The company **prospered** under the new president's leadership.
その会社は、新社長の指導の下で繁栄した。
- **prosperity** 名繁栄、成功
- **prosperous** 形繁栄している、成功した

## 1187 renounce
[rináuns] 動〜を放棄する、捨てる

The local bank **renounced** its claim to a large sum of money.
その都市銀行は、多額の金の請求を放棄した。
- **renunciation** 名放棄、拒否

## 1188 streamline
[strí:mlàin] 動〜を合理化する、能率化する

The policy change is along the line of **streamlining** management.
その方針変更は、経営合理化の線に沿っている。

## 1189 simultaneous
[sàiməltéiniəs] 形同時の

The secretary was asked to do a **simultaneous** interpretation at the board meeting.
その秘書は役員会で同時通訳をするように依頼された。
- **simultaneously** 副同時に、一度に

## 1190 utility
[ju:tíləti] 名公共料金、公共事業

In companies in general, the account department pays **utility** bills.
会社一般では、会計課が公共料金を支払っている。

### 1191 □ sparse
[spάːrs]
形 まばらな、乏しい

Timaru in New Zealand has a **sparse** population.
ニュージーランドのティマールは、人口がまばらだ。

### 1192 □ trigger
[trígər]
動 ～を誘発する、～の引き金になる
名 引き金

The trouble with the wiring board **triggered** the blackout.
配線板の故障が、停電を引き起こした。

### 1193 □ unanimously
[juːnǽnəməsli]
副 満場一致で

The decision was accepted **unanimously**.
その決定は満場一致で受け入れられた。
□ unanimous 形 満場一致の、同意見である

### 1194 □ utilize
[júːtəlàiz]
動 ～を利用する、使う

Some factories in Buffalo **utilize** water for producing electricity.
バッファローの工場の中には、発電に水を利用しているところがある。
□ utilization 名 利用、活用

### 1195 □ vicinity
[vɪsínəti]
名 付近、周辺、近所

Our CEO lives in the close **vicinity** of headquarters.
当社の最高経営責任者は本社のすぐ近くに住んでいる。

## 1196 relocate
[rì:lóukeit]
動 ~を移転させる、再配置する

**Relocating** the headquarters to Washington will enable us to obtain necessary information more quickly.
本社をワシントンに移転させると、必要な情報をより早く入手できるようになるだろう。

☐ **relocation** 名 移転、再配置

## 1197 yield
[jí:ld]
名 産出高、収益
動 ~を産出する、引き起こす

Coffee **yields** in Brazil are high.
ブラジルのコーヒー生産高は高い。

☐ **yield to ~** 熟 ~に屈する、譲歩する

## 1198 tally
[tæli]
名 計算、記録、割り符
動 ~を計算する

The final **tally** will be five million dollars.
最終的な計算は、500万ドルになるだろう。

## 1199 remodel
[ri:mádl]
動 ~を改装する、改造する

The liquor shop of long standing was **remodeled** into a chain convenience store.
その老舗の酒屋は、チェーンのコンビニエンス・ストアに改装された。

## 1200 dividend
[dívədènd]
名 (株の) 配当金、分け前

The radio station was able to pay out a **dividend** for the first time in five years.
そのラジオ局は、5年間ぶりに株の配当金の支払いができた。

## Partテスト

Part 9 のおさらいです。下記の単語の意味を答えましょう。

1. reveal　　　（　　　　　　　　）
2. sheer　　　（　　　　　　　　）
3. imperative　（　　　　　　　　）
4. acute　　　（　　　　　　　　）
5. enact　　　（　　　　　　　　）
6. distort　　（　　　　　　　　）
7. payroll　　（　　　　　　　　）
8. consolidate（　　　　　　　　）
9. prosper　　（　　　　　　　　）
10. unanimously（　　　　　　　　）

## ジャンル別重要語句⑨[ショッピング・娯楽]

- **department store** [dipá:rtmənt stò:r] 名 デパート
- **grocery store** [gróusəri stò:r] 名 食料品店
- **mall** [mɔ́:l] 名 ショッピングモール（= shopping mall）
- **bargain** [bá:rgən] 名 特売品、お買い得品
- **merchandise** [mə́:rtʃəndàiz] 名 商品、品物
- **refund** [rifʌ́nd] 名 払い戻し
- **souvenir** [sù:vəníər] 名 土産
- **voucher** [váutʃər] 名 引換券、割引券（= coupon）
- **tip** [típ] 名 チップ　動 ～にチップを渡す
- **service charge** [sə́:rvis tʃà:rdʒ] 名 サービス料
- **box office** [báks ɔ̀fis] 名 チケット売り場
- **admission** [ædmíʃən] 名 入場（料）
- **amusement park** [əmjú:zmənt pà:rk] 名 遊園地
- **concert hall** [kánsə:rt hɔ̀:l] 名 コンサートホール
- **symphony orchestra** [símfəni ɔ̀:kəstrə] 名 交響楽団

しっかり覚えよう！

[Partテスト解答] 1. ～を明らかにする、暴露する　2. 全くの、完全なる　3. 絶対必要な、命令的な　4. 深刻な、鋭い　5. ～を制定する、法律にする　6. ～を歪める、歪曲する　7. 従業員総数、給料支払名簿　8. ～を強化する、統合する　9. 繁栄する、成功する　10. 満場一致で

## よく出る！標準熟語
# 151〜300

**Part 10**

TOEIC最頻出
標準単語・熟語750語

## 151 ☐ hand in ～
🔵 ～を提出する、～を手渡す

Mr. Riley was able to **hand in** his report to the chief.
ライリー氏は、主任に報告書を提出することができた。

## 152 ☐ make the most of ～
🔵 ～を最大限に活用する

We will recruit those who are enthusiastic about **making the most of** their time with us.
当社は、勤務時間を最大限に活かすことに熱心な人々を採用致します。

## 153 ☐ make use of ～
🔵 ～を利用する、使用する

The new system enables every office worker to **make use of** the equipment.
新体制のおかげで、すべての従業員がこの設備を利用できるようになっている。

## 154 ☐ provide A with B
🔵 AにBを供給する、AにBを備えつける

Nowadays it is very important to **provide** employees **with** feedback on their job performance.
最近では、従業員に業務実績についてフィードバックをすることが大変重要だ。

## 155 ☐ be similar to ～
🔵 ～と似ている、同類である

Our new president's voice **is similar to** that of his father.
我々の新社長の声は、彼の父親のそれと似ている。

## 156 ☐ shape up
**熟** 具体的な形を取る、うまく運ぶ、体を鍛える

Mr. Budd's plans for the merger are **shaping up** nicely.
バッド氏の合併案は、上手い具合にまとまりかけている。

## 157 ☐ stick to ~
**熟** ~に固執する、執着する、こだわる

Mr. Caesar **sticks to** old corporate culture even when organizational reform is going on.
組織改革が進んでいる時でさえも、シーザー氏は古い企業文化に固執している。

## 158 ☐ be tied up
**熟** 手が離せない、手一杯である

Ms. Romero **is tied up** in taking care of a guest.
ロメロさんは、接客で今手が離せない。

## 159 ☐ as a result
**熟** 結果として

Ms. Adam is a capable woman. **As a result**, she was chosen as the first female CEO in the company.
アダムさんは有能な女性だ。その結果、彼女は会社初の女性最高経営責任者に選ばれた。

## 160 ☐ contrary to ~
**熟** ~に反して

Red Creek Wines acted **contrary to** its shareholders' interests.
レッドクリーク・ワイン社は、株主の利益に反する行為を行なった。

### 161 ☐ hand out ~ 熟 ~を配る

Please **hand out** materials before your presentation.
あなたのプレゼンテーションの前に資料を配ってください。

### 162 ☐ in comparison with ~ 熟 ~と比べると、比べて

The new computer has been improved tremendously **in comparison with** older models.
新しいコンピュータは、旧型のモデルと比べるとかなり改善されている。

### 163 ☐ in response to ~ 熟 ~に応じて、答えて

**In response to** my presentation, some participants asked to see my sources.
私のプレゼンテーションに対して、参加者の中には情報源を見たいという者がいた。

### 164 ☐ in opposition to ~ 熟 ~に反対で、~に向かい合って

The committee members still remain **in opposition to** one another in their views.
その委員会のメンバーは、互いに見解が対立したままだ。

### 165 ☐ get along with ~ 熟 ~と仲良くする、うまくやる

As a supervisor, Mr. Forest is somewhat difficult to **get along with**.
上司として、フォレスト氏はやや付き合いにくい。

### 166 ☐ be opposed to ~
**熟** ~に反対している、~に向かい合っている

Unions **are opposed to** a proposal that will shift health insurance costs to employees.
組合は、従業員の健康保健費を変更する提案に反対している。

### 167 ☐ bring about ~
**熟** ~をもたらす、引き起こす

Years of protest **brought about** change in the law.
何年にもわたる反対が、法改正をもたらした。

### 168 ☐ do away with ~
**熟** ~を廃止する、処分する

The new president from the US will **do away with** the existing practices.
アメリカからやって来た新社長は、現行の慣例を廃止するだろう。

### 169 ☐ for the time being
**熟** 差し当たり、当分

You can park your car on the street **for the time being**.
あなたは、差し当たり路上に駐車しても大丈夫です。

### 170 ☐ on the basis of ~
**熟** ~に基づいて、~を基準にして

We acted **on the basis of** what we knew about the situation.
当社は、状況について知りうることに基づいて動いた。

### 171 on the increase　熟 増えて、増加中で

Today hemp production is **on the increase**.
今日、麻生産は増加してきている。

### 172 in the red　熟 赤字で

The import division is **in the red**.
輸入部門は赤字だ。

### 173 indulge in ～　熟 ～にふける

The worst habit in the office is to **indulge in** idle talk.
オフィスで最も悪い習慣は、無駄話にふけることだ。

### 174 look back on ～　熟 ～を振り返る、回想する

The founder of the corporation **looks back on** the latter half of the 20th century as a turning point in the history of the company.
その会社の創設者は、社史の中で20世紀後半を分岐点だったと振り返る。

### 175 in the meantime　熟 当面の間、とりあえず、そのうちに

Monthly payments are not due **in the meantime**.
当面の間、月々の支払いはしなくてよい。

## Part 10 よく出る！標準熟語151〜300

**176** ☐ **pass away** 熟 亡くなる、過ぎ去る

Mr. Lewis **passed away** and his son succeeded him.
ルイス氏は亡くなり、息子が彼を継いだ。

**177** ☐ **make out ～** 熟 ～を理解する、認識する、作成する

Most of the participants in the seminar could not **make out** the point of Ms. Hacker's speech.
そのセミナーの参加者のほとんどは、ハッカーさんのスピーチのポイントが理解できなかった。
＊通例、can, can't, could, couldn't を含む文で用いられる。

**178** ☐ **at a loss** 熟 困って、途方に暮れて

Mr. Ghosh seemed **at a loss** for words when he was given an award by the president.
ゴーシュ氏は社長から表彰されたとき、言葉に詰まっているように見えた。

**179** ☐ **around the clock** 熟 24時間ぶっ通しで、まる一日中

This convenience store is open **around the clock**.
このコンビニは24時間営業だ。

**180** ☐ **pack up ～** 熟 ～を荷造りする

The mover **packs up** everything and arranges everything as you want in a new house.
その引越し業者はすべての荷造りをして、新しい家であなたが望むとおりに荷物を置いてくれる。

## 181 drop off ～
熟 ～を車から降ろす、下車させる

The president ordered her chauffeur to **drop** her **off** at the back door.
社長は運転手に裏口で、車から降ろすように命じた。

## 182 in the direction of ～
熟 ～の方に、～の方向に

The security camera is fixed **in the direction of** the entrance.
監視カメラは、入り口の方に向けられている。

## 183 get by
熟 何とかやっていく、切り抜ける

It will be difficult for you to **get by** on your salary this year.
今年、あなたは給料で何とかやっていくのは難しいだろう。

## 184 reply to ～
熟 ～に返答する、返信する

The press officer angrily **replied to** a question from a magazine reporter.
広報担当者は、雑誌のレポーターからの質問に怒りながら返答した。

## 185 by and large
熟 概して、全体的に見て

**By and large**, mangoes from that region are high quality.
概して、あの地域のマンゴは高品質である。

## 186 accuse A of B
**熟** AをBで非難する、AをBで訴える

The director **accused** his subordinate **of** unprofessional conduct.
取締役は、部下のプロらしくない行動を非難した。

## 187 bring up ~
**熟** ~を持ち出す、提案する、育成する

You should not **bring up** the detail at the end of the meeting.
あなたは会議の最後でその細目を持ち出すべきではない。

## 188 call on ~
**熟** ~を訪ねる、訪問する

Mr. Fox **called on** Mr. Dean at the office.
フォックス氏は、ディーン氏を事務所に訪ねた。

## 189 divide A into B
**熟** AをBに分ける

Ms. George **divides** papers **into** piles by their subject.
ジョージさんは、テーマ別に書類を分類している。

## 190 for the purpose of ~
**熟** ~のために、~の目的で

The data section needs an extra copy of the magazine **for the purpose of** clipping out the article.
資料部はその記事の切り抜きをするために、その雑誌をもう1部必要としている。

### 191 ☑ in the midst of ~
**熟** ~の真っ最中に、~の真ん中で

The presenter cleared his throat so often **in the midst of** his presentation that the audience found it difficult to concentrate.
発表者はプレゼンテーションの最中に何度も咳払いをしたので、聴衆は集中するのが困難だった。

### 192 ☑ crack down on ~
**熟** ~を厳しく取り締まる、~に断固たる処置をとる

The government in Taiwan has begun to **crack down on** software pirates.
台湾政府は、海賊版のソフトを厳しく取り締まり始めた。

### 193 ☑ look down on ~
**熟** ~を見下す、軽蔑する

The most important thing as a CEO is never to **look down on** your employees.
管理職として最も大切なことは、決して部下を見下さないということだ。

### 194 ☑ make do with ~
**熟** ~で何とか済ます、間に合わせる

You might as well **make do with** a banana for breakfast since you fly to New York early in the morning.
あなたは朝早くニューヨーク行きの飛行機に乗るわけですから、朝食はバナナ1本で済ませた方がいいです。

### 195 ☑ by virtue of ~
**熟** ~のおかげで、~の理由で、~に基づいて (= in virtue of ~)

You have the right, **by virtue of** your position, to hire one secretary.
あなたは役職上秘書を1人雇う権利がある。

## 196. take effect
**熟** 発効する、実施される

Your car insurance **takes effect** from Wednesday midnight.
あなたの車両保険は、水曜日午前零時に発効します。

## 197. around the corner
**熟** 間近に、すぐ近くに、角を曲がった所に

The deadline for the income-tax return is just **around the corner**.
納税申告書の締め切りが、間近に迫っている。

## 198. call it a day
**熟** 終わりにする、切り上げる

It's already six thirty; let's **call it a day**.
もう6時半です。今日はもう終わりにしましょう。

## 199. for a change
**熟** 気分転換に、久しぶりに

Ms. Shaplen ate out **for a change** today.
シャプレンさんは、今日は気分転換に外食した。

## 200. break out
**熟** 発生する、起こる、勃発する

It was reported that cholera had **broken out** in Southeast Asia.
東南アジアでコレラが発生したとの報告があった。

## 201 pay off
**熟** 利益をもたらす、報われる、うまくいく

Employing a legal advisor will **pay off** in the end.
顧問弁護士を雇うことは、最終的によい結果をもたらすでしょう。

## 202 push for ～
**熟** ～を強く要求する、推進する

The project committee **pushed for** a quick decision of the board of directors.
プロジェクト委員会は、取締役員会の素早い決断を強く要請した。

## 203 leave out ～
**熟** ～を書き落とす、抜かす、省く

Be careful not to **leave out** any of the contributors.
寄付してくれた人の氏名は、1人として書き落とさないように気をつけてください。

## 204 at *one's* disposal
**熟** ～の自由に

Mr. Einstein has hardly any free time **at his disposal**.
アインシュタイン氏は、自由にできる時間がほとんどない。

## 205 pull up
**熟** ～を止める

Don't **pull up** your car out front.
入り口付近にあなたの車を駐車しないでください。

## Part 10 よく出る！標準熟語151〜300

### 206 let go of 〜
**熟** 〜から手を離す、〜を取り除く

Don't **let go of** the rope while we are tying the end.
我々が端を結んでいる間、ロープから手を離さないでください。

### 207 for reference
**熟** 参考のため、参考までに

This data is very conveniently arranged **for reference**.
このデータは、参照しやすいようにきちんと整理されている。

### 208 make up for 〜
**熟** 〜の埋め合わせをする、〜を償う

The excellent food and reasonable prices more than **make up for** the small space of the restaurant.
素晴らしい食べ物と手頃な値段は、そのレストランの狭いスペースを十分に補っている。

### 209 take 〜 into account
**熟** 〜を考慮に入れる

Web designers usually **take** possible technical problems **into account**.
ウェブデザイナーはたいてい技術的な問題を考慮に入れる。

### 210 give away 〜
**熟** 〜をただで与える、提供する、暴露する

Many loan sharks **give away** a packet of tissues on the street as an advertisement.
多くの消費者金融業者は、通りで宣伝としてポケットティシュを無料配布している。

### 211 give rise to ~
**熟** ~を引き起こす、生じさせる

Such an extreme opinion on a formal occasion may **give rise to** serious trouble.
正式な場でのそのような極端な意見は、深刻な問題を引き起こすかもしれない。

### 212 pay up ~
**熟** ~を完済する、返済する

Since the collector visited him so often, the customer **paid up** his loan.
集金人が何度も訪れたので、その顧客はローンを完済した。

### 213 pick out ~
**熟** ~を選ぶ、掘り出す、引き抜く

Every customer has a lot of fun **picking out** goods at Bon Bellta department store.
すべての客がボンベルタデパートで商品を選ぶのを大変楽しんでいる。

### 214 tell on ~
**熟** ~にこたえる、悪影響を及ぼす

The task is starting to **tell on** Mr. Pearson.
その仕事は、ピアソン氏の体にこたえ始めている。

### 215 fall on ~
**熟** ~に当たる

Our anniversary of the foundation **falls on** Sunday this year.
当社の創立記念日は、今年は日曜日に当たる。

## 216 get back at ~
**熟** ~に仕返しをする、恨みを晴らす

I will **get back at** Mr. Singer for what he did.
私は、彼がやったことに対して仕返しをするつもりだ。

## 217 get back to ~
**熟** ~に後で連絡する、折り返し電話する

The secretary told the president that she would **get back to** him when she heard from the customer.
秘書は、その顧客から連絡があったときには連絡すると社長に述べた。

## 218 hold over ~
**熟** ~を延長する、持続させる

The meeting was **held over** a period of three days.
会議は、3日間延長された。

## 219 make for ~
**熟** ~に役立つ、~に突進する

This contract will **make for** the development of the firm.
この契約は、その会社の発展に役立つだろう。

## 220 on the verge of ~
**熟** ~の間際に、今にも~しようとして

The household appliance manufacturer is **on the verge of** bankruptcy.
その家電メーカーは、破産寸前だ。

### 221 □ pull over
熟 車を路肩に寄せる

The driver **pulled over** to the sidewalk.
その運転手は歩道に車を寄せた。

### 222 □ be intended for ～
熟 ～向けである、
～を対象としている

These English textbook series **are intended for** small children.
これらの英語教材シリーズは、幼児向けである。

### 223 □ pass up ～
熟 ～を逃す、断る

Mr. Bates **passed up** the opportunity of expressing his opinion.
ベイツ氏は、自分の意見を述べる機会を逃した。

### 224 □ catch on to ～
熟 ～を理解する、掴む

The explanation on the manual is not that hard, once you **catch on to** it.
手引書の説明はいったん理解すれば、それほど難しくありません。

### 225 □ dwell on ～
熟 ～をくよくよ考える、
こだわる、思案する

Ms. Lee tends to **dwell on** the bad things that have happened to her.
リーさんは、自分に起こった悪い出来事をくよくよ考える傾向がある。

## 226 be subject to ～
熟 ～しなければならない、～を免れない、～の影響を受けやすい

Several highways **were subject to** closing because of the typhoon.
台風のために、道路のいくつかが閉鎖された。

## 227 subscribe to ～
熟 ～を予約購読する

Most of the corporations **subscribe to** either a trade journal or a trade paper.
企業のほとんどは、業界誌か業界紙のどちらかを定期購読している。

## 228 live up to ～
熟 ～に応える、沿う

Every staff member is making an effort to **live up to** their boss's expectations.
スタッフ全員が、上司の期待に応えるように努力している。

## 229 mop up ～
熟 ～を拭き取る、～にモップをかける

A cleaning lady **mops up** each floor with natural detergent.
掃除婦は、天然洗剤でそれぞれの床を拭き取る。

## 230 in light of ～
熟 ～を考慮して、～の観点から

Let's examine the data **in light of** gross profit.
総利益を考慮して、そのデータを吟味してみましょう。

### 231 a series of ~
**熟** 一連の~、一続きの~

This newspaper carries **a series of** articles about unemployment in Japan.
この新聞は、日本の失業者についての連載記事を載せている。

### 232 concentrate on ~
**熟** ~に集中する、専念する

The new manager is expected to **concentrate on** developing her hotel interests.
新しいマネージャーは、ホテルの利益を伸ばすことに集中することを期待されている。

### 233 cut down on ~
**熟** ~を縮小する、削減する

The public relations section decided to **cut down on** advertising.
広報部は、広告を縮小することを決めた。

### 234 in favor of ~
**熟** ~に賛成して、~を支持して

Arguments were put forth **in favor of** the dam construction project.
議論は、ダム建設計画に賛成の方向で発表された。

### 235 in honor of ~
**熟** ~に敬意を表して、~を祝して

Ms. Caruso was given the award **in honor of** her past contribution to the company.
カルーソさんは、彼女の会社への過去の貢献を称えて賞を贈られた。

## 236 in place of ~
**熟** ～の代わりに、～の代理で

The assistant explained the outline of the new product **in place of** the section chief, who was traveling.
助手は、旅行中の部門主任の代わりに新製品の概略を説明した。

## 237 object to ~
**熟** ～に反対する、～を嫌う

Our plan was **objected to** by most of the participants.
我々の計画は、参加者のほとんどから反対された。

## 238 on behalf of ~
**熟** ～を代表して、～に代わって

I do not have the courage to make a speech in English **on behalf of** our company.
私は会社を代表して、おこがましくも英語でスピーチをすることはできない。

## 239 on the spot
**熟** その場で、即座に

Good presenters can change their manner of presentation **on the spot**.
優れた提案者は、その場で提示方法を変えることができる。

## 240 brush off ~
**熟** ～を無視する、拒絶する

You should not just **brush off** the whole matter like that.
あなたはそんな風に、すべてを無視すべきではない。

### 241 ☐ in line with ~
**熟** ~に従って、~と一致して

Good business people act **in line with** their belief.
有能なビジネス人は、自分の信条に従って行動する。

### 242 ☐ in store for ~
**熟** ~を用意して、~を蓄えて

There is a bonus **in store for** a worker with the largest sale.
最大の売上げを上げた従業員にボーナスが用意されている。

### 243 ☐ pass out
**熟** 気絶する、意識を失う

It was so muggy in there that Mr. Hogan thought that he was going to **pass out**.
そこはあまりにも蒸し暑かったので、ホーガン氏は気絶するのではないかと思った。

### 244 ☐ pull off ~
**熟** ~を見事にやってのける、上手く成し遂げる

The construction company **pulled off** the negotiation with the administration.
その建設会社は、行政との交渉を上手く運ばせた。

### 245 ☐ be entitled to ~
**熟** ~する資格がある、権利がある

Shareholders of the department store **are entitled to** a three percent cash discount.
そのデパートの株主には、3割の現金値引きを受ける資格がある。

### 246 ☐ ship out ～
熟 ～を発送する、出荷する

All the bananas are **shipped out** from Ecuador at a reasonable cost.
すべてのバナナは、適正な経費でエクアドルから発送されている。

### 247 ☐ pull together
熟 協力する、力を合わせる

We can complete the project as planned if we all **pull together**.
我々みなが協力すれば、そのプロジェクトは予定通りに完成できる。

### 248 ☐ bear ～ in mind
熟 ～を覚えておく、肝に銘じておく、留意しておく

When you do business in a foreign country, you should **bear** its cultural differences **in mind**.
あなたは外国でビジネスをするときには、文化の違いを心に留めておくべきだ。

### 249 ☐ boil down to ～
熟 要するに～ということだ、詰まる所～ということになる

The customer's ambiguous reply **boils down to** a refusal.
顧客のあいまいな答えは、要するにノーだ。

### 250 ☐ level off
熟 横這い状態になる、落ち着く、安定する

Stock prices are **leveling off** these days.
株価は最近横ばい状態だ。

### 251 □ pick on ~
熟 ~をいじめる、いびる

You had better stop **picking on** the new recruits.
あなたは、新入社員いじめをやめた方がいいよ。

### 252 □ bump into ~
熟 ~にばったり出会う、~と衝突する

I **bumped into** a friend of mine on Wall Street.
私は、友人にウォール街でばったり会った。

### 253 □ let down
熟 ~を失望させる、~の期待を裏切る

Mr. Payne felt **let down** when he did not receive a bonus.
ペイン氏はボーナスを貰えなかったとき、がっかりした。

### 254 □ keep track of ~
熟 ~の動きを見る、~の経過を追う、~の流れを把握する

The security department of the bank **keeps track of** visitors' comings and goings.
その銀行の警備部は、訪問者の往来に気をつけている。

### 255 □ in writing
熟 文書で、書面で

The two corporations finally put their oral contract **in writing**.
その2社は、最終的に口頭による契約を文書にした。

## Part 10 よく出る! 標準熟語151〜300

**256 lay off 〜** 熟 〜を一時解雇する

The founder expressed disappointment over the reconstruction committee's decision to **lay off** more workers.
創業者は、さらに従業員を一時解雇するという再建委員会の決定に失望を表明した。

**257 refer to 〜** 熟 〜を参照する、〜に言及する

Please **refer to** the bibliography on the last page if you are interested in what books to use for further reading.
さらに読書をするためにどんな本を用いるか興味がお有りなら、最後のページの参考文献を参照してください。

**258 register for 〜** 熟 〜に登録する、申請する

You can **register for** this course by phoning this number.
この番号に電話することで、このコースに登録できます。

**259 follow up on 〜** 熟 〜を徹底的に究明する

We **follow up on** customer complaints immediately.
当社は、顧客からのクレームを即座に徹底究明致します。

**260 rid A of B** 熟 AからBを取り除く

**Ridding** Japan **of** the tariff barrier completely may not be easy.
日本から関税障壁を完全に取り除くことは、容易ではないかもしれない。

### 261 sign up for 〜
🔵 〜に申し込む、登録する、加入する

Over 40 people have **signed up for** a recreational trip financially supported by the company.
40名以上の人が、会社の資金補助による慰安旅行に申し込んだ。

### 262 take up 〜
🔵 〜を始める、〜に着手する、〜を占める

Mr. Asher moved abroad with his family to **take up** the bank position.
アッシャー氏は、銀行の職を勤めるに当たり、家族と共に海外に引っ越した。

### 263 conform to 〜
🔵 〜と一致する、〜に適合する

This type of electric bicycle **conforms** exactly **to** our needs.
この型の電気自転車は、我々のニーズにぴったりと合っている。

### 264 be exposed to 〜
🔵 〜にさらされている、触れている

This ink does not fade even when it **is exposed to** the sunshine.
このインクは日光にさらされても色あせしません。

### 265 give off 〜
🔵 〜を放つ、発する

The smoke from the factory chimney **gave off** the bad odor.
工場の煙突から出る煙は、悪臭を放った。

## Part 10 よく出る！標準熟語151〜300

### 266 ☐ go in for ~
**熟** ~に参加する、~を受ける

Many readers like to **go in for** a magazine competition.
多くの読者は、雑誌の懸賞に応募するのが好きだ。

### 267 ☐ pick over ~
**熟** ~を吟味する、細かく調査する

The main chef of the restaurant chain goes to the market so that he can **pick over** vegetables and fruits.
そのレストランチェーンの料理長は、野菜や果物を吟味するために市場に赴く。

### 268 ☐ in excess of ~
**熟** ~を超えて、上回って

Mr. Shell has an annual income **in excess of** $100 thousand.
シェル氏は、10万ドルを超える収入がある。

### 269 ☐ fall through
**熟** 失敗に終わる、駄目になる

The deal **fell through** at the last moment.
その取引は、最後の最後で失敗に終わった。

### 270 ☐ dispose of ~
**熟** ~を処分する、処理する、整理する

The owner of the plastic model shop **disposed of** his overstock in a special sale.
そのプラモデル店のオーナーは、過剰在庫を特別セールで処分した。

### 271 ☐ in bulk
**熟** 大量に、まとめて

The shopping mall has bought frozen food **in bulk**.
そのショッピングモールは、冷凍食品を大量に仕入れた。

### 272 ☐ iron out ～
**熟** ～を解決する、取り除く

The more often you talk, the more differences you can **iron out**.
話し合いをすればするほど、食い違いを解消することができます。

### 273 ☐ attend to ～
**熟** ～に接客する、応じる、～の面倒を見る、～に注意する

Each branch will **attend to** its customers in the region where it is located.
それぞれの支店が、所在する地域の顧客の世話をすることになっています。

### 274 ☐ impose A on B
**熟** AをBに課す

A higher sales tax would **impose** an additional burden **on** small businesses.
より高い売上税は、零細企業に余分な負担をかけることになるだろう。

### 275 ☐ specialize in ～
**熟** ～を専門に扱う、～を専攻する

This is the only store that **specializes in** many sorts of brushes.
ここは、多くの種類のブラシを専門とする唯一の店舗です。

## 276 □ add up
熟 計算が合う、つじつまが合う

These figures do not **add up**.
これらの数字は合わない。

## 277 □ with respect to ～
熟 ～に関しては、～については（= in respect to ～）

All the trousers are arranged **with respect to** size.
すべてのズボンは、大きさに関して配列してあります。

## 278 □ be exempt from ～
熟 ～を免除されている

These goods **are exempt from** customs duty.
これらの商品には関税がかからない。

## 279 □ be eligible for ～
熟 ～に対して資格がある、～にふさわしい

Any employee of our firm **is eligible for** the club's services.
当社の従業員であれば誰でも、そのクラブのサービスを受ける資格がある。

## 280 □ be accessible to ～
熟 ～に入手しやすい、手が届く、利用されやすい

The new notebook computer will be cheap enough to **be accessible to** the average family.
新しいノートパソコンは、平均的な家庭にも入手しやすいぐらい安価になるだろう。

### 281 comply with ~ 熟 ~に従う、応じる

The trading companies that do not **comply with** the law will be fined.
法律を遵守しない貿易会社は、罰金を科せられます。

### 282 in a row 熟 続けて、連続して

To hold three contracts **in a row** was a big boost for Mr. Sims.
続けて3つの契約を結んだことは、シムズ氏にとって大きな励ましになった。

### 283 invest in ~ 熟 ~に投資する

Companies should not hesitate to **invest in** new technologies.
企業は新しい技術に投資するのを躊躇すべきではない。

### 284 mark down ~ 熟 ~を値下げする

The shop is planning to **mark down** goods by a third for the sale.
その店は、商品の売値を3分の1に下げる計画を立てている。

### 285 prior to ~ 熟 ~の前に、~に先だって

**Prior to** the meeting, Ms. Mendoza is planning to explain a rough outline of our ideas to the clientele.
会議の前に、メンドーサさんが依頼者に我々の考えの大体の概略を説明する予定だ。

## 286 attribute A to B
熟 AをBのせいにする、AをBに帰する

The automaker first tried to **attribute** the brake trouble **to** bad maintenance by the customer.
その自動車会社は、最初ブレーキトラブルを顧客の整備不要のせいにしようとした。

## 287 be accompanied by ~
熟 ~が添付してある、~が同伴する、~と同時に起きる

Your résumé must **be accompanied by** two recent photographs.
履歴書には最近の写真2枚を添付しなければなりません。

## 288 put up at ~
熟 ~に泊まる

Many business people like to **put up at** a local inn when they are on a business trip.
多くのビジネスマンは出張の際、地元の宿屋に泊まるのを好む。

## 289 enroll in ~
熟 ~に入学する、登録する

Joe plans to **enroll in** a vocational school.
ジョーは職業訓練校に入る予定だ。

## 290 inclusive of ~
熟 ~を含めて

All the prices on a tag are **inclusive of** consumption tax.
値札のすべての値段は、消費税込みです。

## 291 ☐ capitalize on ～
熟 ～を十分に利用する、～に便乗する

They are thinking of setting up operations overseas to **capitalize on** cheaper labor costs.
彼らは安い労働力を利用するために、海外進出を検討している。

## 292 ☐ embark on ～
熟 ～に乗り出す、着手する

The grocery stores along the shopping arcade **embarked on** a campaign to get people to eat more vegetables.
商店街の八百屋は、人にもっと野菜を食べてもらおうというキャンペーンを始めた。

## 293 ☐ pore over ～
熟 ～をじっくり研究する、熟読する

The board committee spent several hours **poring over** the contract.
取締役員会は、契約をじっくり検討するのに数時間をかけた。

## 294 ☐ preside over ～
熟 ～の議長を務める、司会をする

The employees of the small company rotate in **presiding over** the sales meeting.
その子会社の従業員は、営業会議の議長を輪番で行なっている。

## 295 ☐ straighten out ～
熟 ～を解決する、是正する、取り除く

There are hardly any problems to be **straightened out** between us.
我々の間に解決すべき問題はほとんどない。

## 296 be allergic to ~
熟 ～に対してアレルギーがある、～が嫌いである

The merchant **is allergic to** Japanese lacquer.
その卸業者は、漆にアレルギーを持っている。

## 297 inquire about ~
熟 ～について尋ねる

You must **inquire about** the firm's credit at its bank.
あなたはその会社の信用度について、その取引銀行に照会しなければならない。

## 298 fill in for ~
熟 ～の代理をする、～の代行を務める

The secretary **filled in for** a driver who was on vacation today.
秘書が、今日休暇中の運転手の代わりをした。

## 299 from scratch
熟 初めから、ゼロから

The grocery store was started **from scratch** in 2001, but its annual sales are already over $1 billion.
その食料品店は2001年にゼロからスタートしたが、年間売上げはすでに10億ドルを超えている。

## 300 abide by ~
熟 ～を守る、遵守する

We have to **abide by** the conditions of the agreement.
当社はその協定の条件を守らなくてはならない。

## Partテスト

Part 10 のおさらいです。下記の熟語の意味を答えましょう。

1. be tied up                (                    )
2. indulge in ~              (                    )
3. get by                    (                    )
4. call it a day             (                    )
5. take ~ into account       (                    )
6. hold over ~               (                    )
7. live up to ~              (                    )
8. in place of ~             (                    )
9. iron out ~                (                    )
10. fill in for ~            (                    )

*しっかり覚えよう！*

## ジャンル別重要語句⑩【日常生活】

- **refrigerator** [rifrídʒərèitər] 名 冷蔵庫（= fridge）
- **beverage** [bévəridʒ] 名 飲料
- **junk food** [dʒʌ́ŋk fùːd] 名 ジャンクフード、即席食品
- **furniture** [fə́ːrnitʃər] 名 家具
- **electrical appliance** [iléktrikəl əpláiəns] 名 電化製品
- **outlet** [áutlet] 名 コンセント
- **trash can** [trǽʃ kæ̀n] 名 ごみ箱、くずかご
- **telephone directory** [téləfoun dirèktəri] 名 電話帳
- **receipt** [risíːt] 名 レシート、領収書
- **change** [tʃéindʒ] 名 小銭
- **city hall** [síti hɔ́ːl] 名 市役所
- **flu** [flúː] 名 インフルエンザ（= influenza）
- **X-ray** [éksrèi] 名 レントゲン
- **prescription** [priskrípʃən] 名 処方箋、処方
- **pharmacy** [fɑ́ːrməsi] 名 薬局（= drugstore）

---

[Partテスト解答] 1. 手が離せない、手一杯である　2. ~にふける　3. 何とかやっていく、切り抜ける　4. 終わりにする、切り上げる　5. ~を考慮に入れる　6. ~を延長する、持続させる　7. ~に応える、沿う　8. ~の代わりに　9. ~を解決する、取り除く　10. ~の代理をする

# TOEIC語彙力[実力診断テスト]

　Part 1～10までのあなたの語彙学習はいかがだったでしょうか。付属CDや赤シートを上手く利用しながら、例文を何度も繰り返し音読したり、書写したり、派生語を覚えたり、いろいろと頑張ってこられたに違いありません。

　語学、特に語彙の学習は、自分と相性の良い学習方法を色々組み合わせることにより、楽しくしかも効果的に行なうことが大切です。そして、毎日毎日、努力を積み重ねていくことが最も重要です。

　まさに、「継続は力なり」(To go on is to go up.)、「塵も積もれば山となる」(Many drops make a shower.)、「ローマは一日にして成らず」(Rome was not built in a day.)、「千里の道も一歩から」(The longest journey begins with a single step.) です。

　このテストは、あなたがこれまで学習してきた語彙がどれほど身についているかを判定するものです。問題は、実際のTOEICテストの Part 5 と全く同じ形式になっています。P.21の[基礎診断テスト]と同じく、約150名のTOEICテスト受験経験者にモニターになって頂いていますので、ここでも信頼できるTOEICテストのスコアレベルを予想できます。

　最後のまとめのテストですから、真剣に次の30問の問題に取り組んでみてください。各問題の平均解答時間を30秒とし、全体の解答制限時間を15分とします。それでは、Wishing you the best！

## TOEIC語彙力［実力診断テスト］

Directions: Questions 1-30 are incomplete sentences. There are four words, each labeled the letter (A), (B), (C), or (D). Choose the best answer to complete the sentence.

1. Almost all companies in Japan have adopted a ------- retirement age for employees.
    (A) substantial
    (B) mandatory
    (C) preliminary
    (D) complimentary   Ⓐ Ⓑ Ⓒ Ⓓ

2. Besides your regular salary, you may receive more than ten thousand dollars for ------- in your first year.
    (A) warranty
    (B) appliance
    (C) utility
    (D) commission   Ⓐ Ⓑ Ⓒ Ⓓ

3. The software company has announced that they will ------- a new product next month.
    (A) launch
    (B) boost
    (C) hinder
    (D) relocate   Ⓐ Ⓑ Ⓒ Ⓓ

4. There are quite a few companies that are making a good show in such a ------- economy.
    (A) blunt
    (B) profound
    (C) sluggish
    (D) genuine   Ⓐ Ⓑ Ⓒ Ⓓ

5. It would be safe to say that ------- of the airline industry has resulted in lower fares.
   (A) postage
   (B) deregulation
   (C) shortcoming
   (D) administration

6. Mr. Ruelius is a conscientious and hardworking sales representative and has fulfilled all ------- set for the period.
   (A) branches
   (B) insights
   (C) factors
   (D) quotas

7. The management is considering effective means to boost the ------- of all staff members.
   (A) morale
   (B) outbreak
   (C) landmark
   (D) reminder

8. Our company has seldom sent out a questionnaire to survey customer -------.
   (A) strategy
   (B) attention
   (C) satisfaction
   (D) cutback

9. Many employees take a dim view of the ------- proposal for the next fiscal year.
   (A) phase
   (B) budget
   (C) refund
   (D) capacity

10. You will be provided an extra ------- if you take the No. 1 position in sales in this department.
    (A) incentive
    (B) deposit
    (C) heritage
    (D) circulation

11. The latest survey shows that these five items are the most ------- concerns our customers have.
    (A) reasonable
    (B) spacious
    (C) honorable
    (D) prevalent

12. For the past year there has been an increasing number of layoffs resulting from corporate -------.
    (A) subsidy
    (B) downsizing
    (C) bargain
    (D) index

13. Mr. Johnson is ------- to make a final decision about general administrative expenditure.
    (A) authorized
    (B) possessed
    (C) streamlined
    (D) emphasized

14. The meeting of concerned parties ------- on the 27th floor of the hotel last Friday.
    (A) expired
    (B) resigned
    (C) soared
    (D) convened

# TOEIC語彙力[実力診断テスト]

15. The government should further ------- the process of structural reforms in the midst of the weakening economy.
    - (A) accelerate
    - (B) transport
    - (C) misplace
    - (D) despise

16. The vulnerable infrastructure is tremendously ------- the economic development of developing countries.
    - (A) perceiving
    - (B) overseeing
    - (C) hampering
    - (D) reviewing

17. Please keep in mind that this parking area is designated ------- for the disabled at all times.
    - (A) precisely
    - (B) exclusively
    - (C) approximately
    - (D) desperately

18. The diplomat has made a remarkable contribution to better ------- understanding between the two countries.
    - (A) parallel
    - (B) efficient
    - (C) hasty
    - (D) mutual

19. They ended up owning a huge ------- balance after their excessive level of capital investment.
    - (A) premium
    - (B) spiral
    - (C) deficiency
    - (D) yield

20. Though established only five years ago, the advertising company now possesses as many as ten -------.
    (A) subsidiaries
    (B) agendas
    (C) inventories
    (D) certificates            Ⓐ Ⓑ Ⓒ Ⓓ

21. Thank you for replying promptly to my ------- with regard to the marketing of soy sauce in Peru.
    (A) obligation
    (B) routine
    (C) inquiry
    (D) proportion              Ⓐ Ⓑ Ⓒ Ⓓ

22. Mr. Amato and Ms. Howard are leaving for Canada by plane on the 14th and 16th of this month -------.
    (A) virtually
    (B) literally
    (C) definitely
    (D) respectively            Ⓐ Ⓑ Ⓒ Ⓓ

23. These purchased goods are very -------, so please handle them with care.
    (A) fatal
    (B) fragile
    (C) horizontal
    (D) momentary               Ⓐ Ⓑ Ⓒ Ⓓ

24. Applicants should be able to ------- normal secretarial duties and have decent computer skills.
    (A) undertake
    (B) register
    (C) postpone
    (D) abandon                 Ⓐ Ⓑ Ⓒ Ⓓ

# TOEIC語彙力 [実力診断テスト]

25. The ------- for the leading trading firm in Malaysia is clouded by a sudden slowdown in the Asian economy.
    (A) bill
    (B) margin
    (C) outlook
    (D) courtesy

26. As soon as they found disagreement in figures, they corrected errors and reissued the ------- accordingly.
    (A) invoice
    (B) privilege
    (C) motive
    (D) sequence

27. Each ------- entitles you to a discount of 20 percent off our already low rates for all kinds of furniture.
    (A) security
    (B) welfare
    (C) taxation
    (D) voucher

28. Because the airline company is in trouble with a lot of debts, it needs to cut its ------- drastically.
    (A) warehouse
    (B) payroll
    (C) expertise
    (D) blueprint

29. We were very fortunate to gain full understanding from the residents in the ------- of the site in connection with the construction of our plant.
    (A) fabric
    (B) notice
    (C) vicinity
    (D) quantity

30. We have ------- ABC Corporation's products for so long on account of their superiority.
   (A) advocated
   (B) deserved
   (C) unloaded
   (D) hosted  Ⓐ Ⓑ Ⓒ Ⓓ

P.361～P.366に載っている正解を見て、自己採点してください。
正解数とレベル（〇で囲む）を記入してください。

【正解数】 _____ ／30

【レベル】　A　　　B　　　C　　　D　　　E

〈レベル判定〉

正解数22個～30個　……レベルA（860点以上）
正解数17個～21個　……レベルB（730点以上～860点以下）
正解数10個～16個　……レベルC（470点以上～730点以下）
正解数5個～9個　………レベルD（220点以上～470点以下）
正解数0個～4個　………レベルE（200点以下）

このテストで満足のいく結果が出た人もあまりよい結果が出なかった人も、語彙学習は今後も継続あるのみです。本書を何度も繰り返し利用し、ますます実力をつけていかれますようお祈り致します。

著　者

# TOEIC語彙力[実力診断テスト]

## 正解と単語の意味・英文和訳

1. Almost all companies in Japan have adopted a ------- retirement age for employees.
   日本では、ほとんどすべての企業は社員の定年制を採用している。

   (A) substantial 相当な
   ○ (B) mandatory 委任の
   (C) preliminary 予備の
   (D) complimentary 無料の

2. Besides your regular salary, you may receive more than ten thousand dollars for ------- in your first year.
   通常の給料の他に、初年度にして1万ドル以上の歩合を受け取ることも可能です。

   (A) warranty 保証
   (B) appliance 器具
   (C) utility 公共料金
   ○ (D) commission 歩合

3. The software company has announced that they wil ------- a new product next month.
   そのソフトウェア会社は来月新商品を発売すると発表した。

   ○ (A) launch ～を発売する
   (B) boost ～を高める
   (C) hinder ～を妨げる
   (D) relocate ～を移転させる

4. There are quite a few companies that are making a good show in such a ------- economy.
   このような経済不振の中にあっても、多くの会社が健闘している。

   (A) blunt 無愛想な
   (B) profound 深い
   ○ (C) sluggish 活気のない
   (D) genuine 本物の

5. It would be safe to say that ------- of the airline industry has resulted in lower fares.
   航空業界の規制緩和は運賃の低料金化につながったと言ってもよかろう。

   (A) postage 郵送料
   ○ (B) deregulation 規制緩和
   (C) shortcoming 欠点
   (D) administration 管理

6. Mr. Ruelius is a conscientious and hardworking sales representative and has fulfilled all ------- set for the period.
   ルリアス氏は誠実で勤勉な営業マンであり、当期に課せられたノルマを全て達成した。

   (A) branches　　　　　支店
   (B) insights　　　　　洞察
   (C) factors　　　　　　要因
   ○ (D) quotas　　　　　　ノルマ

7. The management is considering effective means to boost the ------- of all staff members.
   経営者は全社員の士気を高めるための効果的な方法を考えている。

   ○ (A) morale　　　　　　士気
   (B) outbreak　　　　　勃発
   (C) landmark　　　　　目印
   (D) reminder　　　　　催促状

8. Our company has seldom sent out a questionnaire to survey customer -------.
   我々の会社は顧客満足度を調べるためにアンケートを送付したことはほとんどない。

   (A) strategy　　　　　戦略
   (B) attention　　　　　注目
   ○ (C) satisfaction　　　満足
   (D) cutback　　　　　　人員削減

9. Many employees take a dim view of the ------- proposal for the next fiscal year.
   多くの従業員が次年度の予算案に懐疑的な見方を示している。

   (A) phase　　　　　　　局面
   ○ (B) budget　　　　　　予算
   (C) refund　　　　　　払い戻し
   (D) capacity　　　　　収容能力

10. You will be provided an extra ------- if you take the No. 1 position in sales in this department.
    もしこの部署で売り上げにおいて一位になれば、特別報奨金が与えられます。

    ○ (A) incentive　　　　報奨金
    (B) deposit　　　　　　頭金
    (C) heritage　　　　　遺産
    (D) circulation　　　　発行部数

11. The latest survey shows that these five items are the most ------- concerns our customers have.
最近の調査によれば、これら5つの項目が我々の顧客が持つ最も一般的な関心事だという。

   (A) reasonable　　　　手頃な
   (B) spacious　　　　　広々とした
   (C) honorable　　　　 尊敬されるべき
○ (D) prevalent　　　　　一般的な

12. For the past year there has been an increasing number of layoffs resulting from corporate -------.
ここ1年、リストラによる一時解雇がますます増えている。

   (A) subsidy　　　　　補助金
○ (B) downsizing　　　人員削減
   (C) bargain　　　　　取り引き
   (D) index　　　　　　指数

13. Mr. Johnson is ------- to make a final decision about general administrative expenditure.
ジョンソン氏は一般管理経費について最終的な決定権を与えられている。

○ (A) authorized　　　　権限を与えられて
   (B) possessed　　　　所有されて
   (C) streamlined　　　合理化されて
   (D) emphasized　　　強調されて

14. The meeting of concerned parties ------- on the 27th floor of the hotel last Friday.
関係者の会合は先週の金曜日、そのホテルの27階で開かれた。

   (A) expired　　　　　満期になった
   (B) resigned　　　　 辞任した
   (C) soared　　　　　高まった
○ (D) convened　　　　開かれた

15. The government should further ------- he process of structural reforms in the midst of the weakening economy.
弱体経済の中にあっても、政府は構造改革の取り組みをさらに加速化すべきだ。

○ (A) accelerate　　　　〜を加速化する
   (B) transport　　　　〜を輸送する
   (C) misplace　　　　〜を置き忘れる
   (D) despise　　　　　〜を軽蔑する

16. The vulnerable infrastructure is tremendously ------- the economic development of developing countries.
    脆弱なインフラは発展途上国の経済的発展を大いに妨げている。
    - (A) perceiving　　　　～に気づいて
    - (B) overseeing　　　　～を監督して
    - ○ (C) hampering　　　　～を妨げて
    - (D) reviewing　　　　～を精査して

17. Please keep in mind that this parking area is designated ------- for the disabled at all times.
    この駐車場は常時身体障害者専用に指定されていることを覚えておいてください。
    - (A) precisely　　　　正確に
    - ○ (B) exclusively　　　　専用に
    - (C) approximately　　　　おおよそ
    - (D) desperately　　　　必死になって

18. The diplomat has made a remarkable contribution to better ------- understanding between the two countries.
    その外交官は両国の相互理解の促進に多大な貢献をしてきた。
    - (A) parallel　　　　平行の
    - (B) efficient　　　　効率的な
    - (C) hasty　　　　軽率な
    - ○ (D) mutual　　　　相互の

19. They ended up owning a huge ------- balance after their excessive level of capital investment.
    彼らは過剰な海外資本投資後に巨額の赤字残高の借金を負う羽目になった。
    - (A) premium　　　　保険料
    - (B) spiral　　　　悪循環
    - ○ (C) deficiency　　　　不足
    - (D) yield　　　　産出高

20. Though established only five years ago, the advertising company now possesses as many as ten -------.
    その広告会社は5年前に創立したばかりだが、今や10もの子会社を保有している。
    - ○ (A) subsidiaries　　　　子会社
    - (B) agendas　　　　会議事項
    - (C) inventories　　　　在庫品目
    - (D) certificates　　　　証明書

# TOEIC語彙力 [実力診断テスト]

21. Thank you for replying promptly to my ------- with regard to the marketing of soy sauce in Peru.
    ペルーにおける醤油の販売に関する私の問い合わせに早速ご回答頂きまして大変有り難うございます。

    (A) obligation　　　義務
    (B) routine　　　　日課
    ○ (C) inquiry　　　　問い合わせ
    (D) proportion　　　割合

22. Mr. Amato and Ms. Howard are leaving for Canada by plane on the 14th and 16th of this month -------.
    アマト氏とハワードさんはそれぞれ今月の14日と16日に飛行機でカナダに向かって出発の予定だ。

    (A) virtually　　　　事実上は
    (B) literally　　　　文字通りに
    (C) definitely　　　はっきりと
    ○ (D) respectively　　それぞれ

23. These purchased goods are very -------, so please handle them with care.
    これらの商品はとても壊れやすいので、取り扱いに注意してください。

    (A) fatal　　　　致命的な
    ○ (B) fragile　　　壊れやすい
    (C) horizontal　　水平の
    (D) momentary　　一時的な

24. Applicants should be able to ------- normal secretarial duties and have decent computer skills.
    応募者は通常の秘書業務を行なうことができ、またしっかりとしたコンピュータ操作能力を有していなければならない。

    ○ (A) undertake　　～を引き受ける
    (B) register　　　～を登録する
    (C) postpone　　　～を延期する
    (D) abandon　　　～を断念する

25. The ------- for the leading trading firm in Malaysia is clouded by a sudden slowdown in the Asian economy.
    アジア経済の急激な景気後退で、マレーシアの有力な貿易会社の先行きに不透明感が出ている。

    (A) bill　　　　請求書
    (B) margin　　　利幅
    ○ (C) outlook　　見通し
    (D) courtesy　　礼儀

26. As soon as they found disagreement in figures, they corrected errors and reissued the ------- accordingly.
    彼らは数字の不一致に気がつくやいなや、誤りを訂正し、それに沿って請求明細書を再発行した。
- ○ (A) invoice　　　　　　請求明細書
- (B) privilege　　　　　　特権
- (C) motive　　　　　　動機
- (D) sequence　　　　　順序

27. Each ------- entitles you to a discount of 20 percent off our already low rates for all kinds of furniture.
    各サービス券を使えば、すでに低価格となっております当社の家具全種がさらに20パーセント割引されます。
- (A) security　　　　　　警備
- (B) welfare　　　　　　福祉
- (C) taxation　　　　　　課税
- ○ (D) voucher　　　　　サービス券

28. Because the airline company is in trouble with a lot of debts, it needs to cut its ------- drastically.
    その航空会社は莫大な負債を抱えているので、大幅に人員を削減する必要がある。
- (A) warehouse　　　　　倉庫
- ○ (B) payroll　　　　　　従業員総数
- (C) expertise　　　　　　専門知識
- (D) blueprint　　　　　　青写真

29. We were very fortunate to gain full understanding from the residents in the ------- of the site in connection with the construction of our plant.
    我々は当社工場の建築に関して用地周辺の住民から十分な理解を得ることができ、とても幸運だった。
- (A) fabric　　　　　　　繊維
- (B) notice　　　　　　　通知
- ○ (C) vicinity　　　　　　周辺
- (D) quantity　　　　　　量

30. We have ------- ABC Corporation's products for so long on account of their superiority.
    我々は優れた品質ゆえにABC社の製品をずっと支持している。
- ○ (A) advocated　　　　〜を支持した
- (B) deserved　　　　　〜に値した
- (C) unloaded　　　　　〜の荷を降ろした
- (D) hosted　　　　　　〜を主催した

# 見出し語索引

## 単 語

### A

| | |
|---|---|
| abandon | 291 |
| abolish | 298 |
| abrupt | 240 |
| absolutely | 138 |
| absorb | 143 |
| abstract | 48 |
| abundant | 199 |
| abuse | 82 |
| accelerate | 298 |
| accommodate | 286 |
| accompany | 299 |
| accomplish | 200 |
| account | 99 |
| accountable | 275 |
| accountant | 58 |
| accumulate | 301 |
| accurate | 49 |
| achieve | 44 |
| acknowledge | 301 |
| acquire | 199 |
| activity | 89 |
| acute | 301 |
| address | 69 |
| adhere | 292 |
| adjacent | 310 |
| adjust | 133 |
| administration | 133 |
| admire | 42 |
| admission | 48 |
| adopt | 52 |
| advance | 54 |
| advertise | 78 |
| advise | 48 |
| advocate | 215 |
| affair | 42 |
| affect | 133 |
| agency | 105 |
| agenda | 133 |
| agent | 52 |
| aggressive | 199 |
| agricultural | 49 |
| aim | 56 |
| allegedly | 302 |
| alliance | 302 |
| allow | 36 |
| alter | 284 |
| alternately | 199 |
| alternative | 200 |
| amazing | 227 |
| ambassador | 49 |
| ambiguous | 200 |
| ambitious | 43 |
| amend | 307 |
| amid | 302 |
| amusing | 87 |
| analyze | 200 |
| anniversary | 200 |
| announce | 41 |
| annoy | 86 |
| annual | 213 |
| anticipate | 227 |
| anxious | 68 |
| apologize | 69 |
| apparent | 48 |
| appear | 36 |
| applaud | 133 |
| appliance | 88 |
| application | 88 |
| appoint | 221 |
| appreciate | 222 |
| approach | 106 |
| appropriate | 134 |
| approximately | 227 |
| architect | 228 |
| area | 52 |
| argue | 76 |
| armchair | 43 |
| arrange | 40 |
| arrogant | 228 |
| article | 33 |
| artificial | 228 |
| aspect | 74 |
| assemble | 134 |
| assert | 302 |
| assess | 284 |
| asset | 275 |
| assign | 302 |
| assume | 134 |
| assure | 201 |
| astonish | 201 |
| astounding | 297 |
| atmosphere | 86 |
| attach | 106 |
| attain | 106 |
| attendant | 122 |
| attention | 121 |
| attic | 97 |
| attitude | 79 |
| attorney | 122 |
| auction | 122 |
| audience | 123 |
| audit | 303 |
| auditorium | 135 |
| authentic | 228 |
| authority | 134 |
| authorize | 228 |
| automaker | 56 |
| available | 98 |
| avenue | 97 |
| avoid | 50 |
| awkward | 135 |

### B

| | |
|---|---|
| baggage | 123 |
| ban | 88 |
| banking | 50 |
| bankrupt | 201 |
| banquet | 201 |
| barely | 229 |
| bargain | 229 |
| barrier | 51 |
| basement | 106 |
| beforehand | 230 |
| beg | 107 |
| behavior | 50 |
| belongings | 56 |
| bend | 53 |
| beneficial | 51 |
| benefit | 35 |
| besides | 51 |
| beverage | 107 |
| beware | 281 |
| bewildered | 229 |
| bid | 201 |
| bilateral | 229 |
| bill | 33 |
| billboard | 104 |
| billion | 99 |
| bind | 56 |
| block | 34 |
| blueprint | 124 |
| blunt | 230 |
| board | 77 |
| bond | 52 |
| bonus | 46 |
| book | 71 |
| bookkeeping | 72 |
| booklet | 87 |
| boom | 276 |
| boost | 303 |
| boulevard | 99 |
| boundary | 230 |
| branch | 123 |
| breach | 135 |
| breakthrough | 231 |
| bribe | 108 |
| brief | 229 |
| briefcase | 103 |
| broadcast | 135 |
| brochure | 231 |
| budget | 72 |
| bulky | 303 |
| burden | 99 |
| bureau | 137 |

## C

| | |
|---|---|
| cabinet | 89 |
| café | 76 |
| calculate | 202 |
| campaign | 43 |
| cancel | 202 |
| candidate | 136 |
| capacity | 136 |
| capital | 136 |
| career | 67 |
| cargo | 107 |
| carpenter | 87 |
| carry-on | 88 |
| carton | 231 |
| cash | 136 |
| cashier | 139 |
| casual | 44 |
| cater | 304 |
| cause | 46 |
| caution | 124 |
| cease | 231 |
| celebrate | 124 |
| census | 213 |
| ceremony | 78 |
| certificate | 134 |
| characteristic | 100 |
| charge | 205 |
| chart | 77 |
| chat | 123 |
| check | 281 |
| checkup | 125 |
| chef | 72 |
| chemical | 53 |
| chiefly | 137 |
| choose | 42 |
| circulation | 232 |
| claim | 74 |
| classify | 74 |
| clerical | 74 |
| clerk | 47 |
| client | 47 |
| climate | 53 |
| clinical | 124 |
| coherent | 299 |
| collaborate | 299 |
| collapse | 108 |
| colleague | 64 |
| collision | 100 |
| combine | 56 |
| commence | 232 |
| comment | 57 |
| commerce | 137 |
| commission | 304 |
| commit | 281 |
| commitment | 232 |
| committee | 138 |
| commodity | 137 |
| community | 57 |
| commute | 154 |
| compatible | 304 |
| compel | 297 |
| compensation | 202 |
| compete | 78 |
| competent | 202 |
| competitive | 232 |
| complaint | 96 |
| complement | 232 |
| complicated | 113 |
| complimentary | 202 |
| component | 203 |
| compose | 282 |
| compound | 282 |
| comprehensive | 305 |
| compromise | 233 |
| concise | 233 |
| conclude | 59 |
| concrete | 64 |
| condemn | 305 |
| condition | 83 |
| conference | 87 |
| confidential | 47 |
| confine | 233 |
| confirm | 145 |
| conflict | 283 |
| confront | 283 |
| confuse | 285 |
| congress | 109 |
| connect | 92 |
| consecutive | 203 |
| consent | 203 |
| consequently | 203 |
| considerable | 87 |
| considerate | 233 |
| consistent | 305 |
| consolidate | 314 |
| constitute | 233 |
| construction | 38 |
| consumer | 58 |
| contain | 33 |
| contaminated | 305 |
| contemporary | 276 |
| contend | 110 |
| contest | 138 |
| contract | 116 |
| contradict | 234 |
| convene | 305 |
| conventional | 203 |
| convert | 136 |
| convince | 79 |
| cook | 89 |
| cooperation | 108 |
| copy | 42 |
| corporation | 32 |
| correspond | 235 |
| costly | 138 |
| couch | 89 |
| council | 100 |
| counterpart | 234 |
| courtesy | 306 |
| coverage | 234 |
| crash | 109 |
| credit | 44 |
| crew | 108 |
| criterion | 234 |
| critical | 277 |
| crucial | 235 |
| cuisine | 109 |
| cultivate | 235 |
| curiosity | 276 |
| currency | 138 |
| currently | 139 |
| custom | 90 |
| customer | 91 |
| customize | 235 |
| cutback | 71 |

## D

| | |
|---|---|
| deadline | 109 |
| deal | 57 |
| debate | 48 |
| debt | 109 |
| decade | 110 |
| declare | 39 |
| decline | 204 |
| decorative | 204 |
| decrease | 91 |
| dedicate | 235 |
| deduct | 306 |
| defeat | 78 |
| defective | 204 |
| defend | 57 |
| deficiency | 236 |
| deficit | 204 |
| definitely | 236 |
| delay | 45 |
| delegate | 236 |
| deliberately | 204 |
| deliver | 59 |
| demand | 60 |
| demolish | 306 |
| demonstrate | 230 |
| demote | 277 |
| denounce | 306 |
| deny | 110 |
| depart | 110 |
| department | 35 |
| deposit | 306 |
| depression | 107 |
| deputy | 236 |
| deregulate | 297 |
| deregulation | 67 |
| describe | 283 |

| | | | | | |
|---|---|---|---|---|---|
| deserve | 205 | earn | 38 | executive | 211 |
| designate | 205 | ecological | 78 | exempt | 308 |
| desperately | 205 | economical | 65 | exhausted | 101 |
| despise | 237 | edge | 286 | exhibit | 115 |
| despite | 110 | editor | 112 | expand | 207 |
| destination | 139 | effective | 55 | expenditure | 207 |
| detach | 236 | efficient | 239 | experiment | 53 |
| detect | 112 | elaborate | 241 | expertise | 242 |
| detergent | 93 | elect | 79 | expire | 207 |
| deteriorate | 314 | electrician | 112 | exploit | 242 |
| determine | 277 | electronic | 100 | explore | 114 |
| detour | 237 | elevate | 241 | export | 114 |
| devastate | 237 | eliminate | 240 | extend | 278 |
| device | 111 | embargo | 314 | extension | 114 |
| diagnose | 307 | embarrass | 240 | extensive | 207 |
| diminish | 238 | emerge | 73 | extinguish | 207 |
| diplomat | 90 | emergency | 240 | extra | 98 |
| directory | 238 | emphasize | 299 | extract | 242 |
| disaster | 111 | employ | 51 | | |
| discard | 292 | enact | 304 | **F** | |
| discharge | 237 | enclose | 47 | | |
| disclose | 237 | endeavor | 241 | fabric | 308 |
| discount | 60 | endorse | 303 | facilitate | 298 |
| discourage | 90 | endow | 303 | facility | 243 |
| discrimination | 111 | endure | 243 | factor | 114 |
| dishwasher | 93 | enforce | 90 | fair | 115 |
| dismiss | 139 | engaging | 101 | fake | 115 |
| disorder | 283 | enhance | 307 | fales | 69 |
| display | 88 | enlarge | 84 | fare | 115 |
| dispute | 139 | enormous | 206 | fascinate | 280 |
| dissolve | 205 | enterprise | 51 | fasten | 115 |
| distinguished | 206 | entertain | 77 | fatal | 208 |
| distort | 309 | enthusiastic | 206 | faucet | 208 |
| distribution | 238 | entire | 283 | faulty | 210 |
| disturb | 286 | entrepreneur | 206 | favorable | 125 |
| diverse | 238 | entrust | 206 | feasible | 208 |
| dividend | 319 | environmental | 122 | feature | 208 |
| dizzy | 93 | equipment | 121 | fee | 69 |
| document | 32 | equivalent | 241 | fierce | 209 |
| domestic | 140 | especially | 112 | figure | 128 |
| dominant | 307 | essential | 113 | filter | 70 |
| donation | 121 | estate | 97 | financial | 73 |
| downsizing | 102 | estimate | 214 | fine | 125 |
| downturn | 238 | ethical | 241 | fire | 140 |
| draft | 111 | evade | 308 | firm | 36 |
| drastic | 37 | evaluate | 245 | fiscal | 252 |
| drawer | 111 | evenly | 113 | fixed | 209 |
| drought | 239 | eventually | 242 | flashlight | 92 |
| due | 239 | evidence | 113 | flexible | 211 |
| dull | 112 | exaggerate | 209 | flight | 43 |
| duplicate | 239 | exceed | 279 | flourish | 308 |
| durable | 307 | excel | 209 | flyer | 40 |
| duty | 286 | excessive | 209 | following | 125 |
| dwindle | 239 | excessive | 287 | forbid | 211 |
| dye | 97 | exchange | 113 | forecast | 129 |
| | | exclaim | 211 | former | 77 |
| **E** | | exclusively | 211 | fragile | 157 |
| | | | | fragment | 243 |
| eager | 37 | | | freight | 308 |

| | | | | | |
|---|---|---|---|---|---|
| frequently | 116 | hostile | 144 | intensive | 219 |
| friction | 140 | hot | 35 | intentionally | 82 |
| fruitful | 243 | humble | 246 | interim | 311 |
| fuel | 61 | humid | 130 | intermission | 248 |
| fulfill | 128 | humiliate | 277 | interpret | 129 |
| function | 140 | hypothesis | 314 | interrupt | 249 |
| fund | 73 | | | interview | 249 |
| fundamental | 243 | **I** | | intimidate | 311 |
| furnished | 244 | identical | 146 | invent | 131 |
| furniture | 68 | identification | 129 | inventory | 145 |
| | | identify | 291 | investigate | 135 |
| **G** | | illegible | 309 | investment | 145 |
| gallery | 98 | illustrate | 123 | invoice | 146 |
| garage | 128 | imbalance | 129 | isolate | 279 |
| garbage | 125 | immediately | 34 | issue | 91 |
| garment | 244 | immigrant | 295 | item | 131 |
| gathering | 244 | impact | 292 | itinerary | 248 |
| gauge | 309 | imperative | 294 | | |
| general | 73 | implement | 310 | **J** | |
| generous | 141 | imply | 247 | jammed | 249 |
| genetic | 210 | import | 130 | justify | 311 |
| genuine | 210 | improper | 242 | | |
| gift-wrap | 101 | inadequate | 295 | **L** | |
| gigantic | 100 | inaugurate | 222 | label | 42 |
| glue | 52 | incapable | 294 | labor | 93 |
| gradually | 140 | incentive | 310 | ladder | 131 |
| grant | 244 | incident | 75 | land | 145 |
| grasp | 280 | incidentally | 247 | landfill | 91 |
| grateful | 141 | include | 75 | landlord | 146 |
| gratitude | 141 | income | 130 | landmark | 75 |
| greasy | 244 | inconvenient | 294 | last | 80 |
| grocery | 141 | incorporate | 310 | latter | 75 |
| guarantee | 210 | index | 130 | launch | 250 |
| | | indicate | 143 | laundry | 147 |
| **H** | | indifferent | 279 | lawsuit | 295 |
| habitual | 97 | indispensable | 143 | layoff | 250 |
| hail | 210 | industrial | 143 | leaflet | 131 |
| halfway | 101 | inevitable | 143 | lecture | 41 |
| halt | 245 | infer | 250 | leftover | 147 |
| hamper | 245 | inflation | 240 | legal | 80 |
| handle | 57 | influence | 75 | legitimate | 250 |
| handy | 142 | informative | 144 | leisure | 147 |
| harass | 245 | infrastructure | 310 | length | 80 |
| hardship | 245 | ingredient | 144 | literally | 250 |
| hasty | 246 | inherit | 311 | litter | 132 |
| hazardous | 309 | inhibit | 247 | livestock | 251 |
| headquarters | 142 | initial | 130 | local | 39 |
| heal | 101 | initiative | 247 | locate | 81 |
| health-care | 102 | innovative | 299 | lounge | 102 |
| hectic | 246 | inquiry | 300 | loyal | 276 |
| heritage | 142 | insight | 146 | luggage | 91 |
| hesitate | 246 | inspection | 247 | lumber | 280 |
| hike | 246 | install | 248 | luncheon | 147 |
| hinder | 309 | installment | 313 | luxurious | 251 |
| hire | 128 | instrument | 131 | | |
| honorable | 227 | insurance | 144 | **M** | |
| horizontal | 142 | integrate | 253 | machinery | 65 |
| hospitality | 70 | intelligent | 80 | main | 36 |
| host | 129 | | | maintenance | 251 |
| | | | | major | 81 |

| | | | | | |
|---|---|---|---|---|---|
| majority | 295 | neutral | 148 | partial | 259 |
| malfunction | 251 | nevertheless | 254 | party | 79 |
| mall | 34 | noble | 254 | passenger | 117 |
| management | 38 | notable | 254 | past | 83 |
| mandatory | 311 | note | 82 | pastime | 259 |
| manipulate | 252 | notice | 132 | patent | 150 |
| manual | 147 | nuclear | 137 | pavement | 149 |
| manufacturer | 102 | nuisance | 254 | payroll | 313 |
| margin | 252 | numerous | 255 | pedestrian | 150 |
| market | 32 | nutritious | 132 | pending | 259 |
| marketing | 102 | | | penetrate | 68 |
| mayor | 81 | **O** | | pension | 259 |
| means | 40 | objective | 199 | per | 66 |
| measure | 106 | obligation | 148 | perceive | 260 |
| mechanic | 132 | obscure | 258 | percentage | 64 |
| medical | 124 | observe | 148 | performance | 68 |
| medication | 83 | obsolete | 255 | periodic | 296 |
| membership | 76 | obstacle | 255 | periodical | 150 |
| memo | 98 | obtain | 148 | permanent | 285 |
| memorize | 212 | occasionally | 116 | persistent | 260 |
| mental | 76 | occupation | 290 | personnel | 68 |
| mention | 76 | occupy | 90 | perspective | 260 |
| merchandise | 212 | offend | 290 | persuade | 285 |
| merge | 212 | offer | 34 | pessimistic | 260 |
| meteorological | 313 | official | 116 | pharmaceutical | 50 |
| method | 284 | offset | 312 | phase | 313 |
| microwave | 33 | omit | 213 | philosophy | 293 |
| minimize | 295 | operate | 37 | photocopier | 92 |
| minimum | 119 | opposite | 82 | physical | 53 |
| minor | 81 | opt | 213 | physician | 261 |
| minute | 227 | optimistic | 214 | pickup | 98 |
| misplace | 252 | order | 32 | pile | 261 |
| mission | 120 | organization | 64 | pill | 144 |
| mobile | 249 | ornament | 255 | pioneer | 54 |
| moderate | 252 | otherwise | 149 | plain | 55 |
| modify | 312 | outbreak | 149 | plant | 37 |
| moment | 66 | outcome | 149 | platform | 55 |
| momentary | 253 | outfit | 255 | pledge | 261 |
| monetary | 249 | outlet | 119 | plot | 117 |
| monotonous | 253 | outline | 64 | plumber | 150 |
| morale | 253 | outlook | 214 | policy | 107 |
| mortgage | 312 | output | 214 | polite | 65 |
| motion | 141 | outstanding | 213 | portfolio | 214 |
| motive | 212 | overcome | 103 | portion | 215 |
| multinational | 212 | overdue | 313 | position | 33 |
| multiple | 293 | overseas | 116 | positive | 215 |
| municipal | 312 | oversee | 258 | possess | 215 |
| mutual | 253 | overtake | 258 | possibility | 70 |
| | | overtime | 258 | post | 39 |
| **N** | | overview | 258 | postage | 54 |
| narrow | 67 | overwhelming | 259 | postpone | 215 |
| natural | 67 | own | 65 | pour | 44 |
| navigation | 67 | | | practical | 54 |
| nearby | 103 | **P** | | praise | 261 |
| nearly | 103 | package | 34 | precaution | 261 |
| negative | 254 | pact | 117 | preceding | 316 |
| neglect | 148 | parallel | 195 | precious | 282 |
| negotiation | 132 | parcel | 117 | | |
| | | pardon | 82 | | |

371

| | |
|---|---|
| precisely | 262 |
| predict | 74 |
| preliminary | 262 |
| premature | 262 |
| premium | 315 |
| prescription | 262 |
| presentation | 49 |
| preserve | 262 |
| press | 117 |
| prestigious | 263 |
| presume | 314 |
| prevalent | 263 |
| previous | 234 |
| primary | 287 |
| prime | 296 |
| principal | 263 |
| priority | 287 |
| privilege | 151 |
| probe | 315 |
| procedure | 263 |
| proclaim | 263 |
| productive | 151 |
| profession | 38 |
| profitable | 54 |
| profound | 264 |
| programmer | 103 |
| progress | 264 |
| prohibit | 151 |
| project | 41 |
| prolong | 264 |
| promote | 43 |
| prompt | 264 |
| property | 264 |
| proportion | 266 |
| proposal | 40 |
| prospective | 219 |
| prosper | 317 |
| prove | 44 |
| provided | 216 |
| provoke | 266 |
| publisher | 77 |
| purchase | 266 |

## Q

| | |
|---|---|
| qualified | 151 |
| quality | 55 |
| quantity | 55 |
| quarter | 104 |
| quarterly | 300 |
| questionnaire | 300 |
| quota | 266 |
| quote | 285 |

## R

| | |
|---|---|
| radical | 266 |
| range | 150 |
| rank | 45 |
| rapid | 293 |
| rarely | 293 |
| ratify | 312 |
| rational | 267 |
| raw | 118 |
| reaction | 73 |
| realtor | 216 |
| reasonable | 216 |
| rebate | 278 |
| recall | 118 |
| receipt | 99 |
| reception | 71 |
| receptionist | 104 |
| recession | 216 |
| recipe | 118 |
| recipient | 267 |
| recognize | 267 |
| recommend | 155 |
| reconsider | 281 |
| recovery | 83 |
| reduce | 104 |
| reduction | 248 |
| reference | 286 |
| reform | 83 |
| refund | 208 |
| refuse | 84 |
| regain | 267 |
| register | 267 |
| regular | 89 |
| regulation | 269 |
| reimburse | 316 |
| reinforced | 315 |
| reject | 268 |
| relation | 84 |
| release | 84 |
| relevant | 260 |
| reliable | 268 |
| relieved | 93 |
| relocate | 319 |
| reluctant | 268 |
| remain | 45 |
| remark | 290 |
| remarkable | 268 |
| reminder | 315 |
| remit | 270 |
| remodel | 319 |
| remote | 151 |
| render | 269 |
| renew | 290 |
| renounce | 317 |
| renovation | 298 |
| rent | 37 |
| repair | 45 |
| replace | 269 |
| report | 81 |
| representative | 269 |
| reproach | 269 |
| request | 50 |
| require | 38 |
| resemble | 84 |
| reservation | 152 |
| residence | 152 |
| resign | 270 |
| resist | 282 |
| resolve | 281 |
| resource | 152 |
| respectfully | 270 |
| respectively | 270 |
| respond | 290 |
| responsibility | 79 |
| restore | 316 |
| restrict | 270 |
| restructure | 114 |
| resume | 315 |
| résumé | 271 |
| retailer | 152 |
| retain | 271 |
| retire | 153 |
| reveal | 291 |
| revenue | 271 |
| review | 156 |
| revise | 216 |
| revive | 217 |
| reward | 156 |
| ridiculous | 217 |
| rigid | 217 |
| robust | 316 |
| role | 40 |
| route | 154 |
| routine | 272 |
| rug | 118 |
| ruin | 85 |
| rumor | 45 |
| rural | 153 |
| rustic | 272 |
| rusty | 153 |

## S

| | |
|---|---|
| safeguard | 153 |
| salary | 85 |
| sale | 36 |
| salesclerk | 96 |
| sanction | 316 |
| sanitary | 217 |
| sarcastic | 217 |
| satellite | 65 |
| satisfaction | 153 |
| saving | 71 |
| scan | 218 |
| scarce | 218 |
| scenic | 155 |
| scheme | 154 |
| script | 71 |
| sculpture | 218 |
| seal | 32 |
| secondhand | 154 |
| secret | 72 |

| | | | | | |
|---|---|---|---|---|---|
| section | 46 | statistical | 231 | temporary | 195 |
| secure | 46 | steep | 226 | tenant | 146 |
| security | 118 | stock | 70 | term | 291 |
| seemingly | 218 | store | 128 | terminal | 297 |
| seldom | 287 | strategy | 157 | terminate | 223 |
| select | 85 | streamline | 317 | territory | 61 |
| sensible | 218 | strengthen | 194 | textile | 196 |
| separate | 85 | striking | 222 | theory | 59 |
| sequence | 219 | stroller | 105 | thoroughly | 226 |
| serial | 154 | structure | 108 | throughout | 60 |
| serviceman | 96 | struggle | 194 | tight | 120 |
| share | 58 | stumble | 223 | toll | 223 |
| sheer | 293 | stunning | 222 | tool | 61 |
| ship | 155 | submit | 282 | tow | 226 |
| shortage | 155 | subordinate | 304 | toxic | 196 |
| shortcoming | 219 | subscription | 152 | trace | 59 |
| shred | 219 | subsequent | 271 | traffic | 294 |
| shutdown | 296 | subsidiary | 301 | transaction | 274 |
| shuttle | 41 | subsidy | 301 | transfer | 196 |
| sidewalk | 41 | substantial | 194 | translate | 294 |
| signature | 142 | substitute | 272 | transmit | 278 |
| significant | 220 | subtle | 194 | transport | 196 |
| simultaneous | 317 | subtract | 194 | trigger | 318 |
| sincere | 85 | successor | 195 | trim | 274 |
| sink | 80 | sue | 272 | typical | 72 |
| site | 119 | suggest | 70 | typing | 105 |
| skeptical | 271 | summary | 105 | | |
| skyscraper | 155 | superb | 195 | **U** | |
| sloppy | 220 | superior | 156 | unanimously | 318 |
| sluggish | 300 | supervise | 272 | undergo | 274 |
| soar | 300 | supplement | 149 | undertake | 274 |
| sober | 220 | supply | 60 | union | 92 |
| soil | 58 | supportive | 280 | unload | 92 |
| solar | 58 | suppress | 265 | unpack | 196 |
| sole | 157 | surgery | 285 | untidy | 277 |
| solution | 96 | surpass | 273 | unveil | 265 |
| sophisticated | 220 | surplus | 195 | upcoming | 197 |
| sound | 66 | survey | 66 | update | 197 |
| source | 86 | survive | 284 | upright | 274 |
| souvenir | 156 | suspend | 222 | upset | 284 |
| spacious | 220 | sustain | 223 | up-to-date | 66 |
| span | 86 | sway | 223 | urban | 120 |
| spare | 47 | sweep | 280 | urgent | 275 |
| sparse | 318 | symptom | 296 | utensil | 298 |
| specific | 221 | synthetic | 145 | utility | 317 |
| spectator | 156 | | | utilize | 318 |
| spiral | 221 | **T** | | | |
| splendid | 157 | tablet | 265 | **V** | |
| sponsor | 61 | tackle | 265 | vacant | 279 |
| stable | 221 | tag | 119 | vacate | 292 |
| staff | 35 | tally | 319 | valid | 197 |
| stair | 96 | tariff | 273 | valuable | 105 |
| stale | 221 | taxation | 273 | vehicle | 121 |
| standard | 59 | technical | 120 | vendor | 278 |
| standpoint | 157 | technology | 46 | ventilate | 291 |
| statement | 119 | tedious | 273 | verify | 292 |
| stationery | 230 | telecommunication | 35 | vertical | 275 |
| | | teller | 273 | veterinarian | 104 |
| | | | | via | 197 |

| | | | | | |
|---|---|---|---|---|---|
| vicinity | 318 | vulnerable | 278 | welfare | 251 |
| vicious | 197 | **W** | | wholesaler | 198 |
| view | 296 | wage | 120 | widespread | 198 |
| violate | 268 | waiter | 39 | withdraw | 226 |
| violation | 279 | wallet | 121 | workforce | 226 |
| virtually | 275 | warehouse | 198 | workplace | 122 |
| vision | 60 | warn | 287 | workshop | 86 |
| visual | 61 | warranty | 265 | worthwhile | 198 |
| vital | 69 | water | 39 | **Y** | |
| voluntary | 248 | wealth | 49 | yell | 276 |
| voucher | 198 | weigh | 297 | yield | 319 |

## 熟 語

| | | | | | |
|---|---|---|---|---|---|
| a number of ~ | 160 | be responsible for ~ | 169 | deal with ~ | 173 |
| a series of ~ | 338 | be satisfied with ~ | 169 | depend on ~ | 160 |
| a variety of ~ | 164 | be similar to ~ | 322 | dispose of ~ | 345 |
| abide by ~ | 351 | be subject to ~ | 337 | divide A into B | 329 |
| according to ~ | 160 | be superior to ~ | 183 | do away with ~ | 325 |
| account for ~ | 171 | be sure to ~ | 179 | draw up ~ | 179 |
| accuse A of B | 329 | be tied up | 323 | drop off ~ | 328 |
| adapt to ~ | 188 | be tired from ~ | 170 | due to ~ | 165 |
| add up | 347 | be tired of ~ | 170 | dwell on ~ | 336 |
| adjust to ~ | 184 | be used to ~ | 183 | embark on ~ | 350 |
| all at once | 163 | bear ~ in mind | 341 | enroll in ~ | 349 |
| all but | 186 | before long | 160 | fall behind | 173 |
| amount to ~ | 183 | boil down to ~ | 341 | fall on ~ | 334 |
| apply for ~ | 178 | break down | 167 | fall through | 345 |
| approve of ~ | 178 | break out | 331 | figure out ~ | 164 |
| around the clock | 327 | bring about ~ | 325 | fill in for ~ | 351 |
| around the corner | 331 | bring up ~ | 329 | find fault with ~ | 181 |
| as a result | 323 | brush off ~ | 339 | focus on ~ | 174 |
| as for ~ | 163 | bump into ~ | 342 | follow up on ~ | 343 |
| as long as ~ | 189 | by and large | 328 | for a change | 331 |
| as scheduled | 164 | by the end of ~ | 165 | for ages | 161 |
| at a cost of ~ | 172 | by virtue of ~ | 330 | for reference | 333 |
| at a loss | 327 | call for ~ | 168 | for repairs | 185 |
| at least | 164 | call it a day | 331 | for the purpose of ~ | 329 |
| at *one's* disposal | 332 | call off ~ | 177 | for the time being | 325 |
| at the beginning of ~ | 160 | call on ~ | 329 | free of charge | 170 |
| at the end of ~ | 161 | capitalize on ~ | 350 | from now on | 163 |
| at the rate of ~ | 185 | carry out ~ | 167 | from scratch | 351 |
| attend to ~ | 346 | catch on to ~ | 336 | get along with ~ | 324 |
| attribute A to B | 349 | catch up with ~ | 189 | get back at ~ | 335 |
| be accessible to ~ | 347 | come by ~ | 175 | get back to ~ | 335 |
| be accompanied by ~ | 349 | comply with ~ | 348 | get by | 328 |
| be allergic to ~ | 351 | concentrate on ~ | 338 | get down to ~ | 187 |
| be aware of ~ | 165 | conform to ~ | 344 | get in touch with ~ | 189 |
| be based on ~ | 165 | consist of ~ | 169 | get over ~ | 184 |
| be designed for ~ | 178 | consult with ~ | 189 | get rid of ~ | 189 |
| be eligible for ~ | 347 | contrary to ~ | 323 | get together | 165 |
| be entitled to ~ | 340 | contribute to ~ | 183 | give away ~ | 333 |
| be exempt from ~ | 347 | cope with ~ | 176 | give in | 181 |
| be exposed to ~ | 344 | count on ~ | 169 | give off ~ | 344 |
| be intended for ~ | 336 | crack down on ~ | 330 | give rise to ~ | 334 |
| be involved in ~ | 168 | cut down on ~ | 338 | go in for ~ | 345 |
| be opposed to ~ | 325 | deal in ~ | 173 | go through ~ | 162 |

| Phrase | Page |
|---|---|
| hand in ~ | 322 |
| hand out ~ | 324 |
| hang up | 172 |
| head for ~ | 163 |
| hit on ~ | 187 |
| hold over ~ | 335 |
| impose A on B | 346 |
| in a hurry | 179 |
| in a row | 348 |
| in accordance with ~ | 183 |
| in addition to ~ | 188 |
| in advance | 179 |
| in appearance | 185 |
| in bulk | 346 |
| in case of ~ | 179 |
| in charge of ~ | 181 |
| in comparison with ~ | 324 |
| in detail | 184 |
| in excess of ~ | 345 |
| in favor of ~ | 338 |
| in honor of ~ | 338 |
| in light of ~ | 337 |
| in line with ~ | 340 |
| in opposition to ~ | 324 |
| in order to ~ | 161 |
| in other words | 166 |
| in particular | 168 |
| in place of ~ | 339 |
| in response to ~ | 324 |
| in search of ~ | 185 |
| in service | 178 |
| in spite of ~ | 182 |
| in store for ~ | 340 |
| in terms of ~ | 164 |
| in the black | 185 |
| in the direction of ~ | 328 |
| in the event of ~ | 188 |
| in the long run | 182 |
| in the meantime | 326 |
| in the midst of ~ | 330 |
| in the red | 326 |
| in time | 161 |
| in writing | 342 |
| inclusive of ~ | 349 |
| indulge in ~ | 326 |
| inform A of B | 172 |
| inquire about ~ | 351 |
| insist on ~ | 169 |
| instead of ~ | 167 |
| invest in ~ | 348 |
| iron out ~ | 346 |
| keep track of ~ | 342 |
| lay off ~ | 343 |
| lean against ~ | 163 |
| leave out ~ | 332 |
| let down ~ | 342 |
| let go of ~ | 333 |
| level off | 341 |
| live on ~ | 181 |
| live up to ~ | 337 |
| lock up ~ | 173 |
| long for ~ | 177 |
| look back on ~ | 326 |
| look down on ~ | 330 |
| look forward to ~ | 161 |
| look into ~ | 173 |
| look up to ~ | 170 |
| make do with ~ | 330 |
| make for ~ | 335 |
| make out ~ | 327 |
| make the most of ~ | 322 |
| make up for ~ | 333 |
| make use of ~ | 322 |
| mark down ~ | 348 |
| mop up ~ | 337 |
| next to ~ | 166 |
| nothing but ~ | 171 |
| object to ~ | 339 |
| on behalf of ~ | 339 |
| on business | 162 |
| on second thought | 187 |
| on the basis of ~ | 325 |
| on the increase | 326 |
| on the market | 167 |
| on the spot | 339 |
| on the verge of ~ | 335 |
| on time | 162 |
| one after another | 171 |
| one another | 178 |
| over the years | 166 |
| owe A to B | 182 |
| pack up ~ | 327 |
| part with ~ | 175 |
| participate in ~ | 166 |
| pass away | 327 |
| pass out | 340 |
| pass up ~ | 336 |
| pay off | 332 |
| pay up | 334 |
| pick on ~ | 342 |
| pick out ~ | 334 |
| pick over ~ | 345 |
| pick up ~ | 171 |
| point out ~ | 170 |
| pore over ~ | 350 |
| prefer A to B | 180 |
| preside over ~ | 350 |
| prevent A from B | 182 |
| prior to ~ | 348 |
| protect A from B | 177 |
| provide A with B | 322 |
| pull off ~ | 340 |
| pull over | 336 |
| pull together | 341 |
| pull up | 332 |
| push for ~ | 332 |
| put away ~ | 177 |
| put off ~ | 167 |
| put out ~ | 172 |
| put up at ~ | 349 |
| put up with ~ | 188 |
| recover from ~ | 166 |
| refer to ~ | 343 |
| refrain from ~ | 188 |
| regard A as B | 176 |
| regardless of ~ | 171 |
| register for ~ | 343 |
| remind A of B | 175 |
| reply to ~ | 328 |
| result from ~ | 186 |
| result in ~ | 180 |
| rid A of B | 343 |
| rob A of B | 175 |
| rule out ~ | 186 |
| run for ~ | 186 |
| run into ~ | 174 |
| run out of ~ | 175 |
| set aside ~ | 182 |
| settle down to ~ | 187 |
| shape up | 323 |
| ship out ~ | 341 |
| show off ~ | 176 |
| sign up for ~ | 344 |
| specialize in ~ | 346 |
| stand for ~ | 162 |
| stand out | 168 |
| stick to ~ | 323 |
| straighten out ~ | 350 |
| subscribe to ~ | 337 |
| take ~ for granted | 174 |
| take ~ into account | 333 |
| take advantage of ~ | 184 |
| take after ~ | 187 |
| take care of ~ | 172 |
| take charge of ~ | 181 |
| take effect | 331 |
| take over ~ | 184 |
| take place | 174 |
| take up ~ | 344 |
| tell on ~ | 334 |
| thanks to ~ | 168 |
| throw away ~ | 180 |
| turn down ~ | 180 |
| turn in ~ | 176 |
| turn up | 176 |
| upside down | 174 |
| wear out ~ | 186 |
| with respect to ~ | 347 |
| without notice | 180 |
| work on ~ | 162 |
| work out ~ | 177 |

[監修者略歴]

**宮野智靖**（みやの　ともやす）

広島県生まれ。ペンシルベニア州立大学大学院スピーチ・コミュニケーション学科修士課程修了（M.A.）。現在、関西外国語大学短期大学部教授。
主要著書：『TOEIC®TEST究極単語Basic 2200』（語研）、『はじめての新TOEIC®テスト本番模試』（旺文社）、『TOEIC®TEST PART5・6 1日5分集中レッスン』（Jリサーチ出版）、『TOEIC®TEST PART5 文法・語彙問題だけで100点アップ』（アスク出版）。
主要取得資格：TOEIC990点、英検1級、通訳案内業国家資格。

[著者略歴]

**甲斐幸治**（かい　ゆきはる）

宮崎県生まれ。北九州市立大学外国語学部米英学科卒業。名古屋学院大学大学院外国語研究科修士課程修了（英語学）。ECC外語学院勤務を経て、現在、宮崎県立宮崎南高校教諭。University of Pennsylvaniaに短期留学（文部科学省派遣）。
主要著書：『スコア900へのTOEIC®テスト パーフェクトリーディング』（桐原書店）、『TOEIC®テスト 初挑戦のための英単語と英熟語』（こう書房）。

[ナレーター]

Terry Osada（アメリカ）
Stuart A. Varnam-Atkin（イギリス）

---

## TOEIC® テスト はじめて覚える英単語と英熟語
―― 最頻出2553語＋即戦力を磨く例文1500

---

2007年2月8日　第1刷発行
2011年10月13日　第6刷発行

監修者――宮野智靖
著　者――甲斐幸治
発行所――ダイヤモンド社
　　　　　〒150-8409　東京都渋谷区神宮前6-12-17
　　　　　http://www.diamond.co.jp/
　　　　　電話／03・5778・7232（編集）　03・5778・7240（販売）
装丁―――渡邊民人（TYPE FACE）
本文デザイン―野津淳子（TYPE FACE）
CD録音・編集―東京録音
製作進行――ダイヤモンド・グラフィック社
印刷――――共栄メディア
製本――――川島製本所
編集担当――渋田見江吏子

---

©2007 Tomoyasu Miyano, Yukiharu Kai
ISBN 978-4-478-98088-0
落丁・乱丁本はお手数ですが小社営業局宛にお送りください。送料小社負担にてお取替えいたします。但し、古書店で購入されたものについてはお取替えできません。
無断転載・複製を禁ず
Printed in Japan